JN099282

やわらかアカデミズム
〈わかる〉シリーズ

よくわかる
パーソナリティ心理学

吉川眞理

［編著］

ミネルヴァ書房

はじめに

■よくわかるパーソナリティ心理学

　本書は，心理専門職をめざす人にとって役に立つパーソナリティおよびパーソナリティのアセスメントに関する心理学的知見を一冊にまとめた教科書です。

　公認心理師受験対応科目のうち，『感情・人格心理学』と『心理的アセスメント』の教科書や参考書として活用できるトピックを，有機的に展開させています。

　まず，『心理的アセスメント』に関しては，パーソナリティ論の歴史（Ⅰ）をたどりながら，性格心理検査の成立過程（Ⅱ）を学んでいきます。実際に質問紙を体験しながら，タイプ論，特性論，内向－外向理論，ビッグ・ファイブ理論，神経心理学的知見を取り入れたクロニンジャー理論まで視野を広げていきます。また，様々な新しい発想により発展した質問紙や，描画法，投映法といったパーソナリティ検査，さらに心理的アセスメントの倫理をわかりやすく解説しています。巻末のコラムでは，パーソナリティの基盤となる認知機能や身体性，社会性の発達をとらえる知能検査や発達検査，その疾患を測定する神経心理学的検査も取り上げました。

　『感情と人格』については，一つには情緒的成長のプロセスに沿って発達的観点より解説しました（Ⅲ・Ⅳ）。乳幼児期の対人関係が基礎となり，愛着や自己感が成立します。それらを軸にして，内的な自我同一性が形成される過程を，エリクソン（Erikson, E. H.）の心理・社会的発達モデルに沿って紹介し，パーソナリティの生涯発達論となっています。また，人間のパーソナリティの力動的側面に着目した精神分析学の基礎的知見をとりあげて解説し（Ⅴ），そこから発展した学派のパーソナリティ論も紹介しました（Ⅵ）。そこで，パーソナリティの成長に伴う危機や，その危機への支援を通してもたらされるパーソナリティの成長（Ⅶ）に着目するとともに，発達の危機により生じる病理的なパーソナリティについても紹介しています（Ⅷ）。さらに，今日的なトピックとして，ジェンダーに関するパーソナリティ心理学（Ⅸ），個人だけでなく，集団のパーソナリティを考察することで，個と集団に関するパーソナリティ心理学（Ⅹ）を論じています。感情・人格心理学や心理的アセスメントの授業で扱えなかった部分も，学生自身が興味を持って自習しやすい内容，構成になっています。

　本書を通して，パーソナリティへの心理学的アプローチの奥深い面白さを発見し，自分自身のパーソナリティについてふりかえるきっかけを得るとともに，心理専門職の基礎知識として役立てていただけることを願っています。

2020年4月

吉川眞理

もくじ

やわらかアカデミズム・〈わかる〉シリーズ

よくわかる
パーソナリティ心理学

はじめに：パーソナリティとキャラクターの比較論

1　パーソナリティの語源

　パーソナリティの語源は，ギリシア演劇で用いられた「仮面」すなわち「ペルソナ」に由来します。その「面」をつけることで，俳優たちはその役になり，演じたのです。日本でも古来の舞楽に始まり，そこから発展した能も，面をつける芸能として知られています。面をつけて演じられたギリシア演劇は，現代では戯曲のみが残っていますが，日本では，能が発祥の当時そのままに継承されており，今も「面」が重要な役割を担っています。

　これらの「面」の表情の深遠さには驚かされます。一瞬の表情をとらえて，面として完成させた能面を見ていると，日本の文化において，いかに深くパーソナリティがとらえられ，表現されてきたのかを感じ取ることができます。

2　パーソナリティの心理学の始まり

　米国の心理学者オールポート（Allport, G.W.）は，このパーソナリティを探求する心理学を確立しました。彼の著書『パーソナリティの心理学』（1937年）が，近代の心理学におけるパーソナリティ心理学の出発点といえるでしょう。オールポートはその著書において，パーソナリティを，次のように定義しました。「パーソナリティとは，その環境に対する彼独特の適応を規定する精神身体組織（Psycho-Physical System）を持つ個人内の力動体制（Dynamic Organization）である。」ここでは，個人がその環境に対して独自の適応パターンを持つことに着目し，このパターンを生じさせる個人に内在する力動体制が想定され，それをパーソナリティと名付けています。

3　性格——パーソナリティとキャラクターの比較より

　さて，このパーソナリティとよく似た言葉にキャラクターがあります。どちらも日本語では「性格」と訳されます。でも，現代を生きる私たちは，日常場面でこの二つの言葉を見事に使い分けています。

　たとえば「彼は，濃いキャラクターを持っている」「彼のパーソナリティには味がある」などと言います。つまり，キャラクターは私たちの「人となり」を構成している一要素を指しており，ある種の性格の典型です。これに対して，パーソナリティは私たちの「人となり」そのものというニュアンスがあるよう

に思います。私たちは、○○なキャラクターを「持つ」のですが、「私」と私の「パーソナリティ」は、ほぼ同義と言ってよいでしょう。様々なキャラクターを統合したパーソナリティが、私であるとも言えるでしょう。

また、キャラクターについては、「ディズニー・キャラクター」「キャラクターのキティちゃん」「ゆるキャラ」「ゲームのキャラクター」「アニメのキャラクター」という使い方をしています。ドラマや映画で活躍している登場人物も「キャラクター」です。つまり、シンプルなものから、かなり実際の人物に近いものまでバリエーションはあるものの、いずれも人為的につくられたものを、私たちはキャラクターと呼んでいるのです。

キャラクターは、私たちの心の内なる要素をわかりやすく擬人化したものと言ってよいでしょう。キャラクターが多くの人に共有される要素を表しているとき、そのキャラクターは多くの人を惹きつけることになります。

これに対して、パーソナリティに関して言えば、たとえば TV 画面上のニュースのキャスターや、バラエティ番組に出てくる芸人さんたちが思い浮かびます。そこで私たちは、生身の一人の人間が、いわば自然の人となりをもって、様々なニュースや話題に対して、その人らしいリアクションを繰り広げるのをじっと視聴しています。こうした TV 画面の中のパーソナリティの人々は、素のままで、あるいは、それを少し誇張した形でリアクションしています。視聴者は、そのようなリアクションの背景に確固としたパーソナリティがリアルに存在していることを実感しようとしているのかもしれません。

ここで、パーソナリティとキャラクターの対比を、簡略に示すと表 1.1.1 となります。

生きている人間の、人となりそのものをパーソナリティとすると、その人間が人為的に作成したものがキャラクターと言えるでしょう。そこには、自然生成物―人工的産物の軸とともに、全体的なもの―要素的なものという軸が存在しています。

表 1.1.1　パーソナリティとキャラクターの対比

	個人内	エンターテイメントにおける現れ方
キャラクター	人となりの構成要素	人工的産物として人格要素を表象 例：ゆるキャラ, アニメのキャラクター
パーソナリティ	人となりそのもの	自然の生成物として一貫性ある独自性を表現 素の人となりを核に, 誇張されたリアクション 例：さんま, タモリ

④ パーソナリティの心理学の目的

本書のテーマは、この生きて動いている一人の人間の人となりを表すパーソナリティです。そこで、性格心理学ではなく、あえて、パーソナリティの心理学というタイトルをつけました。そこで、生きている個人の、人となりの多様性をとらえ、生きている個人としての私自身の主観的体験を通して、行動に表れるパーソナリティの表層から、なかなか意識することの難しい無意識まで、多層的に理解することを目指します。

(吉川眞理)

参考文献

詫摩武俊・瀧本孝雄・鈴木乙史・松井豊　2003　性格心理学への招待〔改訂版〕サイエンス社

2 パーソナリティ心理学の始まり： 古代ギリシアの性格論

① 古代ギリシアにおける性格学

　現在，私たちが読むことのできるもっとも古い性格学の文献は，古代ギリシアのものです。『エチコイ・カラクテス』というのが，そのタイトルで，著者は，植物学の祖として知られるテオプラストス（Theophrastos, BC 371-BC 287）でした。彼は，アリストテレス[1]のもとで学び，その学園リュケイオンの後継者となった博学の自然哲学者です。彼の学問は，経験を重視し自然の事物を観察し分類することをその方法論としていました。彼は，まず植物の分類を行い，植物学の祖としても知られています。この方法論は，論理学・倫理学・博物学・数学・気象学・天文学・教育・政治学・音楽・宗教にまで幅広く適用されましたが，その一つとして，人間のカラクテス，つまり「性格」の分類を試みたのでした。

② 『エチコイ・カラクテス』

　『エチコイ・カラクテス』は翻訳されています[3]。古代ギリシアの性格学の古典を，今も手軽に読むことができることに感動します。

　目次を見ると，空とぼけ，へつらい，不平，臆病，無駄口，お愛想，噂好き，恥知らず，けち，いやがらせ，とんま…といった30項目の性格が羅列されています（表1.2.1）。ページをめくると，当時のギリシアで生活していた，そのような性格を持つ人物像がいきいきと描かれています。

　たとえば，へつらいの章では「へつらいとは，恥ずべきものではあるが，しかしへつらう当人は得になる交わり方であると，信じている。へつらうものとは，およそ次のような人のことである。…（中略）…その人がなにか話し出すと，他の面々には黙っているように強要し，そうして，感嘆の言葉をわざとその人の耳に届くところでつぶやき，その人が話し終わると，『おっしゃるとおり』と言う。また，その人がだじゃれを口にすると，おかしそうに笑って見せる」といった調子です。テ

▷1　アリストテレス
アリストテレス（Aristotelēs：BC 384-BC 322, トラキア出身）は，古代ギリシアの哲学者。プラトン（Platōn）の弟子であり，その主宰するアカデメイアに学んだ。マケドニア王アレクサンドロス3世（アレクサンダー大王）の家庭教師であったことでも知られる。王の庇護のもと，58歳でアテネに学園リュケイオンを創立しそこでの学問スタイルより逍遥学派と呼ばれた。その多岐に亘る自然研究の業績から「万学の祖」とも呼ばれる。
▷2　自然哲学
古代ギリシアではピュシス（自然）は世界の根源とされ，絶対的な存在として把握された。その対立概念はノモス（法や社会制度）とされた。古代ギリシア語におけるピュシスは「生じる」「成長する」といった意味を持っていた。紀元前4世紀，アリストテレスは，自著『形而上学』において，神学と形而上学を「第一哲学」と位置づけ，自然哲学を「第二哲学」とした。ここにおけるフィロソフィア・ピュシス（philosophia physice）という表現が，古代ギリシャ語文献における「自然哲学」の最初の登場である。自然哲学とは，自然の事象や生起についての知識や考察を指す。自然，すなわちありとあらゆるものごとの nature（本性，自然）に関する哲学である。

表1.2.1　『エチコイ・カラクテス』目次一覧

① 空とぼけ	⑪ いやがらせ	㉑ 虚栄
② へつらい	⑫ 頓馬	㉒ しみったれ
③ 無駄口	⑬ お節介	㉓ ほら吹き
④ 粗野	⑭ 上の空	㉔ 横柄
⑤ お愛想	⑮ へそまがり	㉕ 臆病
⑥ 無頼	⑯ 迷信	㉖ 独裁好み
⑦ おしゃべり	⑰ 不平	㉗ 年寄の冷や水
⑧ 噂好き	⑱ 疑い深さ	㉘ 悪態
⑨ 恥知らず	⑲ 不潔	㉙ 悪人ひいき
⑩ けち	⑳ 無作法	㉚ 貪欲

表1.2.2　ガレノスの四気質説

気質	対応する体液	性格の特徴
多血質	血液	快活，明朗，気がかわりやすい，世話好き
胆汁質	胆汁	せっかち，短気，積極的，意志強い，易興奮性
憂うつ質	黒胆汁	用心深い，苦労性，消極的，敏感，無口
粘液質	粘液	冷静，冷淡，勤勉，感情の変化少ない，粘り強い

出所：詫摩・瀧本他（2003）

オプラストス自身がこの著作について，「ギリシアでは，同じ良い気候のもと，同じ教育を受けているにもかかわらず，人々の気質には大きな差がある」ことから，本書は，「彼ら各人の，この世における身すぎ世すぎの姿を，書きとめておくべくではないか」と考えて書き記したものだと述べているとおり，時空を超えて，当時のギリシアに生活している人々の姿がとても身近に感じられてきます。このように，テオプラストスが，概念としての性格ではなく，生きている一人の人間の行動として，実例からとらえようとしていることは非常に興味深く思われます。それは，後に20世紀においてオールポートが提唱した個性記述的アプローチ[4]にもつながる性格心理学の萌芽であったのです。

③ ギリシアの医学者ガレノスによる四気質説

さらに時代を下り2世紀になると，同じギリシアにおいて，人さまざまの個人差を体系的に分類したうえに，その個人差の原因を想定しようとする気質分類説が出現しました。ガレノス[5]による四気質説がそれです。

ガレノスは自身の医師としての実践とともに，エンペドクレスからアリストテレスに受け継がれた四大元素説（火，風，水，土）を継承するヒポクラテスの四体液説[6]にもとづき，人間の身体には，血液，胆汁，黒胆汁，粘液の四種の体液が循環していることから，これらの体液のうちのどれが優勢であるかによって，多血質，胆汁質，憂うつ質，粘液質の四種の気質が出現すると考えました。それぞれの気質の特徴は表1.2.2のとおりです。

④ 四気質説再考

その後，医学の発展により，人間の身体を循環する体液がこの4種であるという考えは間違いであることがわかりました。しかし，人間の気質を四つに分類する考え方は受け入れられ，科学的根拠がないにもかかわらず，多血質・胆汁質・憂うつ質・粘液質というラベルとともに四気質分類は根強く存続しているように思われます。

この四気質説については，その後も様々な根拠づけが試みられました。その根拠づけの正当性はともかくとして，ギリシア時代から人間のタイプは四分類されることが多かったことに着目しておきたいと思います。

（吉川眞理）

▷3　テオプラストス　森進一（訳）1982　人さまざま　岩波文庫

▷4　I-7 参照。

▷5　ガレノス
ガレノス（Galēnos, 129-200ごろ）は，ローマ帝国時代のギリシアの医学者。臨床医としての経験と多くの解剖によって体系的な医学を確立し，古代における医学の集大成をなした。その医学論は，ヒポクラテスの四体液説を原理として展開されている。このガレノスの医学論は，16世紀まで西洋医学およびイスラム医学に大きな影響力を持っていた。

▷6　ヒポクラテスの四体液説
ヒポクラテス（Hippokratēs, BC 460-BC 370ごろ）は古代ギリシアの医者。医学を原始的な迷信や呪術から切り離し，臨床と観察を重んじる経験科学へと発展させたことで知られ，「医学の父」と言われる。病気は4種類の体液の混合に変調が生じたときに起こるという四体液説を唱えた。人間は血液，粘液，黄胆汁，黒胆汁の四体液を持ち，それらが調和していると健康であるが，どれかが過大・過小また遊離し孤立した場合，それにかかわる身体部位が病苦を病むとした。

（参考文献）
詫摩武俊・瀧本孝雄・鈴木乙史・松井豊　2003　性格心理学への招待〔改訂版〕サイエンス社

3　素朴な類型論から近代的類型論へ

① 古代における性格類型論

　西洋では古代ギリシアの四大元素説（火，風，水，土）の流れを受けて四気質説が継承されていましたが，東洋でも，すでに古代中国の五行思想において，世界の根源である五要素―木，火，土，金，水（もく，か，ど，ごん，すい）が論じられていました。◁1

② 西洋における近代以前の類型論

　ギリシアで発展した学問は，その後イスラム世界を経由して錬金術のかたちをとって西洋世界に継承されていきました。たとえばルネッサンス期の医師パラケルスス（Paracelsus, 1493-1541）にとって，錬金術は不老長生薬の発見を目指すものでした。その中で，人間の精神は，硫黄や水銀などの物質と結び付けて論じられています。

　さらにガリレオらの科学革命の時代を迎えると，医学的，解剖的な知識の発展を受けて血液組成，血管の太さと気質との関連が述べられ，18世紀になると骨相学の流行もあり，骨格等の身体的形質と気質の関連が論じられました。

　19世紀には，バーンゼン（Bahnsen, J., 1830-1881）が自発性，受容性，印象性，反応性の度合いの組み合わせによって，四気質を論じました。哲学者カント（Kant, I.）は，その著書『人間学』において，性格を思惟様式，気質を感性様式ととらえ，血液の流れの速さと温度から四気質の説明を試みました。また実験心理学を創始したヴント（Wundt, W.）は，情意の動きの強弱と変化の速さによって，四つの気質を説明しました。心を神経心理学的にとらえるようになった現代の心理学の視点からも，情意の伝達を神経伝達として理解するという点で説得力のある説明と言えるでしょう（表1.3.1）。

③ 科学的な類型論の出現

○クレッチマーによる『体格と性格』（1921年）

　ヨーロッパにおいて精神医療が発達する中で，精神病院に勤務するクレッチマー（Kretschmer, E., 1888-1964）は，診断名と体格に関連があることに着目しました。二大精神病と言われた統合失調症（Schizophrenia）と躁うつ病のうち，前者の患者には痩せ型が多く，後者の患者には肥満型が多く見受けられること

▷1　五行思想
この五行思想は，戦国時代の陰陽家騶衍（すうえん，BC 305年ごろ‐BC 240年ごろ）が理論化したと言われている。これが陰陽思想と結び付き陰陽五行説として発展し，さらに1100年代，南宋の徐居易により運命を説く命学（日本では四柱推命として知られる）の体系に取り入れられた。生年月日によって分類される類型論は，その性格傾向について語っている点も多く，因果的な根拠は不明ながら，随伴性を根拠とした確率論的な東洋の類型論と言えるだろう。

に気づいたのです。クレッチマーは，実際に自分の病院の患者260名を対象に調査してみたところ，統合失調症と診断された患者群のうち，痩せ型が81人／肥満型が4人で圧倒的に痩せ型が多く，躁うつ病と診断された患者群では，痩せ型が2人／肥満型が58人で肥満型が多くなり，明らかな随伴性が認められたのでした。しかし，自分が診断を下し体型を判定した患者群のデータでは調査者のバイアスが生じるために，科学的な検証のためには，さらに大規模な調査が必要となりました。クレッチマーが，他の精神科医の協力を得て4000人を対象に調査した結果は，表1.3.2のとおりとなりました。

この結果から，クレッチマーは，統合失調症と躁うつ病の要素が，程度の差こそあれ，多くの人間に共有されているという見解を持つに至ります。精神病の患者は了解不能であるとされていた時代において，これは画期的な見解でした。統合失調症の患者群の特徴とされる気質が，スペクトラムとして非病理群にも認められるとされ，これを分裂気質と名づけました。また，躁うつ病群の特徴とされる気質も同様にスペクトラムとしてとらえ，この気質を循環気質と名づけました。これらの気質の特性は表1.3.3のとおりです。

○シュプランガーによる『生の形式（Lebensformen）』（1921年）

同じ時代にシュプランガー（Spranger, E., 1882-1963）は，価値観により6類型を分類しました（表1.3.4参照）。

○ユングの『心理学的類型論』（1921年）

ユング（Jung, C.G., 1875-1961）は，ヨーロッパにおける神学者，文学者，芸術家の作品や著作をもとに，彼らの心理学的な傾向を分類することで，リビドーの方向性による内向と外向，および心の四機能が，それぞれ思考―感情の判断軸，感覚―直観の知覚軸として相反する二極による二軸を構成していることを論じました。

○類型論エポックとしての1921年

興味深いことに，このそれぞれの類型論が奇しくも同じ1921年にいずれもドイツ語圏で出版されています。第一次世界大戦を経験した心理学者たちは，戦争という危機の中で多くの人間の苦難を目の当たりにし，また人間がこの危機をもたらしたことに思いをはせたとき，心理学的な思惟が深まり人間の多様性を説明する理論を確立したい衝動に駆られたのかもしれません。（吉川眞理）

表1.3.1　ヴントによるガレノスの四気質の説明

気　質	情意の強さ	反応の変化の速さ
多血質	弱い	速い
胆汁質	強い	速い
憂うつ質	強い	遅い
粘液質	弱い	遅い

出所：詫摩・瀧本他（2003）より作成

表1.3.2　クレッチマーによる体型と診断名の随伴性調査

（4000人対象1926年の調査）

診断名	体型の出現率
分裂病（統合失調症）	痩せ型　66%
躁うつ病	肥満型　66.7%

出所：詫摩・瀧本他（2003）より作成

表1.3.3　クレッチマーによる分裂気質と循環気質の特性

	世界との向き合い方	性格の特徴
分裂気質	世界と自己との対立 他者との距離感が重要	感覚の過敏性と冷淡さが共存
循環気質	世界との融合 他者との共感が重要	社交的 感覚的な喜びの追求

出所：詫摩・瀧本他（2003）より作成

表1.3.4　シュプランガーによる価値観による6類型

理論型	事物を客観的に見て論理的な知識体系の創造に価値をおく
経済型	事物の経済性，功利性をもっとも重視する
審美型	繊細で敏感であり，美しいものに最高の価値をおく
宗教型	神への奉仕，宗教体験を重視する
権力型	権力を求め，他人を支配しようとする
社会型	人間を愛し，進歩させることに価値をおく

出所：詫摩・瀧本他（2003）より作成

▷2　Ⅰ-4，Ⅰ-5参照。

（参考文献）

詫摩武俊・瀧本孝雄・鈴木乙史・松井豊　2003　性格心理学への招待〔改訂版〕サイエンス社

佐藤幸治　1961　性格心理学の歴史と展望（戸川行男他著　性格の理論　金子書房　所収）

ユングによる内向／外向理論

内向／外向とは

　スイスの精神科医ユング（Jung, C.G.）は，人の心は生涯を通して変容を繰り返しながらバランスのとれた状態に成長していくと考えました。そして心について研究する中で，人の感じ方・考え方・行動の背景には，心の基本的な態度における内向／外向という分類があることを指摘しました。ある事柄に関して，自分がどう感じるか・自分にとっての意味はどうか，など，自分の内側に関心や重要度が置かれるとき，これを心の態度の「内向」と呼び，一方，他者や現実との兼ね合い・出来事そのものなど，自分の外側に関心や重要度が置かれるとき，これを心の態度の「外向」と呼びます。たとえば「威圧的な年上男性の前で萎縮してしまう」という青年がいたとします。これを「幼少期の父親との関係が原因」と考えるのは，他者や過去の出来事，対人関係という外的要因を前提とした外向的な考えです。一方でこれを「心の中に自分でも認め難い，強者への恐怖と憧れの葛藤があることが原因」と考えるのは，心の中の内的要因を前提とした内向的な考え方です。また，このように考え方が違えば，その後の行動も違ってきます。内向／外向の態度は，誰でも両方を使っていますが，自然な状態でスムーズに使いやすい態度がどちらであるかは人によって分かれます。そして自然に使う態度は発達しやすいので，人ごとに内向／外向という性格傾向がまとまってきますが，このとき性格にあまり組み込まれなかった方の態度は消えていく訳ではなく，心の奥に潜み，ときどき表に現れ，心を揺るがし，心の変容に寄与します（後述）。

内向型の人／外向型の人の性格傾向

　内向型の人は，自分の内部に生じる感じを敏感にとらえます。自分なりの価値観や思考回路が働きやすいので，たとえば多くの人が避けているような人にも自分が良いと思えば親切にかかわりますし，逆に多くの人が良いと言うものに対しても，嫌なものは嫌，という固い思いを持ち続けることもあります。心の奥に他者に影響されない独自の考えや思いを秘めていて，時間が経ってからそれが表出されることもあります。このように内向型の人は，その内側で動きが多く，逆に外側の現実のかかわりが苦手な傾向があります。思っていることを即座に適切に表現することが苦手であったり，外界や相手の状況に即応して

言動を調節することに困難を感じることもあります。現実の情報よりも自身の感じ方が勝ち過ぎ，知らぬ間に思い込みを生じることもあります。またはじめての状況や初対面の相手に苦手意識を持ちやすいですが，慣れてきて自分のペースで集中できると内部で充実させている本来の力を発揮します。

　外向型の人は外界に心が開かれており，さほど意識せずとも現実の状況や相手の様子を素早くとらえて，その場に応じた言動をとることが無難にできます。はじめての場面でも，その場で求められることに自然と応じられるため，他者に活発でスムーズな印象を与えることが多いようです。また，多数派の意見や時の情勢・常識を読み取り，それに自分を適応させることが得意なため，結果的に多くの他者と考えを共有できている状態が生じ，集団の中で充実感を感じやすいです。このように外向型の人は外界とのかかわりにエネルギーを使っています。一方で自身の内界に疎い傾向があります。自分の考えだと思っているものが，実際は他者の影響を大きく受けたものであったり，自分の中に生じた切実な思いを感じ取れないまま日々を過ごすことがあります。また，考えや感情は他者と共有できると感じているので，内向型の人の思いのような，表現されないものがあるということに気づきにくいこともあります。

③ 相補性──影になった機能の重要性

　ユングがもっとも重視したのが，心の全体性，つまり心の機能や態度のバランスです。ユングは，心には表に現れてくる傾向とともに，その逆の傾向が無意識の中に影のように存在してバランスをとっていると考えました。これを相補性と呼びます。光と影が切り離せないように，たとえば内向性が強すぎるとき，その無意識には影となった外向性が強く膨らんでいます。影になった要素は反動で強い力を持つ上に，使い慣れていないため未熟でコントロールしにくいものです。「自分の考えが大切だ」と他者の評価に無関心でいるはずが，「ほめられたい」という押さえがたい気持ちが生じることがあります。外向性が強すぎた場合も，内部から強力な内向性に引っ張られ，普段は快活だった人が深刻な悩みや落ち込みにとらわれることがあります。ユングによれば，これらは心がバランスを回復し変容と成長を遂げる重要な機能です。内向的に研ぎすまされた人でも他者とかかわらずには生きていけませんし，外向的に首尾よく生きている人でも自分自身に関する自分だけの答えを模索する必要にせまられるときがあるなど，内向／外向どちらかの態度だけで生き抜くことはできません。ユングの理論は，無意識の中で影となった要素が爆発するほどの圧力を溜め込む前に，影になった要素を自ら認め，人格に適度に取り入れていくことの大切さと，それが人格の生涯を通した成長であることを示しています。

（柴田久美子）

ユングの4機能論

① ユングの類型論

　何かを見聞きしたり体験するとき，それを感じたり認識する心の活動形式（仕組み）を心理機能と言います。ユング（Jung, C.G.）は「思考」「感情」「感覚」「直観」という四つの心理機能を想定しました。そして心理的態度である内向／外向の分類と合わせて，ある人が普段，主に用いる心理機能と態度の組み合わせによって「外向思考」「内向直観」のように人々の人格を8タイプに分類しました。これをユングの類型論（またはタイプ論）と呼びます。

▷1　Ⅰ-4 参照。

② 4機能の特徴

○思考機能

　「思考」は筋道を立てて論理的・系統的に対象を把握する機能です。内的な言語能力による概念の整理の機能とも言えます。一般に学問や社会制度は客観的な論理体系として社会に定着しているので「外向思考」の人は既存の学問や制度の理解に強く，「内向思考」の人は自分なりの解釈や新たな理論構成に関心が向きやすいです。

○感情機能

　「感情」は好き嫌い・良い悪い・快／不快など自分がどういうふうに思うかにもとづいて価値判断をする機能です。「外向感情」の人はその判断基準を周囲の人と自然に合わせるので人と調和しやすく，「内向感情」の人は自分の価値観を堅く静かに守り続けるので，相手や場面に影響されず主張の一貫性が高いです。いずれも理論的な判断ではなく主観的な判断です。

○感覚機能

　「感覚」は色や形・質感などを詳細にとらえて蓄積する機能です。現実の要素を五感を通して知覚するときの機能とも言えます。「外向感覚」の人は流行の色味や微妙な配色加減を敏感に正確にとらえたり，激しいスポーツの体感を楽しむなど現実世界の刺激自体を味わいます。「内向感覚」の人は現実の刺激をきっかけに自分の中に生じる体験を味わい，内部に膨大な情報を収集・蓄積します。

○直観機能

　「直観」は対象の現在の属性を超えて，潜在的な可能性や本質を一瞬にしてとらえる機能です。「説明はできないが確信している」ような感じ方です。「外

向直観」の人は膨大な現実要素の中から役に立つ要素の組み合わせをパッと浮き上がらせるように感じ取り，効率よく現実とかかわります。「内向直観」の人は心の奥に何か重要な予感を抱き，しかし本人もその時点では的確に察知できないことが多く，同時代の人々には理解されにくいようです。

◯合理機能と不合理機能

4機能のうち，「思考」と「感情」は対象を判断したり分類する段階での機能であり，合理機能と呼ばれます。一方「感覚」と「直観」は対象を感じ取る段階での機能であって，価値判断や結論を含まないので不合理機能と呼ばれます。不合理機能だけでは対象の情報を感知するばかりで，その情報を活かしていくことができず情報量に溺れて混乱することもあります。逆に合理機能だけでは結論ばかり急いでしまい，目の前の対象そのものの情報を捉え損ねていることもあります。その人ごとのバランスで，不合理機能のどちらかで対象の情報をとらえ，合理機能のどちらかでそれを整理して利用しています。

③ 劣等機能と補助機能

8タイプのいずれかの人が，その機能と態度だけを使っている訳ではありません。一人の人の中には全ての機能・態度があり，相互に補い合って働きます。たとえば「外向思考」の人は主機能が合理機能の「思考」です。すると不合理機能の「感覚」か「直観」のどちらかがこの人の補助機能（2番目に働きやすい機能）となり，もう一つが3番目に働きやすい機能です。そして合理機能の残りの「感情」が，この人にとって一番なじみのない機能となり，これを劣等機能と呼びます。合理機能としては普段は主機能の「思考」を用いやすくなっているので，わざわざ「感情」が使われる機会が一番少ないのです。このように劣等機能は未熟なままであることがあります。普段は理路整然と振る舞う学者が，情緒的な刺激を受けて急に感情的に未熟な言動を見せてしまい，自他ともに戸惑うなどがこの例です。主機能が「直観」の人は，合理機能の「思考」か「感情」が補助機能になり，不合理機能の残りの「感覚」が劣等機能です。物事の本質や印象はとらえていても，現実的な事実の詳細を把握していないなどの弱みが出ることがあります。

④ 影の元型と自己の成長

一人の人の中で自然と使われやすい態度・機能の組み合わせは，表に現れる人格と言えます。一方で劣等機能を中心にまとまった行動様式は，その人の中の影の人格と言えます。影を自分の中に認めることは不快なので無意識的に拒否していることが多いのですが，ユングは誰の心にも影（の人格）という元型があり，心の中でその影と対峙し，最終的には表の人格と影を統合して自己を完成させることが人生の意味であると考えました。

（柴田久美子）

6 現代に生きている類型論：血液型

▷1　ABO 式血液型
赤血球の表面にある抗原の種類により，A型，B型，O型，AB型の四つに分類する血液型分類法。ABO式血液型の他にも，白血球の抗原による分類法など，多種多様な血液型分類法が存在する。

▷2　古川竹二　1927　血液型による気質の研究　心理学研究，**2**，612-634.
▷3　縄田健悟　2014　血液型と性格の無関連性──日本と米国の大規模社会調査を用いた実証的論拠　心理学研究，**85**，148-156.

表1.6.1　古川の気質分類

Ⅰ型（O型）
きかぬ気の人
冷静な人
精力的な人
強い人
Ⅱ型（A型）
おとなしい人
心配性の人
不平家
引込思案の人
Ⅲ型（B型）
よく気のつく人
世話好きの人
陽気な人
黙って居られぬ人
Ⅳ型（AB型）
Ⅱ型的でⅢ型的分子を有する人

（注）（　）内は筆者による補足
出所：古川（1927）

1 血液型と性格

　ABO 式血液型[1]と性格の間に関連があるという考え方は，現在日本人にとってなじみ深いものになっています。この考え方は，血液型性格判断，血液型性格関連説，血液型気質相関説などと呼ばれています。性格を四つの血液型に分類して把握するので，血液型性格判断は類型論に当たります。この性格類型を多くの日本人が信じていますが，じつは血液型と性格の間に関連があるという科学的根拠は現在のところ得られていません。それでもこれほどまで日本社会に血液型による性格判断が広く浸透しているのはなぜなのでしょうか。

2 血液型性格関連説の流行

　血液型と性格の関連性についての心理学的研究は，古川竹二という研究者に端を発しています。古川[2]は血液型と気質の間に関連があることを，質問紙調査から得たデータをもとに主張し，1927年から1930年代初頭にかけて注目を集めました（表1.6.1）。しかしながら，その後追試を行った数々の研究者から懐疑的な視線を向けられ，批判を受けるようになります。そうしてしばらくの間下火となった血液型性格関連説ですが，1971年に出版された能見正比古の著書『血液型でわかる相性』がベストセラーとなり，再び脚光を浴びました。その後，テレビ番組や週刊誌の特集などを通して，血液型性格判断は広く日本人に浸透していきました。

3 心理学における血液型性格関連説についての研究

　能見の著書やメディアの発信により再度ブームとなった血液型性格判断ですが，心理学者による実証的研究の多くは血液型と性格の間の関連性を否定する結果となっています。これまで矢田部ギルフォード性格検査，主要5因子性格検査（ビッグ・ファイブ）などの性格検査や，欲求不満場面の反応の傾向を見るPF スタディなどの様々な心理検査と血液型の間の関連性が検討され，一貫した関連性は認められませんでした。最近では，縄田[3]が日本とアメリカにおける1万人以上の大規模な社会調査のデータをもとに血液型と性格の無関連性を検討したところ，日本とアメリカ，どちらにも関連性を示す結果はほとんど見られず，「血液型と性格は無関連である」と結論づけています。

④ なぜ血液型性格判断が浸透するのか

多くの実証的研究によって否定されている血液型性格判断が，どうしてこれ ほどまでに人々に浸透したのでしょうか。「血液型と性格の間に関連がある」 という信念を血液型ステレオタイプと呼び，この信念が形成される要因につい ても数々の研究が行われています。以下にいくつか例を挙げます。

◯血液型ステレオタイプによる認知の歪み

これまでのステレオタイプ研究[4]によって，人は自分が持っているステレオタ イプに一致するように対象を認知し，それによってステレオタイプがさらに強 まることが知られています。血液型ステレオタイプも同様に，血液型性格判断 を信じている人ほど，「当てはまる」と感じる情報にばかり注目し，当てはま らない情報は無視されることで，さらに信念が確信されるというメカニズムが あると考えられています。

◯フリーサイズ効果

大村は，多くの人々が血液型性格判断を信じる要因に，「FBI 効果」として 二つの効果を挙げています[5]。そのうちの一つがフリーサイズ効果です。大村に よると，たとえば，「堅実な暮らしを望む」はＡ型の特徴とされており，Ａ型 232人のうち78.0％の人が肯定したそうです。しかしながら，Ｂ型146人のうち 72.6％，Ｏ型187人のうち76.5％，ＡＢ型66人のうち80.3％の人々も肯定して いました。このように，各血液型で挙げられている特徴は，多くの人が「自分 に当てはまる」と感じるものであることを指摘しています[6]。

◯4分割構造

橿淵らは，ABO 式血液型性格判断のように，4分割構造を持つ性格類型は[7]， 3分割や6，8分割の性格類型よりも，人物に「当てはまる」と感じられやす いことを明らかにしました。そして，これを血液型性格判断が浸透した要因の 一つとして指摘しています。

⑤ 血液型性格判断の浸透の問題点

血液型性格判断は，誰もが持っている血液型と個人の性格，そして他者との 相性なども扱っているため，会話の中で話題にしやすく，対人関係を促進する 特徴もあります。しかし，その一方で，血液型によってネガティブな性格の レッテルが貼られていじめに発展したり，就職活動で面接官に血液型を問われ たりするなど，「ブラッドタイプ・ハラスメント」と呼ばれる問題も生じてき[8] ました。血液型性格判断に関する心理学的研究は，こうしたブラッドタイプ・ ハラスメントを抑制することにもつながっています。

(地井和也)

▷4 ステレオタイプ
主に集団などの特定の対象 に対する，画一的で固定化 された観念やイメージ，信 念を指す。ステレオタイプ 的認知は自動的・無意識的 に生じるとされている。

▷5 FBI 効果とは，F＝ フリーサイズ効果，B＝ブ ラックボックス効果，I＝ インプリンティング効果の 三つの効果を指している。 詳しくは，下記の文献を参 照のこと。
大村政男 2012 新編 血 液型と性格 福村出版
▷6 このフリーサイズ効 果は，「バーナム効果」と 同様の現象を指していると 考えられる。バーナム効果 とは，誰にでも当てはまる ような性格に関する記述が 心理検査の結果として提示 されると，自分の性格の分 析結果として正確であると とらえてしまう心理現象の ことを言う。
▷7 橿淵めぐみ・齋田順 子・坂元章 1999 血液型 ステレオタイプの構造と認 知の歪み──分割数の効果 の検討 性格心理学研究， 8，74-75.
▷8 佐藤達哉 1994 ブ ラッドタイプ・ハラスメン ト──あるいはＡＢの悲劇 詫摩武俊・佐藤達哉（編） 血液型と性格──その史的 展開と現在の問題点 至文 堂 pp. 154-160.

7 オールポートの性格論

1 近代的な心理学の創生期

　学問としての心理学の出発は，ヴント（Wundt, W., 1832-1920）が創始した心理学実験室が，ドイツのライプツィヒ大学の授業において運用するようになった1879年とされています（図1.7.1）。ここで学んだ世界各国の心理学者たちがそれぞれの国に実験心理学をひろめていきました。ヴントは，心理学は経験科学であると論じています。ヴントは心理学の研究法を自己観察（内観）にあるとしました。彼は，自分の精神の内面を観察する内観という方法を用いて意識を観察・分析し，意識の要素と構成法則を明らかにすることを心理学の目標としています。それゆえにヴントの心理学は要素主義と呼ばれています。

　ほぼ同時期にウィリアム・ジェームズ（James, W., 1842-1910）も，アメリカのハーバード大学において生理学的心理学の実験室を開設しています。ヴントと同様に，生理学に基点をおいていたジェームズですが，人間の心理を理解するためには哲学の知識が必要であると考え，哲学の学位をとり，科学的な生理的アプローチと哲学との融合による心理学の確立を目指しました。彼の著書『心理学の諸原理』（1890）においては，心理学は，感情一般や思考一般を抽象的な概念として論考するのではなく，個別的な自己を問題とする学問であると記述されています。そこでジェームスの心理学の関心は，普遍的な原理を知ることではなく，一個の人間として自身の心理を理解することに向けられました。

2 パーソナリティの心理学の確立

　ジェームズの流れをくんで，生きている人間の個性をとらえようとする「パーソナリティの心理学」を確立したのがアメリカのハーバード大学のオールポート（Allport, G.W., 1897-1967）でした。彼は，パーソナリティ探求の方法論として個々の事例の研究を重視しました。またパーソナリティは測定されるものではなく，

▷1　日本人としては，松本亦太郎（1865-1943）も官費を受けライプツィヒ大学に留学してヴントの指導を受けている。帰国後，母校の東京帝国大学において心理学講師を嘱託され，実験心理学の講義を担当した。東京帝国大学において1903年，心理学実験室を設立。1906年，新設の京都帝国大学教授となり心理学講座の新設に当たった。1913年，東京帝大教授となり心理学講座を新設している。1926年，定年退官。1927年，日本心理学会を創設，初代会長に就任した。

図1.7.1　ヴントによる心理学の創始 "Wundt-research-group"

出所：https://commons.wikimedia.org/wiki/File:Leipzig%27te_i%C3%A7g%C3%B6zlem_denemeleri.jpg?uselang=ja（2019年8月26日閲覧）

了解されるべきものであることを主張し，その全体性を重視し，またパーソナリティにおける唯一の法則は「すべての個人がそれぞれ独自のパターンを持つ」というものであるとしました。

表1.7.1 オールポートの人間観

- 人間は反応する存在である
- 人間は深層において反応する存在である
- 人間は生成過程にある存在である

3 オールポートの人間観

オールポートは20世紀の新しい心理学の時代の新たな流れを作り出していた精神分析理論と行動主義を折衷し，その中道に，生きている人間をそのままとらえようとするパーソナリティの心理学を確立しようとしました。オールポートの人間観の特徴は，人間と外界の相互作用，人間の深層における力動，そして，パーソナリティそのものの生成過程といったパーソナリティのダイナミックな側面をとらえようとしたことにあります（表1.7.1）。

4 オールポートの特性論

オールポートは，パーソナリティを「特性」という構成概念によって記述しようとした最初の心理学者です。彼によれば，本来の特性は個人固有のものであり，これを「個別特性」と名付け，事例研究法，発達的研究などの質的研究法によってこれをとらえることができると考えました。これに対して多くの人に共通している特性を「共通特性」と名付け，これを数量的にとらえることでパーソナリティの研究をすすめました。

オールポート（1937）は，この共通特性をとらえるために，言語の集大成である辞書を研究の対象としました。40万語の辞書から私たちが日常使っている性格記述用語を4505語抽出し三つの群（表1.7.2）に分類しました。▷2

オールポートはこれらの分類にもとづいて，主として中心的特性を用いて個人のパーソナリティを記述するサイコグラフを作成しました。

（吉川眞理）

▷2 Allport, G. W. 1937 *Personality : A psychological interpretation.* Henry Holt.（詫摩武俊・青木孝悦・近藤由紀子・堀正（訳）1982 パーソナリティ 新曜社）

表1.7.2 オールポートによる特性の分類

	定義	例
基本的特性	その特性がその人の行動傾向全体を規定してしまう優勢な特性。現実にこれを持つ人は少数。偉人伝や物語においてそのような基本的特性を際立たせた人物像が創作される可能性がある。	サド侯爵「サディズム」 リンカーンの「正直」 マザーテレサの「献身」 一発屋芸人・スギちゃんの「ワイルド」
中心的特性	程度の差こそあれ，多くの人に共有されている特性。	「誠実」，「寛容」，「根気強い」，「きまぐれ」，「引っ込み思案」
二次的特性	特定の状況においてのみ出現する特性。	人前で話す場面で不安になる

出所：Allport（1937）（詫摩他訳，1982）を参考に作成

参考文献

詫摩武俊・瀧本孝雄・鈴木乙史・松井豊 2003 性格心理学への招待〔改訂版〕サイエンス社
佐藤幸治 1961 性格心理学の歴史と展望（戸川行男他著 性格の理論 金子書房 所収）

類型論と特性論の対比

 類 型 論

　様々な個性を持つ個体の集合体としての人々の集団を対象に，その多様性を分割する分類基準を設定して分類するアプローチを，類型論と呼びます。古来の性格論は，自然をありのままに観察し，それを分類するテオプラストスから始まりましたが，自然哲学はその後，事物を四大元素によりとらえる枠組みを見出し，その四分割を人間にも適用して四気質説を生み出しました[1]。このように人間をその性格によってグループに分けてとらえることで，人間の性格の個人差の本質をとらえようとするアプローチが類型論です。類型は，もっとも普遍的なものから，個別的・一度的なものへと至る軸上に浮かんだ結節点なのです。

　この分類基準を見出す手続きは，多分に直観的であるため，科学的裏付けがむずかしく，数量的なエビデンスを求めるアメリカ的な心理学からは，科学的でないという批判の対象になりました。しかし，おそらくその結節点はただ一つに決まるものではなく，無数の可能性の中から，それを理解しようとする意図により何らかの有効性を持つ結節点が見出されることに意味があると考えられます。つまり，人間がある目的を持って人間を理解しようとするときに，理解しようとする側にとって何らかの有意味性を持つ準拠枠が浮かびあがってくるのです。

　それはパーソナリティを観察可能な事物としてとらえる客観的アプローチの対極と言えるでしょう。しかし，パーソナリティを生きた人間の存在そのものとしてとらえ，それを理解しようとする人間と，理解される側の人間の相互的関係を視野に入れようとすれば，理解する主体側に浮かび上がる準拠枠をとらえる試みは，理解のプロセスのメタ理解として真の客観性を有していると考えられます。

　また類型論の大きな特徴は，個人をそのまま全体的にとらえ，あてはまるグループに分類していくアプローチであることです。個人をさらに要素に分割して分析することはありません。その意味で類型論は，全人格的なアプローチと言えます。

▷1 　Ⅰ-2 参照。

② 特性論

　特性は，個人のパーソナリティを構成する要素として想定されたコンストラクト（構成概念）です。特性とは，個人がどのように行動し，感じ，考えるかを表しているものです。たとえば，「親切」という特性が顕著な人は，いつでも，どんな状況でも，誰に対しても一貫して「親切」に行動します。つまり「親切」という言葉によって，その人の行動の傾向をずばりと言い表し，予測し，その人の行動の理由を説明することができるのです。この構成概念を媒介させることで，私たちは人の行動をかなりとらえやすくなります。

　パーソナリティの特性論的アプローチにおいては，パーソナリティをこの特性の寄せ集めとして理解します。そして多くの人に共有される特性を複数とりあげ，そのプロフィールによって個人のパーソナリティを記述しようとするものです。それは，パーソナリティを要素に分解し，それに関する測定値のプロフィールによって量的に表そうとする試みでもあります。

　オールポートが『パーソナリティの心理学』を刊行して以来，パーソナリティを要素に分解して数量的に記述しようとする特性論的アプローチが盛んになりました。今日使用されている多くの性格検査はこの特性論的アプローチによるものです。

　アイゼンク（Eysenck, H.J., 1916-1997）による特性論的アプローチは，MPI（モーズレイ性格検査）と呼ばれ，内向─外向の次元と，神経質傾向の次元の2次元によって個人を記述しようとするものです。またYG性格検査は12の基礎因子によって個人を記述し，また，MMPIもパーソナリティを10の臨床尺度によって記述しようとする特性論的アプローチです。

（吉川眞理）

▷ 2　I-9 参照。
▷ 3　I-10 参照。
▷ 4　II-5 参照。

表1.8.1　類型論と特性論の対比

	類型論的アプローチ	特性論的アプローチ
特徴	・個人を各類型（タイプ）に分類する。 ・個人をまるごと，特定のカテゴリーにあてはめる。	・個人を特性（要素）に分解して把握する。 ・個人のパーソナリティは，個々の特性の総和として表現される。
短所	実際にはタイプにあてはまらない中間型が存在する。	多くの人に共有される特性を用いるので個人をとらえにくい。
例	ガレノスの四気質説 ユングの類型論 クレッチマーの類型論 シュプランガーの6類型　など	オールポートの特性論 アイゼンクによるMPI MMPI YG性格検査　など

参考文献

オルポート，G. W. 今田恵（監訳）　1968　人格心理学（上・下）誠信書房
詫摩武俊・瀧本孝雄・鈴木乙史・松井豊　2003　性格心理学への招待〔改訂版〕サイエンス社

9 特性論にもとづく心理検査① MPI 性格検査

1 モーズレイ性格検査（MPI）とは

モーズレイ性格検査（Maudsley Personality Inventory：以下，MPI）は，イギリスの心理学者アイゼンク（Eysenck, H. J.）によって作成された質問紙法の心理検査です[1]。この検査は，外向性（extraversion）─内向性（introversion）と神経症的傾向（neuroticism）の二つの次元の性格特性を同時に測ることを目的としています。

2 アイゼンクの考え方

アイゼンクの性格特性論は，主に因子分析法を用いた実験的研究によるものですが，彼の研究には，ドイツで発展した類型論とイギリスで発展した統計学的方法とが融合されています。

アイゼンクは，ユング（Jung, C. G.）の外向性─内向性の類型論[2]とクレッチマー（Kretchmer, E.）の体型と気質に関する研究[3]に影響を受けました。しかし彼は，哲学的な用語や検証不能な術語の使用を拒み，経験的に検討された，相互に高い相関を持つ特性の集まりとしての性格次元を採用しました。したがって，アイゼンクの外向性─内向性はユングが提唱したものと同一のものではありません。

アイゼンクは，相関関係を統計的に操作することによって，多くの場面に共通する基本的な特徴や性質を抽出しようと努め，性格の階層的構造という四つの層を考えました。それは「類型」にいくつかの「特性」をおくという考え方で，「特性」の下には様々な状況の中で繰り返し現れる行動である「習慣的反応」が，そして「習慣的反応」の下には日常場面でたまたま為される個々の行動である「特殊反応」があるというものです（図1.9.1）。この「類型」として，MPIにおいては，外向性─内向性（E）と神経症的傾向（N）の二つが取り上げられています[4]。

3 EとN，それぞれの次元が持つ意味

○外向性（extraversion）─内向性（introversion）（E）

外向性性格とは，社交的・開放的で動作や感情の

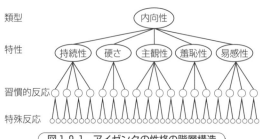

類型　特性　習慣的反応　特殊反応
内向性
持続性　硬さ　主観性　羞恥性　易感性

図1.9.1　アイゼンクの性格の階層構造

出所：MPI 研究会（編）（1969）

表現にためらいのない，人づき合いの良い陽気な性格を言います。また，その場のなりゆきで行動する衝動的な面を持ちます。内向性性格とは，落ち着いていて，内省的で秩序だった生活を好み，引っ込み思案で人とのつき合いを避けるような特徴を示します。

［項目例］ 13．社交的なつきあいをするのは好きですか

57．自分は陽気（ようき）な人間だと思いますか

○神経症的傾向（neuroticism）（N）

神経症的傾向とは，情緒が過敏で，わずかなストレスでも容易に神経症的混乱を引き起こし，神経質で落ち着きがなく，つねに緊張しており，情緒不安定な特徴を示します。

［項目例］ 17．いろいろなことに神経過敏（しんけいかびん）ですか

71．陽気になったり気分がよく変わりますか

4 MPI の作成過程

アイゼンクはギルフォード（Guilford, J.P.）らの因子分析による一連の研究に注目し，彼らの諸尺度からEとNの二次因子で構成される新しい尺度を抽出することを試みました。そして，ギルフォードの尺度の項目と，すでにアイゼンクが使用していた神経症的傾向を測定するモーズレイ医療用質問紙の項目とを合わせた261項目が準備されました。この261項目について，項目分析と因子分析が行われ，外向性—内向性と神経症的傾向を測定するために，それぞれ24項目ずつが選ばれました。日本版 MPI は，ジェンセン（Jensen, A.R.）がこれにミネソタ多面人格目録（MMPI）の虚偽発見尺度（L）20項目と検査の目的をあいまいにする意味を持つ12項目を加えて発表した，全80項目からなる MPI をもとに，標準化されたものです。

5 実施・採点・判定法

MPI は，16歳以上の文字を読める者に対して，集団でも個人でも実施可能です。質問項目に対して「はい」「？」「いいえ」のいずれかに○をつけて回答します。所要時間は15〜30分程度です。採点は所定の採点版を用いて，E・N・L 尺度別に求められます。全体で「？」の数が20以上ある場合は，結果の信頼性が疑われるため，再検査が望まれます。

結果の判定として，日本版 MPI の判定チャートが用いられます。全体が九つのカテゴリーに分けられており（図1.9.2），採点結果から当てはまるカテゴリーが表す性格特性や職業適性によって解釈されるようになっています。

（小塩佳子）

▷5 MPI 研究会 1964 モーズレイ性格検査検査用紙 誠信書房
▷6 第一次世界大戦以降，精神医学の教科書や神経症症状をもとに，神経症的傾向を測定する質問紙が作成されていた。アイゼンクは神経症を学習理論からとらえ，神経症症状は学習された不適応な行動パターンであると考えた。
▷7 MPI は1959年にイギリスで出版され，日本版は1964年に出版された。
▷8 心理検査で得られた数値や得点は，ある一定集団の基準に照らして評価される。基準集団に対して，ある一定の検査を実施し，項目を吟味改訂し，得点の標準を定め，その信頼性や妥当性を確かめる過程を標準化と呼ぶ。

【参考文献】

MPI 研究会（編）1969 新・性格検査法 誠信書房
MPI 研究会（訳編）1964 日本版モーズレイ性格検査手引 誠信書房
詫摩武俊・瀧本孝雄・鈴木乙史・松井豊 1990 性格心理学への招待——自分を知り他者を理解するために サイエンス社

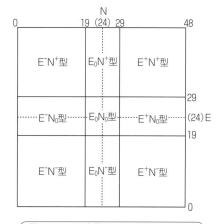

図1.9.2 日本版 MPI の判定チャート

出所：MPI 研究会（編）(1969)

特性論にもとづく心理検査② YG 性格検査

1　YG 性格検査とは

　矢田部ギルフォード性格検査（以下，YG 性格検査）は，アメリカのギルフォード（Guilford, J.P.）らが考案した人格目録をもとに，矢田部達郎らが日本人大学生のデータを用いて標準化した質問紙法の性格検査です。[1]

2　ギルフォードの人格目録

　ギルフォードは，当時一般に用いられていた向性検査から，重要と思われる質問項目を選び出し，それらの項目の相関関係を調べました。そして，向性検査は「外向性―内向性」という一つの性格特性を測定しているのではなく，STDCR という五つの因子から成っていることを見出しました。[2] また彼は，内的整合性の原理を用いて，[3] 性格のあらゆる面について質問項目を整理し，GAMIN という別の五つの性格特性を明らかにしました。[4] さらに人事管理の観点から，OAgCo の三つの性格特性を示し，[5] 合計13の因子を抽出しました。その作成過程は，いわば，外向―内向の理論を中核とした性格構造の探索研究の成果と，当時の社会が質問紙に向けた要請との混成とも言えます。

3　YG 性格検査の作成

　これら三つのギルフォードらの検査をもとに，矢田部らは，質問項目が少なく，施行や採点が容易で，[6] かつ信頼性や妥当性の高いテストを作ることを試みました。[7] そして，13因子からM（masculinity 男子性）因子を除き，[8] 12尺度から構成される矢田部ギルフォード性格検査を作成しました。[9]

　YG 性格検査は，12尺度が10項目ずつから成り，全部で120項目あります[10]（表1.10.1）。これら12尺度は六つのグループ（因子）に分類されており，因子[11]による解釈がなされます。また結果として得られるプロフィールを判定するため，プロフィールが五つの類型に分類されています（表1.10.2）。ここで，尺度名・因子名・類型名は，因子分析によってまとめられた項目であったり，プロフィールの特徴を総称するために二次的にラベリングされたりしたものにすぎないということに留意する必要があります。解釈においては，各尺度や因子の高得点をこれらのラベリングに直結させるより，もともとの項目群に対するどのような回答がこのような結果をもたらしたのかをしっかり考察することが

重要です。また，パーソナリティ（性格）心理学的に言うと，YG 性格検査の作成の基盤になっているのは性格的特徴を量的に測定していく特性論ですが，結果の解釈としては類型論も採用されているということに注目しておきましょう。

4 実施方法

YG 性格検査は，小学生から成人まで，集団でも個人でも実施可能です。質問項目に対しての答えが「はい」「いいえ」のいずれかの場合には所定の箇所に〇をつけ，「？」の場合には△をつけます。所要時間は30〜40分程度です。

5 判定と性格特性

採点によって算出された素点から，プロフィールや系統値が得られます。結果は，尺度による判定，因子による判定，類型による判定，コンピューター判定など，様々な判定が可能です。以下の表は，尺度および類型による判定に示される性格特性です。

6 効用と限界

YG 性格検査は，性格診断のみならず，職種や職場，学校場面など社会的な場への適応性やリーダー適応性などの適性検査としても利用されており，産業，教育，臨床など幅広い分野で様々な目的に使用されています。しかし，この検査は被検査者の内省にもとづく自己評定であるため，被検査者が結果を予測してある方向に意図的に回答したり，あるいは無意識的な自己防衛の機制が働いたりして，結果が歪んだものになってしまうという限界もあります。よりきめ細かくかつ総合的に個人のパーソナリティを理解するためには，他のテストと組み合わせて行っていくことが必要です。

(小塩佳子)

▷ 9 YG 性格検査は日本人に合うように作られたものであり，原典そのものではないが，ギルフォードの原典の方向とほとんど一致したものであることが辻岡によって証明されている（辻岡，1982）。

▷ 10 小学生用のみ，全96項目である。

▷ 11 6因子とは，情緒不安定性因子（D・C・I・N尺度），社会不適応性因子（O・Co・Ag尺度），活動性因子（Ag・G尺度），衝動性因子（G・R尺度），非内省性因子（R・T尺度），主導性因子（A・S尺度）である。

▷ 12 これをテストバッテリーと言う。

表 1.10.1 YG の12尺度の名称と性格特性

	尺度名	性格特性
D	抑鬱性	たびたび憂鬱になる，陰気，悲観的気分
C	回帰性傾向	気が変わりやすい，感情的な情緒不安定さ
I	劣等感	自信がない，劣等感を持ちやすい
N	神経質	神経質，心配性，いらいらするなどの性質
O	客観性がないこと	ありそうもないことを空想する，過敏性，主観性
Co	協調性がないこと	人を信用しない，不満が多い
Ag	愛想のないこと	気の短さ，人の意見を聞かない，攻撃的
G	一般的活動性	動作がきびきびしている，活発，活動的
R	のんきさ	人と一緒にはしゃぐ，気軽，衝動的
T	思考的外向	深く物を考えない，考えが大ざっぱ，反省的でない
A	支配性	社会的指導性，リーダーシップのある性質
S	社会的外向	話し好き，社交的，人との交際を好む

表 1.10.2 YG の五つの類型と性格特性

類 型	性格特性
A型（平均型）	目立たない平均的なタイプ
B型（不安定積極型）	情緒不安定，社会的不適応，活動的，外向的，性格の不均衡が外に出やすい
C型（安定消極型）	情緒安定，社会的適応，非活動的，内向的
D型（安定積極型）	情緒安定，社会的適応，活動的，外向的，リーダーに向いている
E型（不安定消極型）	情緒不安定，非活動的，内向的，引っ込み思案

参考文献

辻岡美延　1982　新性格検査法　日本心理テスト研究所

八木俊夫　1989　新版YGテストの実務手引──人事管理における性格検査の活用　日本心理技術研究所

性格は何次元構造なのか？

▷1 Allport, G.W., & Odbert, H.S. 1936 Trait-names : A psycho-lexical study. *Psychological Monographs, 47*, 1-37.

▷2 [I-7]参照。

▷3 Cattell, R. B. 1965 *The scientific analysis of personality.* Baltimore : Penguin.

▷4 [I-3]参照。

▷5 Eysenck, H. J. 1970 *The structure of personality* (3rd edition). London : Methuen. (Pervin et al. (2005) より転載)

▷6 Fiske, D. W. 1949 Consistency of the factorial structures of personality ratings from different sources. *Journal of Abnormal Social Psychology, 44*, 329-344.

▷7 Tupes, E.C., Christal, R. E. 1961 *Recurrent personality factors based on trait ratings* (ASD-TR-61-97). Lackland Air Force Base, TX : Aeronautical Systems Division, Personnel Laboratory.

1 オールポートによる辞書研究からキャッテルの因子分析研究へ

オールポートら[1]は，共通特性[2]をとらえるために，言語の集大成である辞書を研究の対象としました。40万語の辞書（Webster's New International Dictionary）から私たちが日常使っている性格特性用語を4505語抽出し三つの層（[I-7]の表1.7.2）に分類しました。

この4500余という膨大な言葉を再検討して同義語を整理して160程度に圧縮し，意味の似た35の特性群に分類したのは，キャッテル（Cattell, R., 1905-1998）でした。さらにキャッテルは208人の被験者に相互評定を求めて因子分析を行い，最終的には16個の根源特性を抽出しました[3]（表1.11.1）。

2 アイゼンクの性格特性の研究

アイゼンク（Eysenck, H. J., 1916-1997）は，因子分析を用いて，パーソナリティの基本因子を明らかにすることを計画しました。約10000人の神経症者ならびに健常者の研究より，基本因子として内向性―外向性の因子，および神経症的因子を見出しました。この2因子の組み合わせによって，四つの群に分割され，それぞれの群は古代ギリシアの四気質[4]に対応すると考えられました[5]（図1.11.1）。

3 ビッグ・ファイブモデルの成立

オールポートらの辞書研究から始まった性格の特性論的アプローチは，キャッテルの研究に影響を与えたばかりでなく，パーソナリティ記述の分類学的分析への関心の拡大をもたらしました。そして，これらの研究は，パーソナリティが特性のレベルでは五つの因子あるいは次元によって表現しうるという発見につながっていきました。たとえば，フィスク[6]の研究は，キャッテルの分析の複雑な因子構造を再現することには失敗しましたが，パーソナリティ記述カテゴリーとして五つの因子が最適であることを示唆しています。また，テューペスとクリスタルや[7]，ノーマンの研究もこの結果を支持していました。

1981年，ゴールドバーグ（Goldberg, 1981）は，自己報告や他者評定で測定される傾性変数について，「ビッグ・ファイブ」と名付けました[9]。ピーボディとゴールドバーグの研究では[10]，こうした5因子構造は，独立に標本抽出された属

表1.11.1　キャッテルによる16の根源特性

T1	Reserved　内気な	Outgoing　社交的な
T2	Less Intelligent　知性のない	More Intelligent　知性的な
T3	Stable, Ego Strength　情緒安定性	Emotionality/neuroticism　情緒不安定性　神経症
T4	Humble　控えめな	Assertive　主張的な
T5	Sober　まじめな	Happy-go-lucky　のんきな
T6	Expedient　功利的な	Conscientious　誠実な
T7	Shy　引っ込み思案	Venturesome　冒険好き
T8	Tough-minded　意志強い	Tender-minded　意志弱い
T9	Trusting　信じやすい	Suspicious　疑い深い
T10	Practical　現実的な	Imaginative　空想的な
T11	Forthright　実直な	Shrewd　抜け目のない
T12	Placid　落ち着いた	Apprehensive　不安げな
T13	Conservative　保守的な	Experimenting　先験的な
T14	Group-dependent　集団依存的	Self-sufficient　自己充足的
T15	Undisciplined　粗野な	Controlled　落ち着いた
T16	Relaxed　ゆったりした	Tense　緊張した

出所：Cattell（1965）

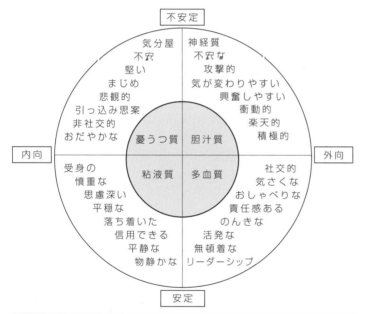

図1.11.1　アイゼンクのパーソナリティの2次元とギリシアの四気質の対応

出所：Eysenck, H. J. 1970 *The structure of personality* (3rd edition). London：Methuen.

性リスト因子分析の手続きをもって，抽出されていました。そこでの因子の命名は，若干の相違が見られましたが，因子分析の結果には，手法の選択や様々な要因において揺らぎが生じることを思えば，その共通性は，性格特性あるいはその認知の構造において一貫して5次元が見出されることの証拠としてとらえることができます。また，キャッテルやアイゼンクが見出した「内向⇔外向」の次元と「情緒的安定性⇔情緒的不安定性」の次元がしっかりと出現していることも興味深いことです。

（吉川眞理）

▷8　Norman, W. T. 1963 Toward an adequate taxonomy of personality attributes：Replicated factor structure in peer nomination personality ratings. *Journal of Abnormal & Social Psychology*, **66**, 574-583.

▷9　Goldberg, L.R. 1981 Language and individual differences：The search for universals in personality lexicons. In L. Wheeler (Ed.), *Review of personality and social psychology* (Vol. 2). Beverly Hills, CA：Sage Publications. pp. 141-166.

▷10　Peabody, D., & Goldberg, L.R. 1989 Some determinants of factor structures from personality-trait descriptors. *Journal of Personality & Social Psychology*, **57**, 552-567.

参考文献

詫摩武俊・瀧本孝雄・鈴木乙史・松井豊　2003　性格心理学への招待〔改訂版〕サイエンス社

クラー エ，B. 堀毛一也（編訳）1996　社会的状況とパーソナリティ　北大路書房

Barrick, M. R., & Mount, M. K. 1991 The Big Five personality dimensions and job performance：A meta-analysis. *Personnel Psychology*, **44**, 1-26.

Pervin, L. A., Cervone, D., & John, O. P. 2005 *Personality：Theory and research* (ninth edition). John Wiley & Sons.

12 ビッグ・ファイブ理論

① 1990年代のビッグ・ファイブ理論の隆盛

　パーソナリティ研究において，1990年ごろにビッグ・ファイブ研究がもっと
も注目され，また有益な研究であったことは，アメリカ心理学会のパーソナリ
ティ誌にその特集が組まれたことからも明らかです。そこでディグマン
(Digman, J.M.) [1] は，「5個の比較的頑健なパーソナリティ次元が，パーソナリ
ティの属性を分類するのに意義深い分類法であること」を宣言しています。こ
のような研究に対する関心の強さは，パーソナリティの記述のための普遍的な
因子，次元を明らかにすることが，パーソナリティ研究の様々な概念や論争の
分析において，共有できる枠組みを得るために欠かせないステップであったこ
とを示しています。当時，SAS や SPSS といった統計パッケージの普及によ
り，研究者にとって因子分析が手軽に行えるようになったことが，その背景に
ありました。

② ビッグ・ファイブの各因子

　①外向性 (Extraversion)：第一の次元が，アイゼンクの言う外向―内向であ [2]
ることは，多くの研究で一致しています。この次元は，外向性あるいは
Surgency（活力性）と呼ばれました。社交的，自己主張的，おしゃべり，積極
的であることを含んでおり，ホーガン (Hogan, R.) [3] は，この次元を野心（主導
性，支配性，衝動性）と社交性（自己顕示性，表出性）の合成と解釈しています。

　この外向性が強い人は，興奮や刺激を求めがちであり，気質として快活，楽
天的でエネルギッシュなのです。内向性はこの傾向の欠如として理解されてい
ました。

　②神経質性 (Neuroticism)：第二の次元は，たいてい情緒的安定性，神経質
性と呼ばれています。この次元は，不安感，抑うつ感，怒り，恥ずかしがり，
悩み，気分の波の激しさとかかわっています。アイゼンクの研究における情緒
的安定の次元と一致しています。つまり，この次元は内的な動揺への対処とか
かわっており，動揺によって悩まされやすい傾向と，動揺に対して耐性が強い
傾向を示します。

　③調和性 (Agreeableness)：第三の次元は，一般に調和性，協調性，好感性
と呼ばれています。この次元は，友好性，社会的服従性，愛など，他者に対し

▷1　Digman, J. M. 1990 Personality structure : Emergence of the five-factor model. *Annual Review of Psychology*, **41**, 417-440.

▷2　Ⅰ-11 参照。

▷3　Hogan, R. 1986 *Manual for the Hogan Personality Inventory*. Minneapolis : National Computer Systems.

て協調的に対応する傾向です。この次元は、社会的な場面で、礼儀正しく、温厚で寛容に、他者に対して協力的に振る舞う傾向とされています。他者への優しさや忍耐強さがこれに含まれています。この次元は、社会や他者に対する肯定的な構えとかかわっていると言えるでしょう。この次元の高い人は、基本的に利他的で、他者に好意的であり、援助的と言えます。しかし、過度に調和的であると、科学的な批判の精神は発展せず、また利害が対立した場合に自己主張することも苦手になってしまいます。

④誠実性（Conscientiousness）：第四の次元は、誠実性、良心性と呼ばれています。また、従順性や信頼性とも呼ばれ、教育場面での達成や意志とも関連が深く、達成への意志、意欲とも呼ばれています。それは、注意深く、責任感があり、与えられた仕事をきちんと計画的にこなすこととして表れます。そのため、勤勉性、達成志向性などと呼ばれることがあります。計画し、組織し、実行するといったプロセスにおいて求められる忍耐、自己統制力を反映している次元と言えるでしょう。

⑤開放性（Openness）：第五の次元は開放性と呼ばれます。この次元の内容、命名については研究者間の揺らぎが見られ、知性や教養と定義されることもあります。それは、創造性、想像力、好奇心、ユニークな発想、頭のやわらかさ、偏見のなさ、芸術的センスとも結び付けられています。この傾向が低い場合、伝統を尊重し保守性が強くなることがありますが、知性や教養が低いというわけではありません。

表1.12.1 ゴールドバーグによるビッグ・ファイブの形容詞対

外向性	内向的	⇔	外向的
	精力的でない	⇔	精力的
	無口	⇔	おしゃべり
	臆病	⇔	勇敢
	不活発	⇔	活発
	引っ込み思案	⇔	でしゃばり
	冒険的でない	⇔	冒険的
調和性	冷たい	⇔	暖かい
	不親切	⇔	親切
	非協力的	⇔	協力的
	利己的	⇔	利己的でない
	不愉快	⇔	愉快
	疑い深い	⇔	信じやすい
	けち	⇔	気前がよい
誠実性	気まぐれ	⇔	計画性のある
	無責任	⇔	責任感のある
	怠慢	⇔	良心的
	観念的	⇔	実際的
	いい加減	⇔	徹底的
	怠惰	⇔	勤勉
	浪費的	⇔	節約的
神経質性	憤慨	⇔	平静
	緊張	⇔	リラックス
	神経質	⇔	気楽
	嫉妬深い	⇔	嫉妬深くない
	不安定	⇔	安定した
	不満足	⇔	満足
	感情的	⇔	理性的
開放性	知性的でない	⇔	知性的
	分析的でない	⇔	分析的
	思慮深くない	⇔	思慮深い
	好奇心のない	⇔	好奇心のある
	空想的でない	⇔	空想的
	創造的でない	⇔	創造的
	素朴	⇔	洗練

出所：村上・村上（1999）（一部改変）

3 ゴールドバーグの形容詞によるビッグ・ファイブ

ゴールドバーグ（Goldberg, L.R.）は、ノーマン（Norman, W.T.）の抽出した性格を表す形容詞の分類から大学生による評定作業を経て、ビッグ・ファイブを代表する35対の形容詞対をまとめました。形容詞の定義にはあいまいさが伴うため、性格検査としては十分ではありませんが、ビッグ・ファイブのアウトラインを示すのにたいへん役立つ資料となっています（表1.12.1）。　　　（吉川眞理）

▷4 Goldberg, L.R. 1990 An alternative "description of personality": Big-Five factor structure. *Journal of Personality and Social Psychology*, **59**, 1216-1229.
▷5 Norman, W.T. 1963 Toward an adequate taxonomy of personality attributes: Replicated factor structure in peer nomination personality ratings. *Journal of Abnormal & Social Psychology*, **66**, 574-583.

参考文献
詫摩武俊・瀧本孝雄・鈴木乙史・松井豊 2003 性格心理学への招待〔改訂版〕サイエンス社
村上宣寛・村上千恵子 1999 性格は五次元だった——性格心理学入門 培風館 p. 41.
Barrick, M. R., & Mount, M.K. 1991 The Big Five personality dimensions and job performance: A meta-analysis. *Personnel Psychology*, **44**, 1-26.

ビッグ・ファイブ理論にもとづく性格検査

▷1　Costa, P. T., & Mc Crae, R.R. 1985 *The NEO Personality Inventory manual*. Odessa, FL : Psychological Assessment Resources.

▷2　まず5特性のそれぞれ六つの下位因子を明らかにしたのち，その下位因子についての簡潔な記述が作成され項目とされた。作成された項目は，評定作業により項目分析にかけられ適切な8項目が精選された。この過程において，英語版では他者評定によるNEO－PI-R（R版）も作成されている。

▷3　下仲順子・中里克治・権藤恭之・高山緑　1998　日本版 NEP-PI-R の作成とその因子的妥当性の検討　性格心理学研究，**6**，138-147.

▷4　**クロンバックのα係数**
設定された尺度の各質問項目が全体として同じ概念や対象を測定したかどうか尺度の内的整合性を評価する信頼係数。0.8以上あれば，十分な信頼性が認められる。

▷5　 I -10 参照。

▷6　**併存的妥当性**
新たに作成された心理検査について，よく似た心的側面を測定する既存の心理検査と適度な相関を示すかどうかによってその妥当性が判断される。妥当性については I -10 参照。

▷7　 I -10 参照。

① 世界でもっとも普及しているビッグ・ファイブ性格検査：NEO-PI-R

　現在，世界でもっともひろく使用されているビッグ・ファイブ理論によるパーソナリティ検査は，コスタとマックレー（Costa, P.T. & McCrae, R. R.）による NEO-PI-R（Revised NEO Personality Inventory）です。1985年の段階では，N，E，O の3次元の尺度であったものに，A と C の二つの次元を加えて完成されたものです。この尺度においては五つの特性がそれぞれ六つの下位因子によって構成され，各下位因子がそれぞれ8項目で構成されて合計240項目からなります。五つの特性の下位因子は表2.1.1のとおりです。また，240の項目数は，負担が重いために主要な5次元を調べるための短縮版 NEO-PI-R として60項目の NEO-FFI（NEO Five Factor Inventory）も作成されました。

② 日本版 NEO-PI-R，NEO-FFI の作成

　日本版 NE-PI-R および NEO-FFI の作成は1992年に着手され，国際比較研究に適用するために，下仲らはオリジナルの英語版をできるだけ忠実に翻訳し，標準化が行われました。その成果は1998年に発表されています。主要な5因子の項目の整合性に関する信頼性の指標となるクロンバックのα係数は 0.92〜0.82と十分に高い数値が得られ，その信頼性が検証されました。また併存的妥当性に関しては，N 次元は，YG 性格検査の抑うつ性，回帰性傾向，劣等感，神経質，客観性欠如，協調性欠如の基礎因子との間に高い相関が認められ，また E 次元は，YG 性格検査の愛想の悪さ，一般的活動性，のんきさ，支配性，社会的外向の基礎因子との間に高い相関が認められました。NEO-PI-R は表2.1.1のようにまとめられています。

③ 日本における5因子性格尺度の開発：FFPQ

　NEO-PI-R の構造を参考に，日本文化圏の性格の5因子構造を反映する5因子性格検査の開発を行ったのが辻平治郎らの FFPQ（Five Factor Personality Questionnaire）研究会でした。辻らは欧米の研究で得られた5因子をそのまま取り入れるのではなく，日本人を対象として5因子尺度を再構成し，日本人により適合し，また普遍性や価値観からの中立性を併せ持つ尺度の作成を目指しました。その成果は表2.1.2のとおりです。性格に優劣なしという人間観を基

表2.1.1　5因子とその6側面（NEO-PI-R 日本語翻訳版と原版）

外向性 Extraversion
　群居性 Gregariousness
　活動性 Activity Level
　断行性 Assertiveness
　刺激希求性 Excitement-Seeking
　よい感情 Positive Emotions
　暖かさ Warmth
調和性 Agreeableness
　実直さ Straightforwardness
　信頼 Trust
　利他性 Altruism
　慎み深さ Modesty
　優しさ Tender-Mindedness
　応諾 Compliance
誠実性 Conscientiousness
　自己鍛錬 Self-discipline
　良心性 Dutifulness
　コンピテンス Competence
　秩序 Order
　慎重さ Deliberation
　達成追求 Achievement striving

神経質傾向 Neuroticism
　不安 Anxiety
　自意識 Self-consciousness
　抑うつ Depression
　傷つきやすさ Vulnerability
　衝動性 Impulsiveness
　敵意 Angry hostility
開放性 Openness to new experience
　空想 Fantasy
　審美性 Aesthetics
　感情 Feelings
　アイディア Ideas
　行為 Actions
　価値 Values

▷8　辻平治郎・藤島寛・辻斉・夏野良司・向山泰代・山田尚子・森田義宏・秦一士　1997　パーソナリティの特性論と5因子モデル――特性の概念，構造，および測定　心理学評論，**40**，239-250.

礎として，「非協調的，非良心的，情緒的不安定，非知性的」などというネガティブなフィードバックを排除するために，あらたな5因子の命名を試みており，世界的にもユニークで有効な発想となっています。

④ 日本におけるビッグ・ファイブ性格尺度：Big Five Personality Test

　村上らは，NEO-PI-R の枠組となった5因子を尊重しながら，下仲らのように質問項目を翻訳するのではなく，日本文化圏における信頼性・妥当性のある5因子構造を探求して作成した簡便なビッグ・ファイブ性格検査を，一般のユーザーに利用しやすいようにインターネット上で提供しています[9]。尺度の信頼性と妥当性を何よりも重視していることがその特徴です。5因子の他，受検態度を測定する，「不応答」「頻度（他の人があまり回答しない応答傾向）」「建前（良い印象を与えるための回答傾向）」3尺度が付加されていることが特徴です。5因子として「外向性（対人的積極性，気持ちの外向）」「協調性（利他性，協力性）」「勤勉性（目標達成への取り組み，熱意）」「情緒安定性（気分や感情の安定）」「知性（知的好奇心と思慮深さ）」が設定されています。　　　　　（吉川眞理）

▷9　村上宣寛・村上千恵子　1997　主要5因子性格検査の尺度構成　性格心理学研究，**6**，574-583.

（参考文献）
村上宣寛・村上千恵子　1999　性格は五次元だった――性格心理学入門　培風館
和田さゆり　1996　性格特性用語を用いた Big Five 尺度の作成　心理学研究，**67**，61-67.
和田さゆり　1998　性格の5因子モデル　佐藤達哉（編）性格のための心理学　現代のエスプリ，No. 372　至文堂　pp. 193-202.

表2.1.2　FFPQ (Five Factor Personality Questionnaires) モデル

名称	本質	一般的特徴
外向性―内向性	活動	積極的　or　控えめ
愛着性―分離性	関係	親和的　or　自主独立的
統制性―自然性	意思	目的合理性　or　あるがまま
情動性―非情動性	情動	敏感な　or　情緒の安定した
遊戯性―現実性	遊び	遊び心のある　or　堅実な

出所：辻ほか（1997）より抜粋

交流分析理論をもとに作成された質問紙：TEG

1 TEG とは

TEG（Tokyo University Egogram；東大式エゴグラム）とは，交流分析理論をもとに作成された自己記入式の性格検査です。交流分析では，自我心理学的な観点から個人の心的体制をとらえ，自我の状態を分類しています。自我状態とは，ある場面に遭遇したときの個人の反応の仕方であり，これを量的にとらえ，棒グラフで表現したものがエゴグラムです。

TEG の他にも様々なエゴグラムがありますが，日本では，53項目からなる新版 TEG 3（新版東大式エゴグラム第3版）が多く用いられています。TEG は質問項目数も比較的少なく，採点も容易であることから，医療現場だけでなく，教育や産業現場などでも広く活用されています。

2 TEG の構成

交流分析では，自我状態を構造的な側面から親（Parent；以下，P）・成人（Adult；以下，A）・子ども（Child；以下，C）の三つに分類します。さらに，機能的な側面から，P は「批判的親（Critical Parent；以下，CP）」と「養育的親（Nuturing Parent；以下，NP）」，C は「自由な子ども（Free Child；以下，FC）」と「順応した子ども（Adapted Child；以下，AC）」に分類しています（図 2.2.1 参照）。TEG では，これら五つの自我状態を尺度として採用しています。

○親（P）の自我状態

P とは，親や養育者から取り入れた自我状態です。たとえば，後輩や部下の面倒をみるとき，自分の親の行動や考え方と同じような振る舞いをしていることがあります。これを P の自我状態と言います。そして，CP は父親のような厳しい面，NP は母親のような養育的な面を指しています。

○成人（A）の自我状態

A とは，事実にもとづき，客観的・論理的に物事をとらえ，判断する成人の自我状態です。ある問

▷1　交流分析理論
（Transactional Analysis）
アメリカの精神科医バーン（Berne, E.）により提唱された。主に，人間同士の交流を分析することを目的としている。その治療では，自我状態の構造や機能を振り返ったり，人とのコミュニケーションの交流パターンの検討を行う。

▷2　自我心理学
自我の存在を認め，自我との関連から人間を理解していこうとする学派。

▷3　自我
自己をまとめ，感情や行動などを調整し，外界に対応する機能を担う人の心の機関。ただし，細かい定義は学者により異なる。

▷4　東京大学医学部心療内科 TEG 研究会（編）2006　新版 TEG Ⅱ　解説とエゴグラムパターン編　金子書房　pp. 19-23.

▷5　前掲書　p. 5.

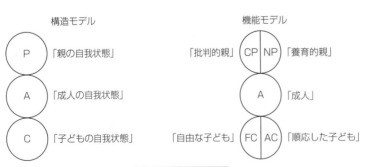

図 2.2.1　自我状態

出所：東京大学医学部心療内科 TEG 研究会（2006）

題に直面したとき，感情に左右されず，冷静に最良の方法を選び，それにもとづき行動する際の自我状態を指します。他の自我状態を調整する役目も担っています。

○子ども（C）の自我状態

Cとは，子どものころに実際に感じたり行動した際の自我状態を指します。たとえば，何かに熱中しているときなど子どものころに戻ったような振る舞いをすることがあります。これをCの自我状態と言います。FC は親の養育を受けていない，自然な姿である子どもの面，そして AC は親の影響を受けた順応した子どもの面を指しています。

③ TEG の解釈

まずエゴグラムにより，個人の性格や行動パターンを知ることができます。CP・NP・A・FC・AC，それぞれの高低から人格特性を把握することで解釈を行います。これら五つの尺度は心的なエネルギーの量を示しているので，もっとも高い尺度がその人の行動における主要な役割を担っていると考えます。そして次に高い尺度は……というように，順序をつけていきます。そのようにして得られた結果と，これまでの研究により蓄積されてきたエゴグラムのパターンとを示し合わせることで，どのような特徴を持つか理解することができます。このとき，尺度間の関連にも注目することも重要です。ただし，レッテルを貼ったり，無理にあるパターンにはめ込むような使い方に終始しないよう，注意が必要です。前述したように，自我状態とはある場面に遭遇したときの反応の仕方であり，その時々の状況に応じて変化することがあります。たとえば，グループのリーダーを任されたときは P の自我状態が高まることもありえ，エゴグラムの結果だけでなく，総合的に評価することが肝要です。

④ TEG の特徴

TEG は正常や異常を判断するものではなく，どのような結果もその人の個性ととらえる点にその大きな特徴があります。そして，他の多くの性格検査とは異なり，自己分析のツールとして用いることができます。TEG で得られた結果を参考にしながら普段の自分が周りとどのようなコミュニケーションをとっているかなどを考えてみましょう。そうすることで自分自身の新たな側面に気付いたり，他者とのより良いコミュニケーションのとり方を考えることができます。そのためには，交流分析理論をある程度理解することが求められますが，自己への理解を深めることができるでしょう。

（篠原由花）

参考文献

中村延江・田副真美・片岡ちなつ　2012　初学者のための交流分析の基礎　金子書房

小山充道（編）2008　必携臨床心理アセスメント　金剛出版

3 実存心理学にもとづく質問紙：PIL

▷1　フランクル (Frankl, V.E.)

ウィーンの精神医学者。第二次世界大戦下，ナチスによって強制収容所に送られ，そこで家族を失うという悲惨な体験をする。フロイト (Freud, S.) の「快楽への意志」，アドラー (Adler, A.) の「力への意志」に次いで，「意味への意志」を提唱し，第三ウィーン学派と呼ばれた。

▷2　ロゴセラピー

フランクルの提唱した心理療法。「意志の自由」，「意味への意志」，「人生の意味」という三つの主要概念にもとづき，自分の人生に意味や価値を見出すことができるように援助していく心理療法。

▷3　佐藤文子（監修）

2008　PIL テストハンドブック第Ｉ部 PIL テストの全体像と分析法　システムパブリカ pp. 5-29, 61-98.

▷4　岡堂哲雄（監修）

1993　PIL テスト日本版マニュアル　システムパブリカ

1　PIL の理論的背景

　PIL (Purpose in Life Test) とは，人間が自分の人生の意味や目的をどの程度見出しているかを把握する心理検査です。フランクル (Frankl, V.E.)[1] のロゴセラピー[2]の考えにもとづき，アメリカのクランバウとマホーリック (Crumbaugh, J. & Maholick, L.) によって1964年に考案されました。フランクルは，人間は自分の人生に意味や目的を求める，「意味への意志」を持つ存在であると考えました。そして，自分の人生に意味を見出せないとき，人間は「実存的空虚」つまり退屈や倦怠を経験し，それが持続すると「実存的欲求不満」つまり絶望やむなしさに陥るとしました。この状態は誰もが経験しうる状態ですが，神経症的な人の場合，この状態が持続すると精神因性神経症になると論じました。クランバウらは，フランクルの述べた精神因性神経症が，力動的に解釈される従来の心因性神経症と異なるものかどうかを調べることを目的とし，「人生の意味・目的意識」および「実存的空虚」を数量的に測定することを目指して PIL を開発するに至ったのです[3]。

2　PIL テスト日本版

　1969年にアメリカで標準化され，出版された PIL ですが，日本では1993年に「PIL テスト日本版」として出版されました[4]。日本版には二つの特徴があり，一つは年齢群別に判定基準を出したこと，もう一つはクランバウらが Part-A のみ数値化し，B，C は臨床的に使用しているのに対して，日本版では B，C についても数量化し，客観的な解釈に役立てていることです。

○構　成

　テストは Part-A，B，C の３部で構成されています。Part-A は態度スケールと呼ばれ，どの程度人生の意味・目的を持っているかを７段階尺度で問う20項目の質問紙法，B は13項目の文章完成法で，「何よりも私がしたいのは」「私の人生は」等の語に続く文章を作成する課題です。C は人生にどのような目的や目標を持っているか，それをどれくらい達成しているかについての自由記述です（図2.3.1）。

○実施法

　Part-A から順に，B，C と記述します。現段階では中学生以上に実施され

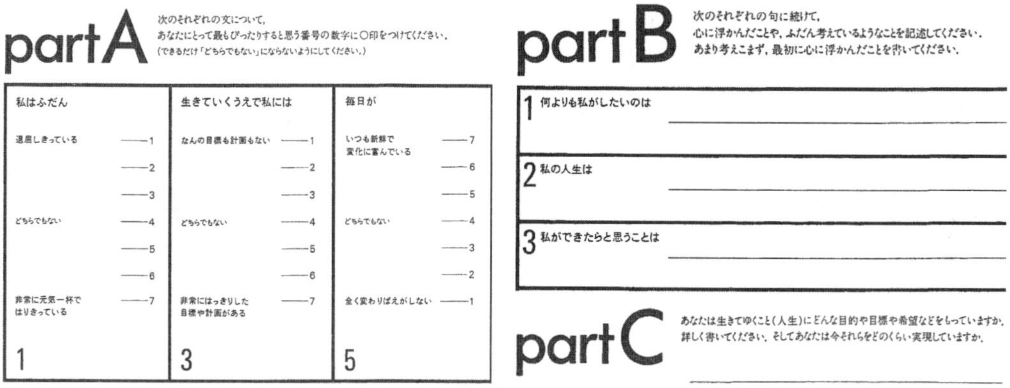

図 2.3.1　PIL テスト日本版の内容例

ています。個人でも，職場や学校，施設などの集団場面でも実施できます。時間制限はなく，十分な時間を設けて行うことが望ましいですが，所要時間はおよそ30〜40分と見られています。

○**適用範囲**

診断の道具として使うことにとどまらず，クライエントの実存的空虚感の程度を判定し，必要であればその空虚感を埋めるための援助の際に役立てる目的で幅広く用いられています。以下に具体的な使用例を紹介します。◁5

①保健医療領域：精神科，心療内科，慢性疾患や終末期医療，リハビリテーションなど

②産業労働領域：企業のメンタルヘルスセンターでの相談や自己啓発研修など

③矯正領域：非行少年の鑑別診断，更生・教育場面，刑務所でのカウンセリングなど

④福祉領域：高齢者や障害者の生きがい対策など

⑤教育領域：不適応生徒や学生の相談，一般生徒・学生の自己啓発など

⑥研究領域

○**分析・解釈**

まず，Part-A，B，Cそれぞれを数量化し（評定），次に得られた合計得点を年齢段階別の判定基準をもとに，人生にどの程度意味・目的を見出しているかを高・中・低に分類します（判定）。そしてその判定をもとに，Part-B，Cで記入された回答を全体的にじっくり読み，どのような人生を描いているかをイメージしながら解釈を行っていきます。

*

ロゴセラピーにもとづく PIL は，テストに記入することで自分の人生に向き合い，自己洞察を促す作用があります。その過程には治療的な意味があり，効果が認められています。パーソナリティをとらえ，今後の支援・治療に役立てられる有用なテストとして，今後幅広い場面で使用されることが期待されます。

（宍戸美緒）

▷5　氏原寛・岡堂哲雄・亀口憲治・西村州衛男・馬場禮子・松島恭子（編）2006　心理査定実践ハンドブック　創元社 pp. 530-539.

(参考文献)

フランクル，V.E.　大沢博（訳）1979　意味への意志――ロゴセラピイの基礎と適用　ブレーン出版

フランクル，V.E.　霜山徳爾（訳）1985　夜と霧――ドイツ強制収容所の体験記録　みすず書房

佐藤文子　1986　実存心理検査―PIL―の検討Ⅰ――態度スケールを中心に　アルテス・リベラレス（岩手大学人文社会科学部紀要），**39**，125-140.

上里一郎（監修）2001　心理アセスメントハンドブック〔第 2 版〕西村書店 pp. 382-395.

4 神経生理学的知見にもとづくパーソナリティ理論をもとに作成された質問紙：TCI

1 TCI (Temperament and Character Inventory) とは

　TCI とは，クロニンジャー（Cloninger, C.R.）らが自らのパーソナリティ理論にもとづいて1993年に作成したパーソナリティ・テストです。240項目（短縮版は125項目）からなる自己記入式の質問紙で，質問に対し「はい」「いいえ」で回答する２件法です。日本語版は木島らによって作成されました。[1]

　クロニンジャー理論は，遺伝子とパーソナリティとの関連性を想定しており，パーソナリティ障害などの精神疾患も記述できるとしています。日本には，木島らによって紹介されています。[2]

2 クロニンジャーのパーソナリティ理論：気質と性格の７次元モデル

　クロニンジャーは，パーソナリティを「気質」と「性格」の二つから構成されると考えました。気質とは，遺伝性で，幼児期から顕われ，ものごとを認知したり習慣を形成する際に，本人の思考とは無関係に影響を与えるものと考えられます。気質には，「新奇性探求」，「損害回避」，「報酬依存」，「固執」の四つがあります。[3]「新奇性探求」は，行動の触発にかかわり，これが高い人は新しいものに向かっていきやすいといえます。「損害回避」は，行動の抑制にかかわり，これが高い人は心配性で行動にブレーキがかかりやすいといえます。「報酬依存」の高い人は，社交的な交友関係を求める傾向があり，これは行動の維持にかかわるとされています。[4]「固執」の高い人は，熱心，野心的，完全主義であり，行動の固着にかかわるとされています。[5]そしてクロニンジャーは，「新奇性探求」には神経伝達物質のドーパミン，「損害回避」にはセロトニン，「報酬依存」にはノルエピネフリンが関連しているのではないかと考えました。[6]

　また，クロニンジャーは，気質の組み合わせによってパーソナリティを記述できると考えました（図2.4.1）。たとえば木島によると，[7]「新奇性探求」が高く，「損害回避」が低く，「報酬依存」も低い人は，ちょっとした刺激があるとそちらに走っていき，ブレーキがかからず，人にも関心がないので人の助言も耳に入らずに，危ない目に合うかもしれないし，あるいは，思わぬ成功を得るかもしれません。このような人のことを「冒険家」と呼びます。このように，組み合わせによって八つのタイプが記述できます。

　クロニンジャーは，パーソナリティは気質だけでは記述できず，本人の意思

▷1　木島伸彦ほか　1996　Cloninger の気質と性格の７次元モデルおよび日本語版 Temperament and Character Inventory（TCI）精神科診断学，**7**（3），379-399.
▷2　木島ほか　前掲書

▷3　木島伸彦　2000　クロニンジャーの理論と人格障害　丹野義彦（編）現代のエスプリ（392）認知行動アプローチ——臨床心理学のニューウェーブ　至文堂　pp. 184-191.
▷4　木島（2014）によると，報酬依存は「自分以外の人」への依存性と考えられ，「社会性」や「対人志向性」とした方が望ましいのかもしれないとしている。木島伸彦　2014　クロニンジャーのパーソナリティ理論入門——自分を知り，自分をデザインする　北大路書房
▷5　「固執」はもともと「報酬依存」に含まれていたが，その後の研究により，気質特性の一つとして分離された。

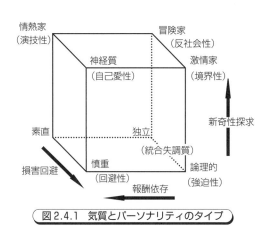

図2.4.1 気質とパーソナリティのタイプ

出所：木島（2014）

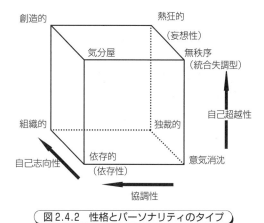

図2.4.2 性格とパーソナリティのタイプ

出所：木島（2014）

や環境などさまざまな要因によって変容するものとし，性格の次元を加えました。性格には，「自己志向性」，「協調性」，「自己超越性」の三つがあります。「自己志向性」は，個人が選択した目的や価値観に従って，状況に合う行動を調節する能力のことです。「協調性」は，他者受容に関連し，これが高い人は寛容で同情的で協力的であるといえます。「自己超越性」は，すべてのものは全体の一部であるという意識状態と関連し，宇宙とのつながりを感じるような側面を含みます。性格においても八つのタイプを想定しています（図2.4.2）。

クロニンジャー理論では，気質の組み合わせにより七つのパーソナリティ障害を説明し，性格の組み合わせにより二つのパーソナリティ障害を説明しています。そして，性格の「自己志向性」と「協調性」が十分に発達していないとき，図2.4.1，図2.4.2のカッコ内のパーソナリティ障害になりやすいとしています。

クロニンジャーは，気質と性格が相互に影響し合ってパーソナリティが形成されると考えました（図2.4.3）。気質によりある性格が顕現しにくいなど，パーソナリティは遺伝的に規定される面もありますが，その後の発達過程で，どのような環境でどのような経験をするかによって気質も調節されるということは大切な点です。たとえば，自分が少しの刺激にも向かっていきやすい気質であると自覚することで，行動を適切にコントロールすることも可能になります。このように，自分を知り，いかにふるまっていけばよいかなどを考える上で，クロニンジャー理論は，多くの示唆を与えてくれるものといえるでしょう。

（佐藤佳恵）

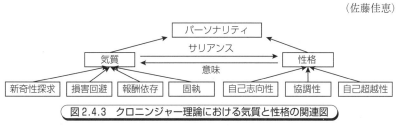

図2.4.3 クロニンジャー理論における気質と性格の関連図

（注） サリアンスとは，顕現性と訳されることもある。
出所：木島伸彦 2000 Cloninger のパーソナリティ理論の基礎 精神科診断学，**11**（4），387-396. をもとに作成

▷6 木島（2014）によると，1996年に気質の中の「新奇性探求」尺度の値が，ドーパミンの働きの一部を決定する遺伝子と関連性があったという研究報告があり，その後，多くの研究者により追試が行われているが，関連性あり，関連性なしという研究が混在し，パーソナリティの測定値と遺伝子に関連性があるのかどうか，研究者間でも意見の一致が得られていないようである。

▷7 木島 2014 前掲書

▷8 パーソナリティ障害とは，パーソナリティが偏り固定化したために適応が難しく，生きづらさを抱えている状態のことを指す。『DSM-5 精神疾患の診断・統計マニュアル』により10種類に分類されている。

参考文献

木島伸彦 ほか 1996 Cloninger の気質と性格の7次元モデルおよび日本語版 Temperament and Character Inventory（TCI）精神科診断学，**7**（3），379-399.

木島伸彦 2014 クロニンジャーのパーソナリティ理論入門——自分を知り，自分をデザインする 北大路書房

経験的手法によって作成された質問紙：MMPI

1 MMPI とは

　MMPI（Minnesota Multiphasic Personality Inventory；ミネソタ多面的人格目録）とは，ミネソタ大学の心理学教授ハサウェイ（Hathaway, S.R.）と，精神医学教授マッキンリー（McKinley, J.C.）により作成されたパーソナリティ検査です。もともとは，精神的な病気の診断を客観的に行うために開発されましたが，現在はパーソナリティを多面的に把握するために用いられています。

　カード形式による施行法と冊子形式による施行法があり，全550項目により構成されています。

　MMPI は，世界的に使用頻度が高く，主に医療分野や研究などで用いられています。しかし，日本での使用頻度は高くはありません。項目数が多く実施に時間がかかること，解釈が難しいこと，多くの翻訳版が作成されてきたことなどがその理由として挙げられます。現在は1993年に刊行された新日本版MMPI が用いられることが多いようです。

2 MMPI の特徴

　MMPI の大きな特徴は，経験的な手法によって作成されたという点でしょう。まず，人の情緒的・社会的態度などに関する記述を集め，質問項目を作成し，健康な人（健常群）だけでなく，診断を受け病院に通院している人（臨床群）にもその質問項目に回答してもらいました。そして，健常群と臨床群で同じ回答の項目は除き，回答の異なる項目を採用しました。そのため，一見関連のないように見える項目も含まれており，受検者が意図的に回答を歪めにくい検査となっています。その一方で，実際の回答をもとに構成されているため，複雑な意味合いを持つ複雑な尺度となり，解釈も難しくなりました。

3 MMPI の構成

　MMPI は，臨床尺度，妥当性尺度，そして追加尺度の三つの尺度により構成されています。臨床尺度・妥当性尺度を合わせて基礎尺度と呼んでいます。それぞれの尺度はさらに細かい尺度に分かれています（表2.5.1）。

○臨床尺度
臨床尺度は，性格傾向を把握する際に基本となる10の尺度があります。これ

▷1　カード形式
質問項目が１枚のカードに一つずつ書いてあり，それぞれの項目が自分に当てはまるかどうかによりカードを分類していく方法。

▷2　冊子形式
質問項目が印刷してある冊子に，それぞれの項目が自分に当てはまるかどうか記入していく方法。

▷3　日本臨床 MMPI 研究会（監修）2011　わかりやすい MMPI 活用ハンドブック――施行から臨床応用まで　金剛出版　pp. 20-21.

表2.5.1　MMPI の尺度構成

妥当性尺度	臨床尺度
？尺度（疑問尺度） L 尺度（虚偽尺度） F 尺度（頻度尺度） K 尺度（修正・対処尺度）	第1尺度（心気症尺度） 第2尺度（抑うつ尺度） 第3尺度（ヒステリー尺度） 第4尺度（精神病質的偏奇，精神病質尺度） 第5尺度（男性性・女性性尺度） 第6尺度（パラノイア尺度） 第7尺度（精神衰弱強迫神経症尺度） 第8尺度（精神分裂病尺度） 第9尺度（軽そう性尺度） 第0尺度（社会的内向性尺度）

（注）　（　）内の疾患名は，現在用いられている精神障害の診断名と必ずしも一致するものではない。

らは以前は“抑うつ性尺度”など精神医学的な診断名がそれぞれにつけられていました。しかし，開発の過程で，ある一つの尺度だけで病気の鑑別を行うことが難しいことが明らかになると共に，時代とともに精神医学的診断の分類体系が変化したことなどから，現在は数字により尺度名を示しています。たとえば，第1尺度は以前は心気症傾向を表していましたが，今日では自分の健康状態について過度に気にして悩む傾向を表します。

◯妥当性尺度

受検者の受検態度や検査結果の妥当性・信頼性を確認する尺度で，4尺度あります。受検者がどのような態度で検査に臨んだかを反映しています。

▷4　妥当性
⇨ Ⅰ-10 参照。

▷5　信頼性
⇨ Ⅰ-10 参照。

◯追加尺度（特殊尺度）

基礎尺度の発表以後に開発された尺度を追加尺度（特殊尺度）と呼んでおり，数百以上も開発されています。追加尺度は検査目的に応じて選び，採点します。

④ MMPI の解釈

MMPI の解釈においては，個々の尺度の心理学的な意味を理解していることが求められます。つまり，個々の尺度がもともとどのような精神病理を指していたか（第1尺度であれば，心気症とはどういう病と考えられていたか），どのような特徴を持っているかを理解することが重要です。

個々の尺度得点の高低だけでなく，尺度得点を折れ線グラフにより表したプロフィールパターンの解釈も行います。プロフィールパターンの全体的なバランスを読み取り，パターン内の特定の尺度間の関係にも注目します。特定の尺度間の関係が固有の心理学的な意味を持つ場合があるためです。

このほかにも，いろいろな解釈の指標や方法が見出されており，様々な解釈の仮説が発表されています。しかし，既存の仮説にただ当てはめていくのではなく，受検者の普段の様子やこれまでどのような人生を送ってきたかなどを考慮し，包括的に解釈を行うことが大切です。　　　　　　　（篠原由花）

参考文献

日本臨床 MMPI 研究会（監修）2011　わかりやすい MMPI 活用ハンドブック──施行から臨床応用まで　金剛出版

個人固有の性格次元を明らかにする ケリーのレプ・テスト

1　一人ひとりが固有に持っているパーソナリティの次元

▷1　Ⅱ-1参照。

　特性論の一つであるビッグ・ファイブ理論では，普遍的なパーソナリティの次元を探求しN・E・O・C・Aの5次元が見出されました[1]。しかし，これはあくまでも一般的に共有されている次元です。一人ひとりの個人は，共有されている特性だけで構成されているのでなく，それぞれ固有なパーソナリティの次元を持っているとすれば，それはどのようにして明らかになるのでしょうか？

　早い時期に，この問題を取り上げた先駆的な心理学者としてケリー（Kelley, G.A., 1905-1967）の存在が挙げられます。彼は，1955年に『個人的構成概念の心理学（*Psychology of personal construct*)』を刊行し，その理論の独創性とその発想の応用の可能性について高い評価を受けました。ここでは，彼のユニークなパーソナル・コンストラクト論と，これを明らかにする手法としてレプ・テストを紹介して，私たちが固有に持つ人格の次元について考察してみましょう。

2　パーソナル・コンストラクトとは？

　ケリーは，人間の行動は，その個人が，事象を予測し，解釈する方法，つまりいかに外界を認知するかによって，心理学的に方向づけられると考えました。人間は様々な事象を経験し，まずその意味を解釈する。そして事象に関しての構造と意味を設定します。多くの事象を経験する中で，個人は，事象群がそれを他の事象から区別している共通の特徴を持っていることに気づきます。こうして人間は事象間の類似性と対比性を識別するのです。この類似性と対比性の解釈を積み重ねることによって，類似や対比の根拠が抽象されて構成概念が成立します。ケリーは，このような「黒—白」「硬い—柔らかい」といった双極性の構成概念がいくつか集まって個人の構成概念を形成すると考えました。

　ケリーによれば，個人の構成概念とは，その個人が外界を認知し，解釈する枠組みであり，個人が事象を分類し，行動の過程を組み立てる際に使用する概念のことを言います。

3　パーソナル・コンストラクトとパーソナリティ

　いくつかの双極性の構成概念（コンストラクト）が，個人の構成概念（パーソ

ナル・コンストラクト）を形成する際に，一つのシステムとして組織されます。そこで構成概念間の階層構造が明確になる場合もあれば，また相互関連性が見られてもその規則性が明らかでない場合もあるでしょう。ケリーは，こういった個人の構成概念，個人固有の構成概念システムが，すなわちパーソナリティであると定義しました。そして，興味深いことに「情動」は，「私たちのコンストラクトの構造が移行の状態にあると意識すること」と規定しました。たとえば，「不安」とは「直面している事象が，その人のコンストラクト構造の適用範囲外にあると意識すること」であり，「罪悪感」とは，「その人が自分の中核的な役割構造と考えているものから逸脱していることを意識すること」と定義されています。

さらにケリーはこの概念を心理臨床に応用し，個人の不適応は，この世界や周囲の人間について理解する個人の構成概念によって生じているので，この構成概念を明らかにして，新たな構成概念を構成することによる適応を提唱しました。この考え方は，後の認知行動療法の先駆であると評価されています。

表2.6.1 ケリーのレプ・テスト（実習用 簡略版）

	類似ペア	二人の共通点	類似の対極
例	1・2	世話好き	人に無関心
1-2-3			
1-2-4			
1-2-5			
1-2-6			
1-3-4			
1-3-5			
1-3-6			
1-4-5			
1-4-6			
1-5-6			
2-3-4			
2-3-5			
2-3-6			
2-4-5			
2-4-6			
2-5-6			
3-4-5			
3-4-6			
3-5-6			
4-5-6			

1：親友，2：母親，3：父親，4：思い出に残る先生，
5：尊敬できる知人，6：きらいな友人

④ パーソナル・コンストラクトを明らかにするレプ・テスト

ケリーは個人の構成概念の要素となる構成概念のレパートリーを明らかにする手法として，レプ・テスト（役割構成レパートリーテスト）を開発しました。このテストの簡略版を自分に施行してみることで，ケリーの述べたパーソナル・コンストラクトを実感することができます。

まず，自分の人生に影響を与えている人物を6人程度思い浮かべてみましょう。この6人で，繰り返しのない3人の組み合わせは20通りあります。この20通りの3人組について，「3人のうちの二人に共通している性格」を考えていきます。あるいは，「3人のうち性格がよく似ている二人を決めて，その二人が似ている点を形容する言葉」を書き出していきます。この手続きにおいて，6人の中に同一人物を挙げないというルールに従います。このとき，「共通する性格」あるいは「似ている点」を類似性語，そしてこれの反対語を対比性語とします。類似性語と対比性語は対極的な言葉となるようにします。この対極的なコンストラクトが個人の構成概念を形成する要素となります（表2.6.1）。実際に自分自身のパーソナル・コンストラクトを明らかにしてみることで，私たちが他者を理解するときや交流するとき，この双極的なコンストラクトを用いていることがわかります。この双極的コンストラクトのあるものは，私たち自身が持つ自己に関する構成概念においても，理想の極と忌避したい極を反映していることが多いことに気づかれることでしょう。

（吉川眞理）

参考文献

Kelley, G.A. 1955 *Psychology of personal construct.* Routledg.
若林明雄 1992 George A. Kelly の個人的構成概念の心理学──パーソナル・コンストラクトの理論と評価 心理学評論，**35**（3），311-338.

7 質問紙性格検査によって何がわかるのか？

1 質問紙によるパーソナリティ検査でわかること

　これまでに紹介した様々な心理検査は，そのほとんどが質問項目に対する回答を質問項目群ごとに集計し，その点数が基準となる値に対して集団内のどの位置にあるかを明らかにするものでした。つまり，質問項目という刺激に対する回答という行動を数量化し，その得点の集団内での位置を見ることになります（図2.7.1）。

　質問紙の結果フィードバックでは，この集団内の位置づけを示した標準得点である z 得点◁1がしばしば用いられます。あるいはパーセンタイル◁2が用いられることもあります。このような質問紙の結果について考えるときに，下記の3点に留意する必要があります。

①パーソナリティ検査を受ける人が，その項目を正しく理解し，回答できたか？

　質問項目が複雑な場合，それぞれの個人によって違ったニュアンスで受けとめている可能性があります。

②パーソナリティ検査を受ける人が，質問項目に問われている内容に関して自分自身どうであるのか正確に認知できているか？

　質問紙に回答するためには，認知された自己像について検討できる能力が求められます。

③理解した質問項目に対して自分の回答を正直に答えることができたか？

　たとえば営業職採用の可否を決める性格質問紙においては，消極的であるよりも積極的であることが期待されるという予測ゆえに実際の自分よりも積極的であるという方向に回答が歪曲される場合があります。

　自己報告がどの程度信頼できるかについては限界があります。しかし逆に言えば，質問紙は，その人が自分自身で把握している自己像を反映しているのです。質問紙は，回答者自身の自己像を知るためによい方法と言えます。さらに，回答者が相手に対して開示してよいと考えた範囲で回答できることによって，自分自身が意図しない暴露を避けることができます。この点で質問紙は，安全で侵襲性がない心理検査法であると言えるでしょう。

▷1　z得点
集団の中における個人の相対的な位置を示すために用いられる得点の総称である標準得点の一つ。素点 x を次式に基づいて変換した値のこと（x̄ は平均，S(x) は標準偏差を示す）。

$$z = 10\frac{x_i - \bar{x}}{S(x)} + 50 = 10z + 50$$

z得点は平均が50，標準偏差が10となるので，z得点から受検者集団における素点の相対的な位置づけを知ることができる。

▷2　パーセンタイル
パーセンタイル順位は，低い方からその順位までの度数で割って，100倍することで求められる。これに対応する得点をパーセンタイルと言う。

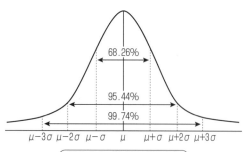
図2.7.1　得点の正規分布

（注）　μは平均値，σは標準偏差（S.D.）

結論として，多くの質問紙は，回答者の意識している自己像を，回答者自身が相手に伝えてよいと考えている範囲において反映すると考えることができます。

2 意識的な回答傾向を検出する性格検査尺度

　多くの質問紙は，質問項目に対して回答者が率直に答えることを前提としており，回答者の内的資質と質問項目の反応が一致するという前提のもとに成立しています。しかし，その前提は保障されたものではありません。とくに私たちの自己像や自己認知は，それぞれにバイアスがかかっています。たとえば自己理想の高い人は，現実の自分に満足できないために自己評価が低く，様々な項目に対して否定的な回答をするかもしれません。一方，自分自身の否定的な面を認めたくない人は，項目に対して極端に肯定的な方向に回答する可能性もあります。そこでそれぞれの偽悪，偽善的な回答傾向指標となる妥当性尺度が求められます。じつは，このような回答傾向こそ回答者が意図せずに露呈した固有の心理的傾向であり，回答者を理解する重要な情報と言えるでしょう。

　このようなバイアスを前提として自己認知をとらえる質問紙もあります。たとえば，ローゼンバーグによって開発されたセルフ・エスティーム尺度（表2.7.1）はその一つです。セルフ・エスティームは自尊感情とも訳されます。たった10項目でありながら，自己に対する評価を繰り返し問うています。興味深いことに，この尺度の値は多くの質問紙と高い相関を示し，現実場面における適応の指標とも関連することが報告されています。

3 意識的な回答操作の影響を受けない質問紙性格検査

　多くの質問紙とまったく異なる原理で作成された性格検査質問紙がMMPIです。この質問紙が，「経験的な」質問紙と呼ばれているのは，その尺度構成が回答データを根拠として経験的に行われているからです。各臨床尺度は，質問項目の内容ではなく，その質問に対する回答パターンが，臨床群（MMPI作成当時の米国ミネソタ州の病院でそれぞれの診断を受けた患者群）と一致している程度によって決定されています。そのため，一致の対象とされる質問項目内容が病理群の特徴に関係ないと思われる場合も出てきます。そのため回答者には回答している項目が，何の尺度としてカウントされるのか見当がつかず，回答の意識的操作が難しくなります。そのような意味で，MMPIは意識的な歪曲を受けにくい客観的な質問紙として認められ病理のスクリーニングの目的に用いられてきました。しかし，経験的に設定された尺度の内容的な妥当性については疑義も多く，単独の尺度値をもって診断の根拠としてはならないと言われるようになりました。各尺度は性格次元の一つとしてとらえられ，複数の臨床尺度のプロフィールを読み取って性格のアセスメントの参考資料として使用されるべきものです。

（吉川眞理）

表2.7.1　ローゼンバーグの自尊感情尺度（Rosenberg Self Esteem Scale）

①少なくとも人並みには価値のある人間である。(I feel that I am a person of worth, at least on an equal plane with others.)
②いろいろな良い素質を持っている。(I feel that I have a number of good qualities.)
③敗北者だと思うことがある。(All in all, I am inclined to feel that I am a failure.)
④物事を人並みにはうまくやれる。(I am able to do things as well as most other people.)
⑤自分には自慢できるところがあまりない。(I feel I do not have much to be proud of.)
⑥自分に対して肯定的である。(I take a positive attitude toward myself.)
⑦大体において自分に満足している。(On the whole, I am satisfied with myself.)
⑧もっと自分自身を尊敬できるようになりたい。(I wish I could have more respect for myself.)
⑨自分はまったくダメな人間だ。(I certainly feel useless at times.)
⑩何かにつけて自分は役に立たない人間だと思う。(At times I think I am no good at all.)

▷3 Rosenberg, M. 1965 *Society and adolescent self image*. Princeton University Press.
▷4 Ⅱ-5 参照。

【参考文献】
清水和秋・吉田昂平　2008 Rosenberg 自尊感情尺度のモデル化——wordingと項目配置の影響の検討　関西大学社会学部紀要, **39**(2), 69-97.

投映法の原理とその活用

▷1　ロールシャッハ法
10枚のインクのシミの図版が「何に見えるか」問われる。あいまいなインクのしみはその人によって様々な見え方をするが，その見え方，反応の特性を数量化し人格の多様な側面をとらえることができる。

▷2　SCT　(Sentence Completion Test；文章完成法)
全部で120個の文章の冒頭語が提示され，残りの部分を埋めて完成した文章を作成する投映法。反応内容を自己呈示としてうけとり共有することで話題の素材として活用することもできる。

▷3　Ⅱ-9 参照。

▷4　ハンドテスト
9枚のカードに様々なポーズの手の絵が描かれており，「その手が何をしているところか」問われる。10枚目はブランクカードである。日常的な知覚―運動系が反映されやすく行動の傾向をとらえることができる。

▷5　HTP
既定の白い紙にH（House 家），T（Tree 木），P（Person 人）を描くように求められる描画法。一枚ずつにそれぞれのアイテムを描く方式の他に，一枚の紙に家，木，人を一緒に描くように求められる統合HTP法もある。

① 心理検査がとらえる意識と無意識

　ここまでで紹介した質問紙は，質問紙項目の文章を刺激として受け，言語を介して自己像に照らしつつ回答することになります。したがって質問紙で明らかになるのは，自己像のうちでも言語化可能な領域と言えるでしょう。言語化によって私たちは，自己の主観的体験を言語体系に照らして構造化し，そこでとらえた自己像は，同時に意識化された自己像と言えます。つまり，MMPIを除いて，他の多くの質問紙によって明らかになるのは「意識された自己像」ということになります。これに対して，「私たち自身が意識できていない心の深層」を心理検査によって明らかにすることができるのでしょうか？　心理検査の中でも投映法と言われる手法はこの課題に挑戦しています。ここでは，投映法の原理とその活用について紹介していきましょう。

② 投映法の原理

　投映法とは，あいまいな形の刺激や課題に対して，検査を受ける人がその刺激や課題をどのように認知し，意味づけし，組み立てていくかを見ることによって，その人の心のあり方を理解しようとする方法です（表2.8.1）。

　たとえば空をゆく雲が何に見えるか考える場面を思い浮かべてみてください。それは大きな船に見えるかもしれませんし，綿菓子を思い浮かべる人もいるでしょう。また横になっている巨人を見る人もいるかもしれません。このとき，雲

表2.8.1　投映法の定義と解釈のアプローチ

投影法の定義
① 与えられる刺激があいまいである
② 求められる反応の自由度が高い
③ 反応および過程より反応した人の内的状態を推測する手続き

投影法の解釈
1）統計を用いた客観的アプローチ
　たくさんの人に施行したデータより多数派の反応傾向がわかっていれば，その反応が一般によく見られるものか，独特のものなのかを知ることができる。また特定の症状を持つ人にしばしば見られる反応カテゴリーをみつけるサイン・アプローチも用いられる。
2）共感を用いる現象学的アプローチ
　投影法の反応やその反応に至る過程を注意深く受けとめ，その過程，その反応を出してくれた人と一緒に味わい，その人の内的世界の枠組みや力動を理解しようとする。そこでは共感を用いており，反応を出した人は，自分の内的世界を表現し，表現したものを相手が受けとめてくれたことを実感することができ，心理療法につながる。

を「大きな船」「綿菓子」「巨人」に見立てたのは，その人特有の，認知，意味づけ，組み立てであり，その人の心のあり様を反映しています。それ故にその人と一緒にその雲を眺めて，その人が見た「船」「綿菓子」「巨人」のイメージを共有できたとすれば，そのとき，私たちは，その人の心に少し近づくことができるのです。

あるいは海岸に出かけて，砂で何かを作る場面を思い浮かべてみてください。砂を盛り上げて山を作り，城を造形する人もいれば，ひたすら穴を掘って，二つの穴をトンネルでつなげようとする人もいるかもしれません。砂に形を与えたのは，私たちの心なのです。その砂の作品に私たちの心のあり様が映し出されているのです。

心理臨床の現場では，クライエントが気づいていない心の深層に，その人と一緒に気づいていく作業を行うことがあります。そのとき雲を眺めたり，砂遊びをするかわりに，投映法を実施します。心理検査としての投映法においては，定められた手続きであいまいな刺激が提示され，この刺激に対する課題が教示されます。その遂行（パフォーマンス）の過程と反応（作品）が，その人自身の意識でまだとらえられていない心のあり様を理解する手がかりとなるのです。

③ 投映法の歴史と種類

パーソナリティ検査として投映法が考案されたのは1920年代のヨーロッパでした。第二次世界大戦によって米国に移住した多くの心理学者が，米国に精神分析とともに投映法を伝え，1940～50年代にかけて米国の心理学界で飛躍的な発展をとげることになりました。20世紀後半において，米国でよく使われた投映法として，ロールシャッハ法[1]，SCT[2]，バウムテスト[3]，ハンドテスト[4]，HTP[5]，PFスタディ[6]，家族画[7]，TAT[8]が挙げられます。さらに日本でよく用いられる投映法として風景構成法[9]が挙げられます。粘土や自由画，コラージュ，さらに砂箱に玩具を置いて好きな世界を構成する箱庭も，広い意味では投映法としてとらえることができるでしょう。これらの投映法についてその刺激と反応の媒体（言語／非言語）によって投映法を分類したものが表2.8.2です。

たとえばもっとも代表的な投映法であるロールシャッハ法において，刺激はインクのしみの図版で非言語的です。しかし，「それが何に見えるのか？」という問いに対して反応は言語での回答になります。これとは対照的に多くの描画法では，「家，木，人物」などと書いてほしいアイテムが言語的に提示され，求められる課題は描画となり非言語的になります。このように多くの投映法では，言語化可能な心の領域，すなわち意識領域と言語化不能な心の領域，無意識領域とをつなぐ課題になっているといえるでしょう。　　　　　　（吉川眞理）

▷6 PF スタディ
多様な欲求不満場面が描かれた図の人物のセリフを記入するように求められる。欲求不満状況への対応のスタイルがとらえられる。

▷7 TAT（Thematic Apperception Test；主題統覚検査）
ややあいまいに描かれた多様な図版を見て，短い物語を作るように求められる。その物語から考案者のマレーは欲求─圧力の観点より分析することを試みた。

▷8 Piotrowski, C. et al. 1985 Psycho diagnostic test usage : A survey of the Society for Personality Assessment. *Journal of Personality Assessment,* **49**, 115-119.

表2.8.2 刺激と反応の形式による投映法の分類

		反応の形式	
		言語モード	非言語モード
刺激の形式	言語モード	言語連想法 SCT（文章完成法）	描画法（バウムテスト・HTP・家族画・風景構成法）
	非言語モード	PF スタディ ハンドテスト TAT ロールシャッハ法	箱庭 粘土自由制作 自由画

▷9 Ⅱ-10 参照。

（参考文献）
小川俊樹　1991　心理臨床における心理アセスメント　安香宏ほか（編）臨床心理学体系　第5巻　人格の理解①　金子書房　pp. 243-271.
吉川眞理　1998　パーソナリティ検査3　投映法　小林芳郎（編著）臨床心理学　保育出版社　pp. 101-106.

9 投映的描画法①バウムテスト

1 投映的描画法とは

　心理検査の中でも，絵を描いてもらうことで被検者の自己像を映し出そうとする方法を「投映的描画法」と言います。描画法は，描くことができる人であれば，小さな子どもから高齢者まで，幅広い年齢層に用いることができます。また被検者は，絵で自分を表現することになりますので，言葉で表現することが苦手な人に対しても用いることのできる，非言語的なツールであると言えます。また，準備するものといっても身近にある紙と筆記具ですむため，簡単に始めることができます。

2 バウムテストとは

　バウムテストはコッホ（Koch, C.）によって考案された心理検査です。被検者は「実のなる木を一本描いてください」と言われ，Ａ４サイズの紙と，消しゴム，鉛筆を渡されます。教示はそれだけで，被検者はその中で好きなように描きます。

　この検査には正解があるわけではありません。上手下手を見ているのではなく，描かれた木には描いている被検者の自己イメージが投影されていると考えて見ます。たとえば，描く人によって樹冠の茂り方，幹の太さ，根と地面の接し方，実をはじめとする付加物の有無など，違ってきますし，しっかりとした筆圧で紙いっぱいに伸びている木もあれば，紙の空白部分が多く，消え入りそうな線で小さく立っている木もあるでしょう。

3 バウムテストの解釈

　バウムテストの解釈については，様々な研究が行われています。個人内で解釈する方法もあれば，個人間で比較する方法もあります。客観的な指標を求めて，チェックリストも考案されています。たとえば，付加物，果実・花・葉の様子，根・幹・枝・冠の様子，地面の有無，樹冠と幹の高さの割合，などの観点があります。また，全体的な形から人型 (図2.9.1)，メビウスの木 (図2.9.2)，成熟型 (図2.9.3) もあれば，「描けません」という拒否・不能型もあります。

　また，バウムテストの結果は，発達年齢によっても変化すると言われていま

▷1　人型の木の例。
▷2　メビウスの木の例。
コッホ, C.　岩本寛史・中島ナオミ・宮崎忠男（訳）2010　バウム・テスト──心理的見立ての補助手段としてのバウム画研究　誠信書房　p. 216.
▷3　成熟型のバウム画の例。

42

図2.9.1 バウムテストの例1（模写）

図2.9.2 バウムテストの例2（模写）

す。赤ん坊の殴り書きから，段々と形になって絵と言えるようになってくるのは3～4歳です。そのくらいの幼児期を経て，前思春期になると写実的に描くようになります。そして大学生になると省略して描くようになり，大人と同じような木となります。

④ バウムテストが用いられる場面

ここでは描画法心理検査のバウムテストについて取り上げました。バウムテストは現在，スクールカウンセリングなどの心理相談や病院における心理検査として用いられているだけでなく，就職支援などの自己理解を深める機会など，幅広い分野で取り入れられています。どんな心理検査にも当てはまることですが，一つの検査だけでは一つの側面でしか被検者像を描くことができません。解釈する場合は，あくまでバウムテストを通して見た被検者像であることを忘れてはいけません。

図2.9.3 バウムテストの例3（模写）

（永嶋　茜）

参考文献

コッホ, C.　林勝造・国吉政一・一谷彊（訳）2007 バウム・テスト──樹木画による人格診断法　日本文化科学社

投映的描画法②風景構成法

1　風景構成法とは

　風景構成法は投映的描画法にもとづく心理検査の一つです。統合失調症の人にも実施できるよう，箱庭療法をもとにして中井久夫が考えました。風景構成法では，まず検査者が被検者の目の前で枠づけをし，「これから私が言うものを枠の中に描いていって，一つの風景にしてください」と伝えます。そして「川」，「山」，「田」，「道」，「家」，「木」，「人」，「花」，「動物」，「石」の順番で描いていってもらいます。検査者は，被検者が一つ目を書き終わったら二つ目というように，被検者の描くペースに合わせて，10個のアイテムを伝えていきます。こうして描かれた風景は，被検者の心象風景を表していると考えられています。

2　風景構成法の特徴

　風景構成法で選ばれている10個のアイテムは，いずれも日本の田舎に多く見られる，日本人にとってはなじみ深いものばかりです。川の流れは無意識の流れであったり，山の高さは目標の高さであったりするかもしれません。しかし必ずしも一つひとつのアイテムが直接的に何かのイメージを象徴している，というわけではありません。同じアイテムでも人によって違うものを表している場合もあるでしょう。また，アイテム一つひとつの描かれ方に加え，アイテム同士の関連性や作品全体の雰囲気，風景との距離感など，風景構成法から読み取れる情報は計り知れません。風景構成法の場合，解釈には客観的な指標があるわけではなく，主観的な検査者の印象を中心として解釈していきます。

　風景構成法には治療的な側面があることも一つの特長です。描かれた風景は，検査者の描いた枠で切り取られている，被検者の心の風景であり，検査者の描いた枠からその風景を覗いている，とも言うことができます。このことから，たんに心理検査として一度だけ行う，というのではなく，長い心理療法の過程の中で，折にふれて何回か用いることによって，治療的な意味合いを持たせる使い方もできることが特長です。

3　実施の仕方

　紙はＡ４サイズのものを用います。黒いサインペンを用いて検査者が枠づ

図2.10.1 風景構成法の例1

図2.10.2 風景構成法の例2

けし，そのペンと枠づけされた画用紙を使って，被検者は10個のアイテムを描いていきます。教示は型にはまった言い方ではなく，その場の雰囲気や被検者に応じて考慮します。そして10個描き終えたら「何か描き足したいものがあれば，足してください」と言います。描き終ったら，色鉛筆やクレヨンなどを使って彩色してもらいます。最後に，2人で描かれた作品を眺め，説明や感想を言ってもらったり，検査者が気になることがあれば質問したりします。

4 解釈の仕方

　風景構成法には，標準化された解釈がありません。ただし，しばしば見られる特徴がいくつかありますので，それを紹介します。まず，妄想型統合失調症で見られるものにキメラ的多空間現象，躁病で見られる鳥瞰図現象，うつ病で見られる虫瞰図現象，解体型統合失調症で見られるものにアイテムの羅列をする構成放棄現象などがあります。

　また，川の描き方には発達年齢が表れると言われています。たとえば，小学校1年では川が紙の下部に流れ，川の手前が見えない「比岸なしの川」が多く，思春期では川が紙の中央付近を上下に流れ，「川が立つ」ように世界を二分することが多いと言われています。

5 臨床での応用場面

　ここでは描画法の風景構成法について取り上げ，その特徴や実施方法，解釈について記しました。風景構成法は数ある描画法の中でも，じっくりと被検者の内的世界を眺め，被検者と検査者の2人で味わうのに適しています。そのため，実施も解釈の仕方も，検査者の力量が大きくかかわってきます。検査者として熟練するには臨床心理の経験と検査の経験の両方が必要で，同時に，時代によって変化する作品の傾向について日々勉強を続けることが大切です。

（永嶋　茜）

参考文献

山中康裕（編）2008 中井久夫著作集・別巻 風景構成法 岩崎学術出版社 p. 228.
皆藤章・川嵜克哲 2002 風景構成法の事例と展開——心理臨床の体験知 誠信書房 p. 101.

現代におけるパーソナリティ・アセスメント

1　パーソナリティ・アセスメントとは何か

　多くの対人援助職において，相手に援助を提供しようとするときは，まず，相手がどんな援助を必要としているのか，どのような援助が効果的であるのかをアセスメントすることが求められます。相手が現在抱えている困難や，その困難の背景についても情報を収集しながら，相手にとってその困難がどのように体験されているか，どのような援助がもっとも相手にとって望ましいかについてアセスメントします。とくに心理臨床の専門家は，個人を対象に心理的な援助を行いますので，パーソナリティに関する質の高い心理アセスメントが求められることになります。

　このような心理アセスメントが実際に必要とされている現場としては，心理臨床家が活動している諸領域（医療，教育，子育て支援，福祉，産業，司法・矯正など）ということになります。心理アセスメントには，個人を対象としたものばかりではなく，グループやコミュニティを対象としたものがありますが，ここではまず，個人を対象としたパーソナリティ・アセスメントについて考えてみましょう。

2　医療現場における診断と心理アセスメント（見立て）の対比

　医師による診断と，心理臨床家に求められるアセスメント（見立て）の間の大きな違いとして，まず，診断は「疾病」に対するものですが，見立てはその疾病を抱えて生きている「一人の人間」に対するものであることです。吉松[1]（1983）が述べるように，医師にとっての診断の意味は「正しい診断がつくことによって正しい治療方針が立てられる」ことにあり，この診断名を伝えることで「治療者と患者がその療養方針に対して共通の理解の基盤に立てる」ことになります。他方，心理アセスメントは，見立てとも呼ばれ，目の前のクライエントその人を，生きている一人の人間としてとらえて，その人の生きている状況，求められている援助を知り，これからの心理的アプローチの計画を立てることを含みます。さらに医療現場では医療の他職種との連携が不可欠になりますので，他職種のスタッフと見立てを共有していくことが求められます。

▷1　吉松和哉　1983　臨床精神医学における診断の落とし穴　土居健朗・藤縄昭（編）精神医学における診断の意味　東京大学出版会　pp. 201-221.

③ パーソナリティ・アセスメントの方法

　心理臨床家は，様々なアセスメントの手法を用います。これまで紹介してきた心理検査ばかりでなく，観察法，面接法も重要なアセスメントの手法となります。

○観察法

　観察者と相手の出会いの場において，相手はどのように行動するのか，相手にどのような感情が生じているのかその手がかりをキャッチしながら，どんな言葉を発してくるのかを観察し，記録することが観察法です。ここで留意しておかねばならないことは，出会いはけっして一方的ではなく，双方向性を持つということです。出会いにおいて，観察をしている私たちが相手に何らかの影響を及ぼしており，さらに観察の主体である私たちは，相手から何らかの影響を受けているということに気づいていることが重要です。このように観察者の要因を十分に意識した観察を，参与的観察と呼びます。パーソナリティ・アセスメントでは，この双方向性の影響を十分に認識しながら，相手を，「自分」というフィルターを通して理解する姿勢が求められます。

○面接法

　これは，私たちがパーソナリティ・アセスメントの目的で面接を設定し，相手に様々な質問を投げかけてその答えを求める方法です。そこでは相手の様子を見ながら，適切な質問を選択し，返答を聞きながら，臨機応変に詳しくたずねたり，質問のテーマを切り替えたりすることができます。この面接法において大切なことは，たんなる事実関係の確認，情報の収集ではないことです。その回答の内容だけでなく，相手はこちらの投げかけた質問をどのように受けとめ，どんな感情の揺らぎを感じながら答えたかを聞き取る必要があります。面接法は観察よりもさらに積極的な関与性を持っているので，聞き手の側にどんな感情が動くのかということにも注意を向けておく必要があります。そのことが相手の内面の体験を理解するための重要なアンテナとして機能するのです。

○心理検査法における心理検査バッテリーについて

　観察法，面接法は，比較的，自然な状況で行われますが，これに対して心理検査法は，心理検査という人工的な道具を用いて心理アセスメントの資料を得ようとするものです。いわば，心理検査という「ものさし」を用いて，パーソナリティの一側面を数値化します。しかし，それは人間の心理という多面的，多層的な現象のごく一面をとらえているにすぎません。それでも，複数の「ものさし」をあてることで立体的な人間像が浮かびあがり，観察や対話と異なる次元の情報を得られることも事実です。そのため，実際の心理アセスメントにおいては，心理検査は単独で行われることはなく，複数の心理検査の組み合わせによって，アセスメントを行います。この複数の心理検査の組み合わせを心理検査バッテリーと呼んでいます。

（吉川眞理）

（参考文献）
吉川眞理　2009　人の心を理解するとはどういうこと？　伊藤良子（編著）臨床心理学——全体的存在として人間を理解する　ミネルヴァ書房

12 パーソナリティ・アセスメントに求められる人権意識

1 パーソナリティ・アセスメントの倫理

　臨床心理士の業務にかかわる倫理について日本臨床心理士資格認定協会，日本臨床心理士会は，それぞれ倫理綱領を定めています。ここで心理アセスメントの実施にかかわるものを抜粋すると表 2.12.1-2 となります。

　日本臨床心理士資格認定協会の倫理綱領の前文冒頭には「臨床心理士は基本的人権を尊重し，専門家としての知識と技能を人々の福祉の増進のために用いるように努めるものである」（下線筆者）と書かれています。基本的人権とは，「人間が，一人の人間として人生をおくり，他者とのかかわりをとりむすぶにあたって，決して侵してはならないとされる人権のこと。すべての人間が生まれながらにして持つ」と定義されています。よく誤解されるのは，「生まれながらに備わっている」と言われると，それを当たり前のものとして与えられていて，それを守ってもらえるのが当然と受けとめてしまうことです。自然のままの状況では，基本的人権を守ることはできません。私たち一人ひとりが，自己と他者の基本的人権を守れる社会を形成している主体だという自覚を持つ必要があるのです。

　パーソナリティ・アセスメントは，臨床心理士の専門業務の一つとされ，この業務の遂行のためには専門的な知識と技能が求められます。このような専門性においてその知識や技能が誤った方向に用いられる危険が存在します。それはアセスメントの対象となる人間の基本的人権や福祉と反する方向にも使われてしまうことを意味します。それを防ぐのが専門職の職業倫理です。パーソナリティ・アセスメントの技術や知識が，この民主的社会において専門家（知識・技術を持つ者）が非専門家（知識と技術を持たない者）の基本的人権を損なうことのないシステムを構築できるよう心がけることが求められるのです。専門家はその知識や技能を使用するにあたって，それが真にユーザーの人権を守り，福祉に寄与するかについてつねに考えておかねばなりません。

2 パーソナリティ・アセスメントにおいて人権を守る

　このことを，パーソナリティ・アセスメントを受けるユーザーの視点からとらえてみましょう。ここであなたがパーソナリティ・アセスメントを受ける側であると仮定してみてください。あなたは精神的な不調を抱えていて，適切な

治療の方針を決めるためにパーソナリティ・アセスメントを受けるよう医師に提案されました。その場合，そのアセスメントが何を明らかにするものであり，自分の利益（治療）にどのように役立つかについて医師から説明があることでしょう。さらに，実際にアセスメントを受けるときに，アセスメントを担当する臨床心理士から，その心理検査について再度説明を受け，アセスメントを受ける理由を理解されているかどうかの確認があります。また，結果についてフィードバックを受けることができると説明を受け，心理検査を受けることに同意するかどうかを問われます。これら一連の手続きを，パーソナリティ・アセスメントのインフォームド・コンセントと言います。専門家から専門的なサービスを提供される際に，そのことの意味やリスクについてあらかじめ説明を受け，理解したうえでパーソナリティ・アセスメントを受ける可否を自己決定する機会を提供されることです。そこでは，あなたは自分が受ける専門的サービスについて事前に情報を知る権利，自己決定をする権利が守られます。また，上に述べたとおりフィードバックを受けられますが，私たち人間は，自分の情報について知らないでいる権利もあります。たとえば，知能検査を受けることで，自分の知能が数字で表わされることを不快に感じる人もいるでしょう。本来の人間の能力や可能性は，２時間程度の検査で測りつくされるものではないからです。私たちには知る権利も，知らないでいる権利もあるのです。

　さらに重要なことは，あなたのパーソナリティ・アセスメントの結果は，とても重要な個人情報であるということです。この個人情報はあなたが現在の不調から回復させるという目的のために用いられるのであって，あなたの許可なくしてこれ以外の目的に勝手に使用されることはないと約束を交わすことになります。これは人権で保障されたプライバシーの保護にあたります。

③ パーソナリティ・アセスメントにおける専門家の基本姿勢

　それぞれの心理検査の結果は，数値化され，その数値は何らかの病理的な診断に結び付けられることもあります。その結果が誤って用いられると，検査を受けた人が傷つくおそれもあります。それだけに，パーソナリティ・アセスメントを行う人は単独の心理検査の結果を絶対視せず，多様な測定や観察を統合して，生きているその人の存在全体，まだ現れていない可能性も含めて予測しながら，その人のよりよい生き方に役立つフィードバックを心がけることが求められます。

（吉川眞理）

表2.12.1　日本臨床心理士資格認定協会による臨床心理士倫理綱領

前文
臨床心理士は基本的人権を尊重し，専門家としての知識と技能を人々の福祉の増進のために用いるように努めるものである。そのため臨床心理士はつねに自らの専門的業務が人々の生活に重大な影響を与えるものであるという社会的責任を自覚しておく必要がある。したがって自ら心身を健全に保つように努め，以下の綱領を遵守することとする。

＜査定技法＞　第4条
・臨床心理士は来談者の人権に留意し，査定を強制してはならない。
・査定結果が誤用・悪用されないように配慮を怠ってはならない。
・臨床心理士は査定技法の開発，出版，利用の際，その用具や説明書等をみだりに頒布することを慎まなければならない。

（平成25年4月1日）（抜粋）
（注）下線は筆者による

表2.12.2　日本臨床心理士会によるパーソナリティ・アセスメントにおけるインフォームド・コンセントに関する倫理綱領

第4条　インフォームド・コンセント
1　臨床心理業務に関しての契約内容（業務の目的，技法，契約期間及び料金等）について，対象者に理解しやすい方法で十分な説明を行い，その同意が得られるようにする。
5　対象者から，面接の経過及び心理査定結果等の情報開示を求められた場合には，原則としてそれに応じる。
7　対象者以外から当該対象者についての援助を依頼された場合は，その目的等について熟考し，必要であれば対象者を含めた関係者との話合いを行った上で，対象者及び関係者全体の福祉向上にかなうと判断できたときに，援助を行う。

（平成21年4月1日より施行）

性格の形成：
遺伝的要因と環境的要因の考え方

1　パーソナリティの個人差はどうして生じるのか？

　この世界には，様々な性格の人がいます。休日は仲間と出かけるのが好きな外向的な人がいる一方で，自宅でガーデニングをしたい内向的な人もいます。思い立ったらすぐに行動を起こす人がいれば，慎重な人もいます。このようなパーソナリティの違いは，どうして生じるのでしょうか。それは，「生まれつき」つまり遺伝による違いなのか，あるいは「育ち」，環境や養育，あるいは経験により違ってくるのでしょうか？　この問いかけは，パーソナリティが何によって規定されるのか？遺伝なのか？環境なのか？という問題です。この問いに答えるために，これまで多くの双生児研究が行われてきました。双生児の中で，同じ遺伝子情報を持つ一卵性双生児のペアと，遺伝子情報のうち50％のみを共有する二卵性双生児のペアの類似度を比較したときに，一卵性双生児のペアにおいて高くなる属性については，遺伝性が高いということになります。

　たとえば，表3.1.1にあるように，指紋のパターンと知能，および性格のそれぞれの双生児相関を比較してみると，指紋のパターンはほぼ遺伝子情報で96％決定されるのに対して，外向性は49％の遺伝決定ということになります。身体の形質や，知能よりも遺伝の影響は受けにくいと言えるでしょう。しかし，二卵性双生児に比較すると一卵性双生児の方が遺伝率が高くなっていることから，やはり有意な遺伝要因（25％〜50％）が認められること，しかし認知機能に比較すると遺伝要因がそれほど影響しないことがわかります。

　つまり，遺伝子情報が同じ2人が同じ環境で育っていながら，性格が異なる例があるということです。このような事例は，性格形成のプロセスについて重要な知見を提供してくれます。

表3.1.1　様々な形質の双生児相関

	一卵性双生児の相関	二卵性双生児の相関
指紋隆線数	0.96	0.48
言語性知能	0.86	0.60
空間性知能	0.72	0.40
思春期の体重	0.88	0.44
外向性	0.49	0.20

出所：安藤（2014）

② 性格を規定する遺伝子情報の解明

　性格は，遺伝子情報だけで規定されるわけではありません。しかし，近年の
ヒトゲノム解読プロジェクトによって，人間の遺伝子情報が解明されたことで，
いわゆる性格に大きく影響する遺伝子の存在が明らかになってきました。その
代表的な研究として1996年のエブステイン（Ebstein, R.P.）らの研究を挙げるこ
とができます。彼らは，クロニンジャー理論における新奇性探求の程度が，あ
る遺伝子特徴を持つ人において高いということを明らかにしました。それは第
11染色体上にあるドーパミン受容体第4受容体DRD4遺伝子のエクソンⅢの
48ペースペアの塩基配列の繰り返しが，2回から8回と個人差が見られるとこ
ろ，6回以上のグループを指しています。このグループの人たちは，ドーパミ
ンが欠乏し，ドーパミン放出を増加するために，新奇なものを探求すると説明
されています。

　また，同じく1996年に，レッシュ（Lesch, K.P.）らによって，セロトニン・
トランスポータ遺伝子，5-HTTLPR において，長いタイプと短いタイプの群
がとくに不安を感じやすいということも明らかにされました。この二つの研究
のインパクトは，人の行動の個人差や性格における遺伝の影響を，双生児研究
という間接的な方法ではなく，遺伝子と直接結び付けて説明したことでした。
その後も，この遺伝子型とパーソナリティの変数の間の相関性を確かめる追試
研究が継続されています。しかし，パーソナリティが変数としてとらえにくい
こともあり，比較的小さな影響しか見出されておらず，パーソナリティの個人
差を遺伝子だけで説明することはできません。それは遺伝だけではない複数の
要因の影響が作用していることが予想されるのです。

③ ハードウェアを規定する遺伝子とソフトウェアであるパーソナリティ

　遺伝子情報は人体の設計図です。人間の脳の基盤はその設計図どおりに作ら
れていることになります。この人間の脳とその働きを理解する上で，コン
ピューターをモデルに考えてみましょう。器官としての脳はコンピューターで
言えば，ハードウェアにあたります。しかし，同じハードウェアであっても，
インストールする OS やソフトウェアによって，まったく異なる性能を示すの
です。この OS やソフトウェアが，気質や性格に該当します。同じ脳であって
も，その脳が持っているその無限の可能性をどのように使うのか，その使い方
のスタイルの個人差が性格の多様性を生じさせると言えるでしょう。

（吉川眞理）

▷1 Ⅱ-4 参照。

▷2 OS とは Operating System の略でパソコンやスマートフォンを動かす基本ソフトを指す。Microsoft 社の Windows や Apple 社の Mac に搭載されている iOS が有名。

（参考文献）

安藤寿康 2014 遺伝と環境の心理学——人間行動遺伝学入門 培風館
Ebstein, R. P., Novick, O., Umansky, R., Priel, B., Osher, Y., Blaine, D. et al. 1996 Dopamine D4 receptor (D4DR) exon III polymorphism associated with the human personality trait of Novelty Seeking. *Nature Genet,* **12**, 78-80.
Ebstein, R. P., & Belmaker, R. H. 1997 Saga of an adventure gene : Novelty Seeking, substance abuse and the dopamine D4 receptor (D4DR) exon III repeat polymorphism. *Molecular Psychiatry* **2**, 381-384.

微笑の秘密

① 新生児と原始的反射

　出生直後の新生児には，原始的な段階の脳機能が原始的反射として残存しています。これらの原始的反射の多くは生後半年の間に消滅していくものです。たとえば，新生児の足の裏の外側を強くこすると，足の指がぐっと内側に曲がりますが，これは樹上生活をしていた猿に備わっていた反射的機能の名残と言われています。一方，口の周辺に触れたものに吸いつく反射のように，乳を飲むために必要な反射は，人間としての生の一歩を踏み出すために欠かせないものです。このような反射の中でももっとも美しく，人間が人間として育つために重要な反射が微笑と言えるでしょう。

② 微笑の秘密

　生まれたばかりの新生児が，まどろんでいるときに，彼らがとても美しい微笑を浮かべる瞬間があります。これは，なんらの外からの刺激が加えられないにもかかわらず自発的に生じた微笑で，反射的な微笑であり，自発的微笑と呼ばれています。ほぼ生後2週間目には，この理由のない微笑みは消失し，代わって登場するのが，外の刺激によって生じる誘発的微笑です。物音や視覚的刺激によって赤ちゃんが微笑むようになることは，赤ちゃんの世話をする養育者にとって大きな喜びをもたらします。養育者は赤ちゃんの微笑がほころぶのを見たさに，いろいろなことを試みることでしょう。ガラガラを振ってみたり，オルゴールを回してみたり，声をかけてみたり，赤ちゃんを見つめてみたり……というように。

　生後6週目には，外からの刺激の中でも，とくに人間の声や顔に対して，よく微笑を浮かべるようになることが観察されています。この誘発的微笑は，新生児が社会的存在としての発達を始めるために欠かすことができない機能を持っています。この微笑によって，養育者は新生児に惹きつけられ，新生児との相互交流が始まるのです。養育者は，新生児がどんな働きかけを喜ぶのか，その笑顔によって知ることができ，新生児が喜ぶ働きかけを繰り返します。微笑を引き出す刺激は，新生児の脳の発達に適切な刺激であることでしょう。生理的早産であると言われる人間の赤ちゃんは，こうして微笑によって，養育者からの働きかけを喚起し，発達に不可欠な対人間の社会的交流を触発している

のです。

③ アイ・コンタクトの成立

新生児は，対象の距離によって焦点を合わせることがまだできず，その視力は0.02くらいと言われています。それは20センチから50センチ離れた位置にあるものがぼんやりと見える程度です。でも，そのぼんやりがどの程度なのか，確かめることができます。生まれて１週間でも新生児が目覚めているとき，30センチほど離れたところに顔を寄せて，大きく口を開けてみてください。すると，新生児もつられたように口を開けるのです。これは共鳴動作（Co-Action）と言われる現象です。意図的な模倣とは違っていて，新生児は目の前の大人の動作と自分の動作を同期させているのです。その現象には，新生児の脳のミラー・ニューロン[1]が影響していると言われています。人間が人間と相互作用を持つことによって他者の動作を通して体験を取り入れつつ育っていく際に，とても重要な役割を果たすと思われる興味深い現象ですが，詳しいメカニズムはまだよくわかっていません。少なくとも，ここで，新生児には近くにいる大人の顔がたとえぼんやりてあっても，見えているということです。新生児の目から20センチから50センチの距離は，新生児の世話をする人の顔の位置にあたります。さらに新生児たちは，図3.2.1のファンツ（Fantz, R.）による選好注視の実験によると[2]，図のように黒い●が二つ並んでいる（人の顔のように見える模様がある）と，そちらを注視する傾向があることもわかっています。

こうして生後２か月の段階で，新生児と養育者の間には，アイ・コンタクトが可能になります。そこに新生児と養育者との間の心の絆が発生していくと考えることができます。

（吉川眞理）

▷1 ミラー・ニューロン
霊長類などの高等動物の脳内で自ら行動するときと，他の個体が行動するのを見ている状態の両方で活動電位を発生させる神経細胞。

▷2 Fantz, R. 1961 The origin of form perception. *Scientific American*, **204**, 72.

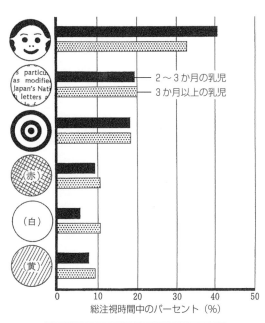

図3.2.1 各パターンに対する選好注視

出所：Fantz（1961）

2～3か月の乳児
3か月以上の乳児

総注視時間中のパーセント（%）

参考文献

若井邦夫・高橋道子・高橋義信・堀内ゆかり　1994　乳幼児心理学──人生最初期の発達を考える　サイエンス社

3 自己感の発生

1 私が私としてここに生きている感覚として

　私たちは，自分が「私」として今ここに生きている実感をどのくらい感じられているでしょうか？　近代哲学の父と呼ばれるデカルト（Descartes, R., 1596-1650）は，この命題に対して「我思う故に我あり（Cogito Ergo Sum）」という結論に至りました。すべてを疑ってかかろうとしたデカルトでしたが，ただ一つ疑うことができなかったのは，疑っている主体としての自分自身の存在だったのです。

　私が「私」として今ここに生きている実感が持てていないことを不安に思っている人がいるならば，その人は，実感が持てないと「不安に思う」主体として，確かに存在していると言えます。つまり，逆説的に，今，自分がここに生きている実感が持てていないと考えこんでしまう人ほど，主体としての自分をしっかり持っている人だということになります。この，私が私として，ここに生きている感覚を，スターン（Stern, D.N.）は，自己感と名付けました。

2 自己感の形成過程

　この自己感の形成過程について，スターンは図3.3.1のとおり，4段階に分けて論じています。

○新生自己感

　第一の新生自己感は，出生してから2か月までの間の新生児の自己にかかわる体験です。この時期の新生児が感じている生理的緊張やそれに伴う情動の揺

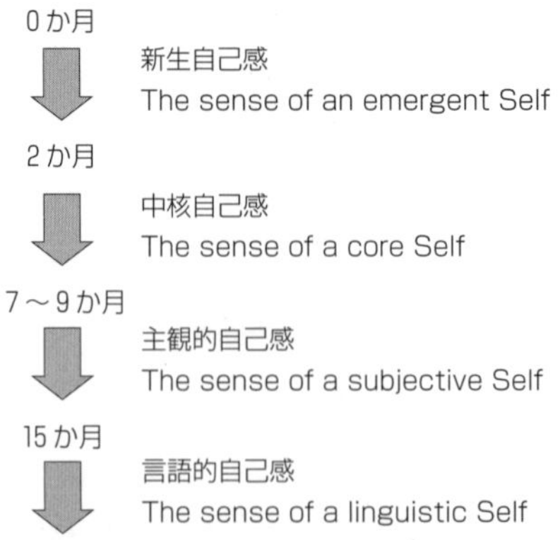

0か月

新生自己感
The sense of an emergent Self

2か月

中核自己感
The sense of a core Self

7〜9か月

主観的自己感
The sense of a subjective Self

15か月

言語的自己感
The sense of a linguistic Self

図3.3.1　スターンによる自己感の発達

らぎに対して，養育者のはたらきかけは，その睡眠と覚醒，空腹と満腹のサイクルを調節し，安定化をはかろうとします。その社会的やり取りを体験する中で，新生児には，だんだんと「自己」としてのまとまりが浮かび上がってきます。この状況の体験が新生自己感と呼ばれました。

○中核自己感

ちょうどアイ・コンタクトが成立した生後2か月を過ぎたころ，第二の中核自己感の段階に入ります。この時期の新生児は，養育者からのはたらきかけに対してしっかり反応するようになっています。その際には，情動を体験する自己（自己情動性），行為の主体としての自己（自己発動性）が体験されています。生後7か月ごろまでのこのような体験は，過去・現在・未来へと一貫して存在する自己の感覚（自己一貫性，自己歴史）につながっていきます。情動を体験し行為の主体としての感覚が発現し，その自己が継続して存在すると感じられることが自己感の中核ということです。

○主観的自己感と間主観性

そして，生後7～9か月以降から15か月にかけて，乳児は自分の心の動きを認知できるようになります。乳児は自分の心を発見するのです。この自己の体験を，スターンは主観的自己感と名付けました。自分の心が体験されるようになると，他者も心を同様に体験している予想ができるようになり，他者の心に気づき，他者と心の体験を共有できる可能性を認識するようになるのです。この認識を間主観性と言います。この間主観性をもたらす相互交流として，情動調律を挙げることができます。たとえば乳児がなにかを発見して興奮し「ウォウ・ウォウ」と声をあげるときに，養育者がその声に合わせて，乳児を揺さぶる場面がその例です。このように，表出された情動を共有し，それを別のかたちで表出しかえす交流を情動調律と呼びます。

○言語的自己感

このような段階を経て生後15か月以降，乳児は言葉を発するようになり，その言語は徐々に伝達力を強めていきます。そして自分の体験を言語という媒介によって他者と共有できるようなります。この言語を操る段階に到達した幼児の自己感を言語的自己感と呼びます。この段階の幼児は，自己を客観視でき，象徴を用いることができ，将来への期待や，現実に反した願望も持つようになります。しかし，体験や自己感がいったん言語で表現されてしまうと，そこにもともとの体験や自己感とずれを生じ，ここに自己体験の分裂が始まることが指摘されています。

（吉川眞理）

参考文献

Stern, D. 1985 *The interpersonal world of the infant: A view from psychoanalysis and developmental psychology.*（小此木啓吾他（訳）1989 乳児の対人世界（理論編）岩崎学術出版社）

愛着の理論

1　愛着理論の始まり

　もともと古典的な心理学では，親子の情緒的絆は，親が食欲をはじめとする乳児の基本的な欲求を満たしてくれることに始まり，二次的に発生してくると考えられていました。

　しかし今世紀半ばごろより，ハーロウ（Harlow, H.F.）の「アカゲザルの実験」◁1に代表されるように，対象希求性（ある対象を求める傾向）は栄養摂取の欲求から派生するものではなく，もともと生得的に備わっている一次的なものであることが示唆されるようになりました。同時期に，児童精神科医のボウルビィ（Bowlby, J.）は，ロンドン児童ガイダンス・クリニックやタビストクリニックで社会情緒的不適応児や施設児などに対する心理臨床的介入，さらには第二次世界大戦後に WHO の依頼を受けて戦災孤児に関する体系的調査を行い，「母性的養育の剝奪（maternal deprivation）」◁2の概念を提唱しました。

　子どもの主観的世界ばかりではなく，現実の親子の客観的な関係性に注目したボウルビィは，対象を希求して近接関係を維持しようする傾向は，栄養摂取などの欲求から二次的に派生してくるわけではなく，個体生得的に組み込まれていることを強調して「愛着（attachment）」という言葉を用いはじめました。

　ボウルビィは愛着を「危機的な状況に際して，あるいは潜在的な危機に備えて，特定の対象との近接を求め，またこれを維持しようとする個体（人間やその他の動物）の傾性である」と定義しています。ただし近年では愛着という言葉は，「人が特定の他者との間に築く緊密的な情緒的結びつき」という意味で使われるようになってきています。

2　愛着の発達プロセス

　乳幼児期に特定対象（母親などの養育者）との間に緊密な関係を築くことで愛着は形成され，安全であるという感覚（安心感）を得られるようになります。愛着が形成されるまでの，愛着行動の発達は，４段階で示されています（表3.4.1）。

　乳児は，人の顔や声などを好む特殊な感受性を備えており，自分の周りにいる人に対して注意を向ける「定位行動」，人を呼び寄せるために泣き笑いなどの信号を出す「発信行動」を行います。乳児にとっては人物の区別のない状態

▷1　アカゲザルの実験
ハーロウが1958年に行った実験。母ザルから引き離された子ザルが，ミルクなどの栄養摂取よりも，接触による慰めや安心感を与えてくれる存在を求める結果が示された。

▷2　母性的養育の剝奪（maternal deprivation）
ボウルビィが1953年に提唱した概念。乳幼児期に，特定の養育者による世話や養育が十分に施されないと，子どもの心身発達の様々な側面に深刻な遅滞や歪曲が生じ，なおかつ後々まで長期的な影響が及ぶといった考え方。

表3.4.1 愛着行動の発達

第1段階「人物の識別を伴わない定位と発信」出生後〜12週頃
　特定対象とそれ以外の人物を区別することができない。誰かれ構わず定位と発信が見られる。

第2段階「1人または数人の特定対象に対する定位と発信」12週頃〜6か月頃
　特定対象とそれ以外の人物を区別できるようになり，特定対象に定位と発信を行う。しかし特定対象に接近しようとする行動は見られない。

第3段階「発信と移動による特定対象への近接の維持」6か月頃〜2，3歳
　特定対象に対する選好が強まる。いわゆる「人見知り」が見られて，見知らぬ人の働きかけには頑なに応じない。「分離不安」も見られて，特定対象と物理的に接近していないと不安が生じる。
　発信に加えて，運動能力が高まりハイハイや歩行で移動することで，特定対象に対する接近行動が見られるようになる。特定対象を安全基地にして探索活動を行う（特定対象と玩具の間を行きつ戻りつしながら遊ぶ），後追い（特定対象の後ろをくっついていく）などの行動が見られる。

第4段階「目標修正的な協調性形成」2，3歳頃〜
　特定対象が，たえず近接していなくても自分のところへ必ず戻ってきてくれる，何かあったら必ず助けてくれるという確信をもてる。特定対象が時間的・空間的に永続していて，安心の拠り所としてのイメージが内在化される。
　特定対象の行動をある程度予測して，それに応じて自分の行動を修正できる。特定対象との協調的な相互交渉を持てる。

出所：Bowlby（1969/1991）をもとに要約

であっても，こういった周囲の大人を引き寄せる手段によって，特定対象からの愛着が受動的にもたらされます。

　人物の区別のない状態から特定対象を区別できるようになると，特定対象との愛着の形成が始まります。さらには，身体的・認知的能力が増大するにつれて，特定対象への抱きつきやしがみつき，ハイハイや歩行といった行動によって，愛着は能動的に築きあげるものへと移行していきます。乳幼児は「物理的近接」（実際にくっつくこと）によって安心感を得るようになります。

　ゆくゆくは，物理的近接ではなく，「表象的近接」（イメージや主観的確信による近接の感覚）へと移行していき，物理的に離れていても，特定対象との間に相互信頼に満ちた関係を築いて，何かあった時にはその対象から助けてもらえるといった安心感を得られるようになります。

3 内的作業モデル

　ボウルビィは，乳幼児期の愛着関係はその後の人生にきわめて重要な意味を持ち，児童期，青年期，成人期，老年期の長きに渡って，「揺りかごから墓場まで」生涯を通じて存続するものだと指摘しています。また愛着対象との間で経験された相互作用は，他者や自己に関する心的な表象モデルとしての「内的作業モデル」を構築すると考えています。

　内的作業モデルは「他者は信頼できる（できない）存在だ」といった他者観，「自分は愛される価値のある（ない）人間だ」といった自己観により形成されます。いったん形成された内的作業モデルに合うように現実を解釈して次なる関係性を導いていくと考えられています。

（小泉藤子）

参考文献

Bowlby, J. 1969 *Attachment and loss*, Vol. 1, Attachment. Basic Books. （黒田実郎・大羽蓁・岡田洋子・黒田聖一（訳）1991 母子関係の理論Ⅰ　愛着行動　岩崎学術出版社）
遠藤利彦 1998 乳幼児期の発達　下山晴彦（編）教育心理学Ⅱ　発達と臨床援助の心理学　東京大学出版会　pp. 43-68.
遠藤利彦 2005 第1章　アタッチメント理論の基本的枠組み　数井みゆき・遠藤利彦（編著）アタッチメント——生涯にわたる絆　ミネルヴァ書房　pp. 1-31.
Harlow, H. F. 1958 The nature of love. *American Psychologist,* **13**, 673-685.

5 　愛着のスタイルの個人差

1 　愛着スタイルの測定方法

　エインズワース（Ainsworth, M.）は，愛着の個人差に着目して，乳児を少し不安な状態におくことで，愛着対象に対してどのような愛着行動を向けるのか，愛着対象をいかに安全基地として利用しうるか，といった乳幼児の愛着の個人差を測定しようと試みました。[1]この実験方法は1978年に考案され，ストレンジ・シチュエーション法（新奇場面法）と呼ばれています（図3.5.1）。

　ストレンジ・シチュエーション法では，1歳児の母親に対する愛着行動の個人差を評価します。実験手続きは，八つの場面からなります。1歳児を新奇な場面に導き入れ，見知らぬ人と対面させたり母親と分離させたりすることでストレスを与えた後，母親と再会させてどのように振る舞うかが観察されます。

2 　愛着スタイルと行動特徴

　エインズワースは，養育者との分離場面と再会場面における行動特徴から，愛着スタイルをA，B，Cタイプの三つのスタイルに分類しています。親との分離に混乱を示さず，再会でよそよそしい態度を見せるのがAタイプ（回避型）です。親との分離に混乱を示し，再会で落ち着きを取り戻し喜んで身体接触を求めるのがBタイプ（安定型）で，再会で落ち着かず身体接触を求めるが怒りを示すのがCタイプ（アンビヴァレント型）[2]です。

　さらに近年ではメイン（Main, M.）とソロモン（Solomon, J.）は，四つめの新たな愛着スタイルを提唱し，個々の行動に一貫性がない，あるいは方向性が定まっていないDタイプ（無秩序・無方向型）を加えています[3]（表3.5.1）。

▷1　Ainsworth, M. D. S., Blehar M.C., Waters, E., & Wall, S. 1978 *Patterns of attachment.* Hillsdale, NJ : Lawrence Erbaum.

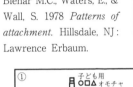

① 実験者が母子を室内に案内，母親は子どもを抱いて入室。実験者は母親に子どもを降ろす位置を指示して退室。（30秒）

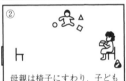

② 母親は椅子にすわり，子どもはオモチャで遊んでいる。（3分）

③ ストレンジャーが入室。母親とストレンジャーはそれぞれの椅子にすわる。（3分）

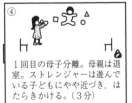

④ 1回目の母子分離。母親は退室。ストレンジャーは遊んでいる子どもにやや近づき，はたらきかける。（3分）

⑤ 1回目の母子再会。母親が入室。ストレンジャーは退室。（3分）

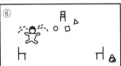

⑥ 2回目の母子分離。母親も退室。子どもはひとり残される。（3分）

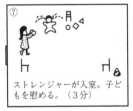

⑦ ストレンジャーが入室。子どもを慰める。（3分）

⑧ 2回目の母子再会。母親が入室しストレンジャーは退室。（3分）

図3.5.1　ストレンジ・シチュエーション法（SSP）の8場面

出所：Ainsworth et al.（1978）を繁多（1987）が要約
　　　Ainsworth, M.D.S., Blehar, M.C., Waters, E., & Wall, S. 1978 *Patterns of attachment.* Hillsdale, NJ : Lawrence Erbaum.
　　　繁多進　1987　愛着の発達——母と子の心の結びつき　大日本図書

表3.5.1 愛着スタイルと行動特徴

Aタイプ（回避型）の子ども

母親に対して不安定な愛着をもち，回避的である。分離場面では，泣いたり混乱を示すことがほとんどない。再会場面では，養育者から目をそらしたり，明らかに養育者を避けようとする行動が見られる。養育者を安全基地として探索活動を行うことがあまり見られない（養育者とはかかわりなく行動することが多い）。

Bタイプ（安定型）の子ども

母親に対して安定した愛着をもっている。分離場面では，多少の泣きや混乱を示す。再会場面では，積極的に身体接触を求め，容易に静穏化する。養育者を安全基地として，積極的に探索活動を行うことができる。

Cタイプ（アンビヴァレント型）の子ども

母親に対して不安定な愛着をもち，反抗的である。分離場面では，非常に強い不安や混乱を示す。再会場面では養育者に身体接触を求めていくが，その一方で怒りながら養育者を激しくたたく（両価的な側面が認められる）。養育者を安全基地として，安心して探索活動を行うことがあまりできない（養育者に執拗にくっついていることが多い）。

Dタイプ（無秩序・無方向型）の子ども

A，B，Cタイプのように組織化されていない。行動の一貫性がない，あるいは行動の方向性が定まっていない。近接と回避という本来ならば両立しない行動が同時的に（たとえば顔をそむけながら養育者に近づこうとする）あるいは継時的に（たとえば養育者にしがみついたかと思うとすぐに床に倒れ込んだりする）見られる。

出所：遠藤・田中（2005）

表3.5.2 愛着スタイルと養育者のかかわり方

Aタイプ（回避型）の養育者

子どものはたらきかけに対して拒否的にふるまうことが多く，微笑むことや身体接触をすることが少ない。子どもの行動を強く統制しようとする。

Bタイプ（安定型）の養育者

子どもの欲求や状態の変化に敏感である。子どもと調和的かつ円滑であり，遊びや身体接触を楽しんでいる。

Cタイプ（アンビヴァレント型）の養育者

子どもが送るシグナルに敏感さが低く，子どもの行動や情動状態を適切に調整することが苦手である。子どもの欲求ではなく養育者の気分や都合に合わせたものである。対応の一貫性を欠いている。

Dタイプ（無秩序・無方向型）の養育者

十分に明らかにされていないが，精神的に不安定なところがあり，子どもをおびえさせるような行動が多い。虐待などの不適切な養育が見られる。

出所：遠藤・田中（2005）

③ 愛着スタイルを規定する要因

愛着スタイルを規定する主の要因として，エインズワースは「養育者のかかわり方」を挙げており，愛着スタイルと養育者とのかかわり方との関連が示されています（表3.5.2）。さらに近年では，愛着スタイルを規定するもう一つの要因としてカガン（Kagan, J.）は子どもが生得的に備えている「気質」を挙げています[4]。養育者のかかわり方と子どもの気質の両方の要因が働いて，愛着スタイルの個人差を規定していると考えられています。

（小泉藤子）

▷2 **アンビヴァレント**
両価的といった意味。ある対象に対して相反する感情や態度を示すこと。

▷3 Main, M., & Solomon, J. 1990 Procedures for identifying infants as disorganized/disoriented during the Ainsworth Strange Situation. In M.T. Greenberg, D. Cicchetti & E.M. Cummings (Eds.), *Attachment in the preschool years*. Chicago : University of Chicago Press. pp. 161–182.

▷4 Kagan, J. 1984 *The nature of child*. NewYork : Basic Books.

（参考文献）

遠藤利彦 1998 第2章 乳幼児期の発達 下山晴彦（編）教育心理学Ⅱ 発達と臨床援助の心理学 東京大学出版会
遠藤利彦・田中亜希子 2005 第3章 アタッチメントの個人差とそれを規定する諸要因 数井みゆき・遠藤利彦（編著）アタッチメント——生涯にわたる絆 ミネルヴァ書房

個体としてのパーソナリティ形成：分離・個体化

① マーラーの分離・個体化理論（separation-individuation theory）

▷1　マーラー（Mahler, M.S.）
ハンガリーの小児科医，精神医学者。精神分析を学び，アメリカに渡って大学教授を務めながら児童を対象とした研究活動を行った。そして分離・個体化という乳幼児期の発達理論を示し，1975年に『乳幼児の心理的誕生』として出版した。
▷2　マーラー, M.S.・パイン, F・バーグマン, A. 高橋雅士・織田正美・浜畑紀（訳）1981　乳幼児の心理的誕生——母子共生と個体化　黎明書房
▷3　マーラーらによって1950年代後半から，ニューヨークのマスターズ児童センターで行われた研究。正常な母子を対象に，プレイルームの中で母子の自然な交流や行動を直接観察し，分離・個体化の過程を研究した。

　マーラー（Mahler, M.S.）[1]は，人間には母親の胎内からの第一の生物学的誕生と，分離・個体化過程を経た第二の心理的誕生があると述べ[2]，母子関係を直接観察する研究を通して[3]，乳幼児が母親との共生状態から分離し，母親とは異なる個体として発達していく過程を理論化しました。分離・個体化の過程は四つの下位段階に分けられ，さらに分離・個体化の前段階として，正常な自閉段階と共生段階の二つの精神発達段階が示されています。分離・個体化理論は後の研究にも大きく影響を及ぼしており，自我心理学における対象関係論や思春期青年期に表れる第二の分離・個体化，境界例の精神病理モデルの基礎にもなっています。

② 正常な自閉段階（normal autistic phase，生後数週間）

　生まれたばかりの新生児は一日を，覚醒状態よりもより長く睡眠状態で過ごします。つまり空腹などの欲求によって目覚めては泣き，満たされ，再び眠りにつくことの繰り返しです。こうして外界の過度な刺激から身を守ることができるのです。母親を認識せずまずは自分の身体の内部や外部に意識を向け，母親に抱かれる感覚，空腹や排せつに伴う快，不快を知ります。

③ 共生段階（symbiotic phase，生後２〜５か月）

　乳児は空腹や排せつに伴う不快を自ら緩和しようと試みますが，母親がその不快を取り除いて快をもたらしていることは知りません。快の獲得と母親は次第に結び付いたものとなり，欲求を満たしてくれる対象をぼんやりと意識しはじめますが，自分と母親が二人で一個体であるという幻想を抱いて生きています。乳児はこの母子一体の安全感により，不快体験から守られているのです。

④ 分離・個体化段階（表3.6.1）

○分化期（defferentiation，5〜9か月）

　身体機能と知能の発達により，覚醒時間が延び，外界へ興味を持つようになります。母親の顔や髪の毛，鼻や耳を引っ張ったり，母親の口に食べ物を押し込んだりします。また，自分の身体を母親から離して母親をもっとよく見ようとしたりもします。そして次第に自分と母親が異なる存在であることに気づき

はじめると同時に，母親と母親でないものを識別できるようになっていきます。人見知り（8か月不安）もこの識別能力の証です。母親との

安心できる体験がないと，激しい人見知り不安を示したり，あるいは識別能力が未熟なまま誰にでも抵抗なく振る舞うこともあります。

表3.6.1 マーラーの分離・個体化の過程

下位段階	時期	発達の様子	生じる行動・現象
分化期	5〜9か月	自分と母親が異なる存在であることに気づきはじめる。	人見知り。
練習期	9〜14か月	母親から身体的に離れて周囲を探索。	はいはいや直立歩行。
再接近期	14〜24か月	再び母を強く求める一方で自立能力も高まる。	分離不安。第一反抗期。
個体化の確立と情緒的対象恒常性の達成	24〜36か月以降	母親の安定したイメージが内在化。自律性が高まり，自己が確立されていく。	親離れ。言語発達。社会性の発達。

○**練習期（practicing period，9〜14か月）**

はいはいや直立歩行が可能になり，母親から身体的に離れて周囲を探索しはじめます。ときどき母親の所へ戻り，エネルギーを補給しては再び外界に出て様々な活動の練習に夢中になります。しかし，母親が見えず同じ部屋にいないことに気づいたとき，幼児は元気がなくなり，動作も緩慢になり，外界への興味も低下します。これは母親との愛着が築けているためであり，他人が慰めても泣くばかりですが母親に再会すると安心して元の状態に戻ることができるのです。

○**再接近期（rapprochement，14〜24か月）**

活動の練習に夢中で母親への関心が一時薄れていたように見えますが，まだ外界に対して十分に対処できないため分離不安が強まり，再び母を強く求めるようになります。一方で自立能力も高まるため，相反する行動をとるようになります[4]。これは母親と結びつきたい願望と自律性への願望の葛藤によるもので，一般的には第一反抗期と呼ばれています。

○**個体化の確立と情緒的対象恒常性の達成（consolidation of individuality and emotional object constancy，24〜36か月以降）**

欲求を充足させるよい母親像と欲求を挫折させる悪い母親像が統合され，母親の安定したイメージが内在化され，母親が不在であっても耐えられるようになります（情緒的対象恒常性）。他者に大きな興味を示すようになり，子どもの集団の中で社会性を発展させ，親離れも進んでいきます。また運動能力や現実検討力，言語能力の発達が進み，自律性を強く求めはじめ，大人の要求に対して反抗や拒絶を示しながら，次第に他者とは異なる自己を確立していくのです。

＊

以上のように，正常な自閉段階，共生段階において母子関係が十分に育まれることがまず重要であり，それを基盤として母親が赤ちゃんと丁寧にかかわり分離・個体化過程を経ていくことで，その後の健康な精神発達が促されるのです。

（宍戸美緒）

▷4 たとえば，抱っこをせがんではすぐに降りたがったり，後追いをしては逃げたりといった行動。

（参考文献）

柏木惠子 1985 子どもの「自己」の発達 東京大学出版

ローゼンブルース，D. 繁多進・新倉涼子（訳）1984 タビストック子どもの発達と心理 0歳 あすなろ書房

国谷誠明（編）1988 講座家族心理学3 親と子——その発達と病理 金子書房 pp. 45-67.

堀野緑・濱口佳和・宮下一博（編著）2004 子どものパーソナリティと社会性の発達 北大路書房 pp. 58-62.

岡宏子・小倉清・上出弘之・福田垂穂（編）1984 親子関係の理論①成立と発達 岩崎学術出版社

人格形成のグランド・プラン

① エリクソンによる心理・社会・性的発達モデル

　エリクソン（Erikson, E.H.）は，第二次世界大戦中にナチスに追われてアメリカに渡った精神分析家の一人です。北欧系のユダヤ人の母は，シングルマザーとして彼を生み育てていましたが，小児科医と結婚しエリクソンはその男性を父親と信じていました。しかし，成長するにつれて彼が本当の父親でないことに気づいたエリクソンは，自分は何者なのか？という問いを抱きつつ青年期を過ごすことになります。各地を放浪し，芸術の道を志していたエリクソンは，ウィーンで美術教師を務めながら精神分析を受け，国際精神分析家の資格を取得しました。米国に移住した後は，マサチューセッツのリッグス・オースティンセンターで青年の精神分析的心理療法に取り組み，アイデンティティ論で注目されるようになります。アイデンティティ論は，ライフサイクル論へと発展し，グランド・プランと名付けた発達モデルを提唱しました。それは，フロイトの心理─性的発達モデルにもとづき，これに社会的な次元を付け加えた，心理・社会的発達モデルでした。それは個体が身体の発達をベースにして，社会的な相互作用を営みながら発達分化していく図式です（図3.7.1）。

② フロイトの幼児性欲理論との対比

　フロイトの発達理論では，リビドーそのものが発達の原動力と考えられていました。しかし，エリクソンの理論において，発達を推進するのは，各発達段階で生じる危機であるとされています。すなわち身体を基盤とする個人の心は，社会とかかわる中で，それぞれの発達段階特有の危機に遭遇します。この危機とは，相反する二つの心理的な原理の間の揺らぎであり，この揺らぎの体験において発達が進行するとされました。各段階発達において対立する二つの原理を，エリクソンは，独特の用語で表現しています。その原理の日本語訳もいろいろなバージョンがありますが，本書では日本における自我同一性研究の先駆者である鑪幹八郎氏の訳を主として用いています。

　グランド・プランの縦軸には，フロイトの幼児性欲論の枠組みが取り入れられています。発達によってそのテーマが移り変わっていくかのように思えるフロイトの発達理論に対して，エリクソンのグランド・プランは，発達に伴って新たな2原理の葛藤が活発になりますが，これまでの葛藤も存続していきます。

		1	2	3	4	5	6	7	8
老年期	Ⅷ								統合性 対 絶望
成人期後期	Ⅶ						生殖性 （世代性） 対 停滞		
成人期前期	Ⅵ						親密性 対 孤立		
思春期	Ⅴ					同一性確立 対 同一性拡散			
学童期	Ⅳ				勤勉性 対 劣等感				
幼児期後期	Ⅲ			積極性 対 罪悪感					
幼児期前期	Ⅱ		自律性 対 恥・疑惑						
乳児期	Ⅰ	基本的信頼 対 不信							

図 3.7.1　個体発達分化の図式

出所：エリクソン（1950）（鑪（1990）より転載）（一部改変）

そのため，まるでこれまで体験してきた葛藤の二重奏，三重奏，四重奏となり，それぞれの時期に立ち上がってきた新たな原理の葛藤が主旋律となります。社会の中で生きていく中でこの揺らぎを体験することで「自分が自分である」という感覚がしっかり育っています。スターンの自己感[1]は，「私が今ここに生きている実感」をさしていましたが，エリクソンの言う自我同一性，「自分が自分であること」は，過去から今へ，そして未来につながる自分という感覚であり，それは社会との相互作用において明確になり，社会に対して発信する主体を自らが客体として認識しこれを引きうけることによって形成されていきます。このグランド・プランと共に体験される社会がひろがってくる様子を表3.7.1に示します。

（吉川眞理）

▷1　Ⅲ-3 参照

表 3.7.1　エリクソンの発達図式と世界の拡がり

発達期	対立する二つの原理（原語）		対象の拡大
老年期 Old Age	統合性 Integrity	絶望 Despair	人類全体
壮年期（成人期後期） Adulthood	生殖性（世代性） Generativity	停滞 Stagnation	労働と自身の家庭
成人期（成人期前期） Young Adulthood	親密性 Intimacy	孤立 Isolation	パートナー
思春期 Adolescence	自我同一性確立 Identity	自我同一性 拡散 Identity Diffusion	仲間集団と外集団
学童期 School Age	勤勉性 Industry	劣等感 Inferiority	近隣社会と学校
幼児期後期 Play Age	積極性 Initiative	罪悪感 Guilt	家族との関係
幼児期前期 Early Childhood	自律性 Autonomy	恥・疑惑 Shame/Guilt	両親との三者関係
乳児期 Infancy	基本的信頼 Basic Trust	不信 Mistrust	養育者との二者関係

出所：細木照敏　1983　青年期心性と自我同一性　河合隼雄ほか著　岩波講座精神の科学　第6巻　ライフサイクル　岩波書店より作成（一部改変）

参考文献

鑪幹八郎　1990　総論：ライフサイクルと家族　小川捷之・齊藤久美子・鑪幹八郎（編）臨床心理学大系第3巻　ライフサイクル　金子書房

鑪幹八郎　1997　アイデンティティ研究の展望Ⅳ　ナカニシヤ出版

Erikson, E.H. 1950 *Childhood and society.* W. W. Norton（仁科弥生（訳）1977　幼児期と社会　みすず書房）

エリクソン，E.H.　小此木啓吾（訳）1973　自我同一性——アイデンティティとライフサイクル（人間科学叢書）誠信書房

8 乳児期のパーソナリティ形成： 怒りから悲しみへ

① 心の基底としての乳児期の体験：基本的信頼 VS 不信

　生後1年間，乳を飲んで育つ時期を乳児期と呼びます。原始的反射により，与えられた乳首を力強く吸啜（きゅうてつ）する乳児は，その口唇によって生命の源につながっています。フロイトは解剖学的な見地から，この時期を口唇期と名付けました。

　この時期，乳児にとって乳房とそこから流れ出る乳は母の本質，母の愛情として体験されることでしょう。乳児は，口唇を通してそれらを「取り入れる」のです。しかし，その「取り入れ」は最初，かなり受動的です。少なくとも口唇の周辺に乳首をあてがってもらってはじめて吸いつくことができたのでした。この時期の乳児は，立つこともできず，移動もままならずに，基本的に受身で他力本願の存在です。空腹になったときも，ただ泣くことしかできません。養育者がその声を聞きつけ，かけつけてくれなければ，飢えてしまうのです。懸命に空腹を訴えて，泣き声をあげる間，時間の展望をまだ持たない乳児は，世界に厳しく拒絶された絶望を感じていることでしょう。この体験が，世界に対する不信の体験の背景にあります。この時期，乳児は，楽園と絶望の淵が一瞬，一瞬で交互に切り替わってしまう体験をしていると言われています。やがて，かけつけた養育者がミルクを与えると，乳児の渇望は止み，世界が自分を暖かく受けとめてくれていることを体験することでしょう。この体験が世界に対する基本的信頼の基盤となっていきます。乳児は，口唇から取り入れられるミルクを養育者の愛情として，体験しています。激しい吸引によってミルクはどんどん乳児の中に取り込まれ，乳児は口唇を通して養育者の与えてくれる乳房と一体になった幻想を持ちます。この乳児期では，授乳においてミルクという物質を通して，愛情が体験されていると言えるでしょう。

② 受け身的な取り入れから，積極的な攻撃へ

　個人差はありますが，乳児たちが6，7か月になるころ，生歯が始まります。それは離乳食が始められるサインでもあります。成長とともに，母乳以外の栄養を取り入れる必要が生じてきているのです。歯が生えてからの授乳では，ときには乳児が乳房に嚙みつくこともあります。一般に断乳は1歳ごろをめどに行われます。

　自らの歯によって，食物に嚙みつき，これを嚙み砕き，呑み込む「食べる」
という営みが始まります。食べる営みは，対象を破壊し，これを取り入れる行
為です。幼児にとって食物は愛情と破壊性の対象となります。同様に幼児はか
けがえのない存在である養育者にも同様の感情を抱きます。子どもたちの重要
な他者に対する愛情の根底に激しい攻撃性がひそんでいることを体験します。
この時期に幼児は乳を与えられる存在から，自ら欲する主体へと成長します。
この受動性から能動性への移行は，愛されることを求める存在から，自ら相手
を欲する存在への成長です。しかし，この口唇期に由来する養育者に向けられ
た欲望は，対象との融合を目指しながら，対象を破壊しつくすことを同時に求
める激しい欲望と言えるでしょう。感情のもっとも深い部分には，この口唇期
の愛と攻撃性の両価性が存在していることになります。また，この時期に十分
満たされなかった経験は，口唇期へのリビドーの固着により後の口唇期的な
パーソナリティ形成に結び付くと言われています。たとえば他者から愛情を求
めようとする依存的なパーソナリティがそれです。過剰に満足を与えられた経
験は，口唇的満足を得ようとする傾向をもたらし喫煙や飲酒，過食に結び付く
と言われています。

❸　メラニー・クラインの心のポジション論

　メラニー・クライン（Klein, M.）は幼児を対象としたプレイセラピーから，
乳幼児期の子どもたちの心的経験の再構成を試みました。その心的経験は，成
人の心的経験とは異なる様相を呈しています。そして成熟と経験によって少し
ずつその心的経験の様相が移行していきます。この心的経験の様相について，
クラインはポジション（態勢）と名付けました。

○妄想的・分裂的ポジション

　まず，クラインは，乳児期のうち，生後6か月ごろまでの心的経験の様相を，
妄想的・分裂的ポジションと名付けました。それは，100％の幸福と100％の絶
望・怒りとの間を揺らぐポジションです。欲望が満たされると，これまでの怒
りはすっかり消えうせてしまいますが，欲望が満たされないとき，これまでの
幸福は消し飛んで，怒りと絶望のかたまりになってしまうのです。他力本願の
乳児は，自らをとりまく状況を外界としてとらえて，世界が自分を受け入れて
くれるか，自分を破滅させようとしているかの，どちらかであると体験してい
ます。そして，これに対する喜びや怒りも，自分の感情として感じられている
のではなく，「外界」から押し付けられたものとして経験されていると言われ
ます。たとえば不満足の状態に対する怒りは，そのまま外界に投影され，外界
が大変な怒りをもって自分を破滅させようとしていると感じ，脅え，また怒り
をつのらせます。

　しかし，突然，事態は一変します。「魔法のように」養育者が駆け付け，目

の前に乳房あるいは哺乳瓶が出現して乳が与えられます。クラインは，この「魔法のような」体験に着目しています。それは，この時期の乳児の幻想としての万能感の体験と結び付けられます。

○妄想的・分裂的ポジションから抑うつ的ポジションへの移行

クラインの理論によれば，この妄想的・分裂的ポジションは，成長とともに，徐々に抑うつ的ポジションに移行していくと言われています。生後6か月以降徐々に優位になる抑うつ的ポジションでは，満足をもたらしてくれる養育者と，満たしてくれない養育者が同一人物であることが，曖昧ながらも理解できるようになってきます。そのため，これまでのように一方的に相手を責めることができなくなってきます。そのため，求めても十分に満たされないときには，これまでの怒りに代わって悲しみが体験されるようになります。また，これまで怒りを思う存分相手にぶつけてきたことについて，振り返ることもできるようになり，その結果，罪悪感が体験されます。こうして怒りは抑制されて，内向し，強い抑うつ感情へとつながっていくと考えられています。

生後1年に近づくと，至福と絶望の間の揺らぎに翻弄されていた乳児は，少しずつ絶望や怒りを受けとめ，耐え，これに持ちこたえられるようになるのです。ここで，十分に満たされなかった怒りは，じっと抱え込まれるようになります。そこには，怒りと幸福の間の分極ではなく，矛盾する二つの感情が，ともに自分の体験として体験される苦しみが生じています。この妄想的・分裂的ポジションから，抑うつ的ポジションへの移行が起るとき，自分の欲望に応えてくれるよき存在（この存在は乳房として体験されます）と応えてくれない悪い存在（乳房）が，じつは同じ一人の母親であることが認識されるようになることが大きな特徴です。したがって，自分自身の思いがかなえられないことに対する悲しみが強く体験されるようになります。この悲しみは，大切な存在との融合体験，原初的な一体感の解除に伴う情動でもあります。実際に乳児の泣き方は，生後7，8か月ごろになると，変化します。とても悲しそうに泣くようになります。泣きは，「怒り」の叫びから，「悲しみ」の表現へと移り変わってくるのです。

④ 心の基層に存在する揺らぎとポジション

以上の基本的信頼と不信の間の揺らぎは，生後1年間をもって終結をするわけではありません。むしろ，心の基底にいつも存在し，生涯にわたって情緒的危機に遭遇すると，この揺らぎや，メラニー・クラインの述べる妄想的・分裂的ポジションや抑うつ的ポジションが活性化すると考えられます（図3.8.1）。

子どもたちは，TV番組でも正義の味方が絶対的な悪者をやっつけるシンプルな筋書きを好みます。複雑な現代社会においては，ストレスにさらされている大人も，この100％の正義が100％の悪を打ち破る，わかりやすい映画を見て

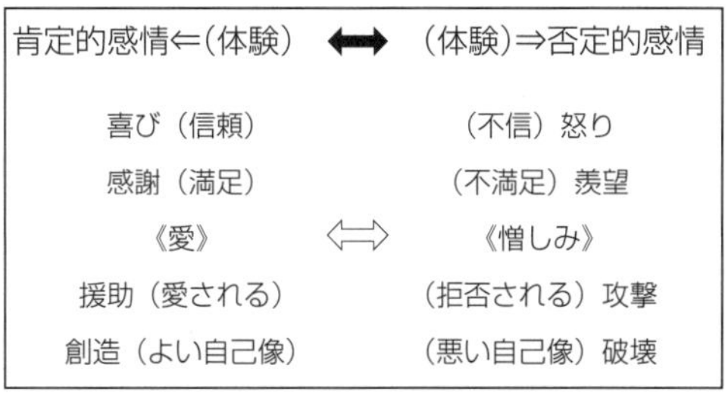

```
肯定的感情⇐(体験) ⟷ (体験)⇒否定的感情

   喜び（信頼）        （不信）怒り

   感謝（満足）        （不満足）羨望

   《愛》      ⟺      《憎しみ》

   援助（愛される）     （拒否される）攻撃

   創造（よい自己像）    （悪い自己像）破壊
```

図3.8.1　基本的信頼と不信の二原理を中心
とするこころの揺らぎの二極性

爽快な気分になったりします。様々なヒーローや，悪役を思い浮かべてみましょう。このような「正義の味方」「悪者」は，この妄想的分裂的ポジションの産物だと考えることができます。

　たとえば，経済や治安が悪化して，多くの人々が自分たちの生存が脅かされると感じられる状況においては，その危機が外部の特定のグループのせいであると認知され，その特定のグループに怒りや攻撃が向けられがちです。外部の特定のグループは白／黒でいえば真黒とみなされ，これに対して自分たちは真白であると思い込むことができます。クライン（Klein, M.）の述べた分裂，投映同一化などの原始的防衛機制が用いられています。さらに，この状況に魔法のように救いをもたらす救済者の到来を期待してしまうのです。たとえば第一次世界大戦後のドイツにおいて，このようなグループ・ダイナミクスがナチス党の台頭をもたらし，ユダヤ人の虐殺を引き起こしたと考えられます。その根底には，この妄想的・分裂的ポジションが影響していると考えてもよいでしょう。

　こうして，様々な勢力の間で紛争が起こるとき，そこには，こちら側とあちら側の間に「分裂」が生じています。こちら側は味方で，あちら側は敵であると認知されるとき，あちらは全面的な「悪」とみなされて，こちらが全面的な「善」とみなされ，激しい憎悪の感情があちら側に向けられます。対人関係において，あるいはグループ間において憎悪の感情が動くとき，そこに妄想的・分裂的ポジションが作用していると考えられるのです。

　クラインは，そのような激しい原初的な情動の起源が乳児期にあるという理論を展開したのでした。

（吉川眞理）

▷1　Ⅴ-9　参照。

参考文献

スィーガル，H.　岩崎徹也（訳）1977　メラニー・クライン入門（現代精神分析双書Ⅱ期）岩崎学術出版社

幼児期前期のパーソナリティ形成：自己コントロールの成功と失敗

1 自律性 VS 恥・疑惑

　1歳後半の幼児期前期，フロイトは肛門期と名付けました。この時期，幼児の発達とともに，肛門，尿道周囲の神経や筋肉系統が発達し，不完全ながらも自己コントロールが可能になってきます。そこで，排泄物の保持や排出の体験が幼児にとって重要な関心事となります。おしっこやうんちが溜まってくる緊張の感覚を味わい，これを放出することは緊張の心地よい解放として体験されます。こうして，自分の思い通りに排泄をコントロールできた経験は，幼児にとっては貴重な自己コントロール，すなわち自律の成功体験になると思われます。これに対して失敗体験は，保持の限界を超えたために，自分のコントロールを超えて排泄が起こってしまったと体験されることでしょう。意図しない放出，思いがけない排泄体験は，幼児にとって，失敗，恥ずかしいこととして体験されることになります。ここではじめて幼児たちは，自己への疑惑を抱くことになります。こうして，この肛門期において体験される二つの原理の揺らぎとは，自律性と恥・疑惑の二つの原理の間の揺らぎとなります。

2 トイレット・トレーニングの意義

　太古の時代，人間は自然の環境を住居にしていた時代は，トイレは必要なかったことでしょう。海や河川，山や林で用を足すことができました。しかし，文明化とともに，住居が建てられるようになると，排泄の場所も限定されるようになります。興味深いことに，文化によって，人間の本能的な行為に決まり事が導入されるようになってきました。それは本能に文化が介入する過程と言えます。たとえば，定められた場所で排泄をするように促進する働きかけが，トイレット・トレーニングの第一歩です。それはペットを飼育するときも重要になります。しかし，動物たちと違って，人間はさらに，排泄物を見えなくすること，直接，触れないようにすること，排泄物を「汚れ」ととらえて，その「汚れ」を排除する営みを行います。それは人間が動物と違っている重要な分岐点であると言えます。本能的な生活から文明的な生活形態に適応させる働きかけであり，日本の文化では「躾（しつけ）」という言葉もあります。このような意味で，トイレット・トレーニング人間が自分自身の本能的な側面とどう付き合っていくのか，基本的姿勢を学ぶ段階として重要な意義を持つと言えるで

しょう。

③ トイレット・トレーニングの実際

　1歳半ごろになれば，尿意を感じたときにそれを告げる習慣を身につけてもらうことができます。もちろん，最初は頃合いを見計らって，「おしっこ？」と尋ねることになるでしょう。うなずいた幼児をトイレの便座につかせてみます。もしも，タイミングがよければ，そこで排泄できます。そのときに，「えらかったね，ちゃんと『おしっこ』と言えたね」とほめます。幼児にとっては，尿意を告げると，定められた場所にすわるように導かれ，そこでの排泄が成功すると，ほめられたという一連の体験となります。幼児にとって，このほめられ体験は，少しくすぐったいように感じられるかもしれません。おそらくこの段階の幼児たちは，ほめられることよりも，自分の思い通りに，排泄ができたことに喜びを感じているかもしれません。それでも，幼児は，ここで排泄という営みを，自己コントロールのもとで，親の意図と一致させて行うことで，社会的承認が得られることを，体験したことになります。この意味で，排泄成功体験をほめる「躾」は，幼児を社会化する働きかけの重要な一歩であると言えるでしょう。そして，ここでの承認は，子どもたちの自尊心，つまり自信の基盤となることでしょう。

　しかし，現代では，おしっこがもれない紙おむつやトレーニング・パンツが簡単に手に入るようになり，頃合いを見計らって声をかける必要性がなくなり，また「失敗」体験そのものも少なくなっています。そのことによって，幼児が本能をコントロールして，文化に適応しようと試み，そのことについて承認を受ける貴重な心理的経験の機会を失っていると考えることができそうです。むしろ危惧されるのは，おむつをつけながら自分の意志で排泄することを心地よいと感じるようになると，この習慣をやめるのがとても大変になってしまうことです。それは子どもたち自身が，文化に反する形で身につけた自律性を断念させることになるからです。

④ 失敗にどう向き合うか

　いつもトイレの排泄が成功するわけではありません。うっかり，トイレ以外のところで，「おもらし」してしまったとき，幼児たちは，自律の失敗を体験しており，そのことに傷つきます。自信を失って，自己への疑惑を体験している幼児に対して，さらに非難，叱責してしまうと，幼児たちの心の傷つきをより深くしてしまいます。「おもらし」が起る場合は，我慢ができないことではなく，むしろ，我慢しすぎたときに，ついに排泄の必要性が，我慢できる程度を超えてしまったときに，起こっています。ここでの強い叱責は，子どもたちの自尊心を必要以上に傷つけ，自信を失わせる結果をもたらすのです。そこで，

自己疑惑が強くなるばかりではなく，自己コントロールに向かおうとする意欲まで損なってしまうことも心配です。じつは，「失敗」したときこそ，その自尊心の傷つき，自己疑惑から回復する力を育てる良いチャンスなのです。失敗に対する言葉かけとして，「あー」と失敗体験を共有しながら，「次は『おしっこ』と言ってね」と次回のチャレンジにつなげていくかかわりが有効です。

　そして，失敗に対しての無関心は，強すぎる叱責や罰よりも幼児たちの心の発達に悪い影響を及ぼします。失敗を経験したときこそ，その状況に一緒に対処する姿勢によって文字通り「恥」を恐れず乗り越えていく心性を育てていくことができるでしょう。

⑤ 恥の体験について

　この1歳半以降から3歳までの肛門期特有の体験は，排泄だけに限定されるわけではありません。自己コントロールの有効性に関する経験は，自分自身の感情にも密接にかかわっています。たとえば自分自身の感情，とりわけネガティブな感情をどのように，抱え，持ちこたえるか？　あるいはそれをいかに適切なかたちで表現するかという問題を考えてみましょう。怒りを感じて，その表出を我慢しすぎたとき，思いがけない形で，怒りが爆発してしまうことは，排泄の失敗体験と似ています。自分の感情が，思いがけず露呈してしまったとき，自己コントロールの失敗を，私たちは「恥」として体験します。また，過度なコントロールが，かえって失敗を呼び起こすことも，私たちにとっては，貴重な学びの体験となるでしょう。エリクソンの発達図式のおもしろさは，二つの原理の揺らぎ，すなわち，自律を体験しながらも，この恥や疑惑の体験を避けるのではなく，その揺らぎをくぐり抜けることの大切さを強調していることです。ときに恥を体験し，それに耐え，乗り越えていくことこそ，本当に適切な抑制，コントロールを身につけられるチャンスであると考えられます。

⑥ 自己コントロールと金銭の問題

　さらに金銭の管理も，貯めていたものを放出する行為という点で排泄の体験と関連しています。お金を貯めることが好きな人，逆に入ってくればそれをどんどん使ってしまう人，それぞれにその傾向は肛門期の体験に起源があると考えられています。自分自身の「身」を一つの袋と見立てたときに，その袋に取り入れたものを，どのように，貯めこんで，放出するか，それを主体的にコントロールするという問題です。金銭に限らず，何かを貯めることが好きな人，収集癖の起源もここにあります。口唇期が，自らの「身」という袋の取り入れ口のテーマとかかわるとすれば，肛門期はその排出口のテーマです。排出を自己コントロールすることは，自分で自分の身の始末をつける体験となり，そこで自律性を育むことができるのです。

表3.9.1　強迫性パーソナリティ障害（Obsessive-Compulsive Personality Disorder）の診断基準

秩序，完璧主義，精神および対人関係の統一性にとらわれ，柔軟性，開放性，効率性が犠牲にされる広範な様式で，成人期早期までに始まり，種々の状況で明らかになる。以下のうち４つ（またはそれ以上）によって示される。

(1) 活動の主要点が見失われるまでに，細目，規則，一覧表，順序，構成，または予定表にとらわれる。
(2) 課題の達成を妨げるような完璧主義を示す（例：自分自身の過度に厳密な基準が満たされないという理由で，１つの計画を完成させることができない）。
(3) 娯楽や友人関係を犠牲にしてまで仕事と生産性に過剰にのめり込む（明白な経済的必要性では説明されない）。
(4) 道徳，倫理，または価値観についての事柄に，過度に誠実で良心的かつ融通がきかない（文化的または宗教的立場では説明されない）。
(5) 感傷的な意味をもたなくなってでも，使い古した，または価値のない物を捨てることができない。
(6) 自分のやるやり方どおりに従わなければ，他人に仕事を任せることができない。または一緒に仕事をすることができない。
(7) 自分のためにも他人のためにもけちなお金の使い方をする。お金は将来の破局に備えて貯めこんでおくべきものと思っている。
(8) 堅苦しさと頑固さを示す。

出所：American Psychiatric Association　日本精神神経学会（日本語版用語監修）髙橋三郎・大野裕（監訳）2013/2014　DSM-5　精神疾患の分類と診断の手引　医学書院

7　強迫的性格と肛門期

　強迫的性格とは，過度に几帳面で，自己も他者も，コントロールしておきたい傾向を言います。この性格は，肛門期の本能的な放出を，意識によって過度にコントロールしようとする構えがその起源であると考えることができるでしょう。几帳面さや，潔癖主義，感情を抑制して知性化する傾向は，放埒な排泄に対する反動形成的な防衛的態度として理解できます。しかし，現代社会における職業生活においては，適切な強迫性が求められます。時間厳守で，正確な仕事をすること，忘れ物をせず，ミスのない提出物を期限内に出すことなど，いずれも強迫性性格の志向と重なります。いわば文化によって作り上げられた反本能的な性格が強迫的性格と言えるのかもしれません。しかし，その強迫性が極端に強化されてしまうと，強迫性パーソナリティ障害（表3.9.1）となって，なかなか生きづらい状況に陥ってしまうかもしれません。

8　創造的活動と肛門期性

　排泄物は文明化された成人によって「汚い」とラベリングされがちですが，幼児自身にとって，それは自分自身から産み出されたものであり，いわば作品です。それは，象徴的な意味で，最初の贈り物であるとも言われます。その作品，贈り物を承認される体験は，芸術作品を生み出し，承認を受けたい欲求へとつながっていきます。この視点からとらえると，創作活動は肛門期と深い関連があると言われることがよくあります。原始的な創作活動としては，幼児のどろんこ遊びや落書きをあげることができるでしょう。そのような落書きが洗練され，やがて芸術活動に発展すると考えてみると，肛門期における幼児の体験，そこへの働きかけは，人生における生産性と深くかかわり，重要性を持っていることがわかります。

（吉川眞理）

参考文献

サドック，B. J.・サドック，V. A.（編）融道男・岩脇淳（監訳）2003　カプラン精神医学ハンドブック　メディカルサイエンスインターナショナル

幼児期後期のパーソナリティ形成：秘密の始まり

1　積極性 VS 罪悪感

　およそ3歳から6歳にかけて，幼児は言葉を獲得し，周囲を思いのままに探索できる移動能力を身につけ，自分をとりまく環境との相互的なやり取りの中で，身近な他者について，世界について，自分なりのイメージを形成していきます。この時期の幼児は，世界を探索できる準備が整い，好奇心でいっぱいです。彼らは，行為や欲望の主体としての自分をはっきり持つようになりました。この時期，積極的に外界の探索に向かおうとする原理を，エリクソンはInitiative（積極性・自主性）と名付けました。そこでは，主体としての自我がしっかりと機能しはじめているのです。しかし，まだ，その自我は，彼らの力の限界や，その探索がどのようなリスクをもたらすかについて的確に察知することはできません。それゆえに，彼らの冒険や探索は，ときに「失敗」や「行き過ぎ」に到ります。思いがけなく大人の怒りに触れる場合もあることでしょう。幼児たちなりに，その瞬間「やり過ぎた」と感じる感覚が，エリクソンが積極性・自主性の対として挙げた罪悪感の原理です。幼児たちの好奇心は，もっぱら外界に向かって突進していくので，その結果として生じてくる失敗や大人たちの怒りによって，ようやく「やり過ぎた」ことに気づくのです。こうして，主体としての自我を持って行動し始めた幼児たちは，その結果，罪悪感と直面することになります。そこで，この幼児期後期において対立する二つの原理は〔積極性 VS 罪悪感〕となります。

2　男根期・幼児性器期・エディプス期

　この3歳から6歳の時期の，男児，女児を問わず外界に突進していくあり方は，その突出する性質ゆえに，男根的と形容されます。また，フロイトの幼児性欲論によれば，口唇から肛門において活発化していたリビドーの活動範囲が，この時期には性器の領域に及ぶことから，幼児性器期とも呼ばれます。探索好きな幼児の好奇心の対象が，自分の身体に向けられ，微弱ながらも性器の感覚が発見されることもあるでしょう。それ故この時期にマスターベーションが発生しても不思議ありません。ごく自然な現象です。しかしこのとき幼児のマスターベーションを目撃した大人たちが，動揺して強く叱ってしまうことで，罪悪感が強化されてしまうことがあります。

表3.10.1　小学校1年生の大堀俊介くんの詩

> おとうさんはぼくに
> しゅんすけはだれとけっこんするんや
> ときいた。
> ぼくは，おかあさんとけっこんするねんというた。
> あんなおばはんのどこがええんや
> おとうさんは若いのがええわというた。
> それでも　おかあさんがええわというたら
> おれのおんなにてをだすなというた。
> あほらしくてはなしにならない。

出所：鹿島・灰谷（1981）

　この時期の幼児たちは身の回りの大人たちや，その相互関係に興味を持ち，よく観察しています。ごっこ遊びの中で，「おとうさん」「おかあさん」がよく登場します。幼児たちの体験している世界の中心となるペアのイメージなのです。

　幼児たちにとって，最初の憧れの異性として，異性の親がクローズアップされます。「大きくなったらお母さんと結婚する」「お父さんと結婚する」と宣言されることも珍しくありません（表3.10.1）。すこし乱暴な表現ですが，この時期の男の子にとって母親は聖母マリアであり，女の子にとって父親はヒーローとして体験されているのです。

　これまで心理的にも性とはかかわりのない世界を生きていた幼児たちが，世界には男性と女性が存在していることを認識し，自分がそのどちらであるかを自認して生きる第一歩を踏み出します。フロイトは，この時期に，同性の親を排除して，異性の親と結ばれたいという願望が生じることを指摘し，エディプス・コンプレックス[1]と名付けました。ギリシア悲劇の物語，『オイディプス王』（ソフォクレス，BC427）は，それと知らずに父親を殺め，母親と結婚してしまったオイディプスの物語です。人類の文明化とともに，近親相姦は社会的なタブーとされています。それが社会的にタブーとされなければならないほどに，心の深層において異性の親に対する思慕が存在することの証と言ってもよいでしょう。たとえば日本文化においても，母親と息子の情緒的な結びつき，父親と娘の情緒的結び付きには，同性の親子間と異なる強さがあることは了解されるのではないでしょうか。このようなエディプス・コンプレックスの出現する時期として，この時期をエディプス期と呼んでいます。

▷1　Ⅴ-7　参照。

3　秘密の始まり

　この時期の心の体験にかかわりの深い神話として，旧約聖書創世記のアダムとエバの物語を挙げておきます（表3.10.2）。エバは，蛇にそそのかされ，神から食べることを禁じられていた園の中央の木の実を食べ，アダムにもすすめます。それは「善悪を知る木」でした。2人はこの実を食べて，自分たちが裸

表3.10.2　創世記　第三章

主なる神が造られた野の生き物のうちで，最も賢いのは蛇であった。蛇は女に言った。「園のどの木からも食べてはいけない，などと神は言われたのか。」

　女は蛇に答えた。「わたしたちは園の木の果実を食べてもよいのです。でも，園の中央に生えている木の果実だけは，食べてはいけない，触れてもいけない，死んではいけないから，と神様はおっしゃいました。」蛇は女に言った。「決して死ぬことはない。それを食べると，目が開け，神のように善悪を知るものとなることを神はご存じなのだ。」女が見ると，その木はいかにもおいしそうで，目を引き付け，賢くなるように唆していた。女は実をとって食べ，一緒にいた男にも渡したので，彼も食べた。二人の目は開け，自分たちが裸であることを知り，二人はいちじくの葉をつづり合わせ，腰を覆うものとした。

　その日，風の吹くころ，主なる神が園の中を歩く音が聞こえてきた。アダムと女が，主なる神の顔を避けて，園の木の間に隠れると，主なる神はアダムを呼ばれた。「どこにいるのか。」彼は答えた。「あなたの足音が園の中に聞こえたので，恐ろしくなり，隠れております。わたしは裸ですから。」神は言われた。「お前が裸であることを誰が告げたのか。取って食べるなと命じた木から食べたのか。」アダムは答えた。「あなたがわたしと共にいるようにしてくださった女が，木から取って与えたので，食べました。」主なる神は女に向かって言われた。「何ということをしたのか。」女は答えた。「蛇がだましたので，食べてしまいした。」

…（中略）…

　アダムは女をエバ（命）と名付けた。彼女がすべて命あるものの母となったからである。主なる神は，アダムと女に皮の衣を作って着せられた。主なる神は言われた。「人は我々の一人のように，善悪を知る者になった。今は，手を伸ばして命の木からも取って食べ，永遠に生きる者となるおそれがある。」主なる神は，彼をエデンの園から追い出し，彼に，自分がそこから取られた土を耕させることにされた。こうしてアダムを追放し，命の木に至る道を守るため，エデンの園の東にケルビムと，きらめく剣の炎を置かれた。

出所：旧約聖書

であることを恥ずかしいと感じ，楽園の主である神から姿を隠そうとします。異変を知った神は，彼らが善悪を知る木だけでなく，不死の木を食べて「我々の一人」になることを恐れ，彼らを楽園から追放するのです。この物語はキリスト教の教理において人間の原罪を語っているとされています。この原罪とは何かについての解釈は，キリスト教の各派によっても異なり，微妙な問題です。もっとも単純な理解としては，神の命令に背いたことを原罪とする解釈です。しかし，ここで着目しておきたいことは，アダムとエバ自身が善悪を知ることにより，はじめて自分のあり方や行為が「悪」であることに気づくようになったことです。彼らは裸が恥ずかしいと感じ，神の前に出ることを恐れるようになるのです。神と同様に善悪を知ることにより，彼らは自分自身の「悪」を認識し，罪悪感が生じます。そして「悪」の部分を隠そうとします。ここに秘密が始まります。

④　性の目覚めと罪悪感

　幼児期後期において，子どもたちは性のある世界に開かれます。性器の感覚に魅了されるようになり，男性と女性が存在することを認識して，その間に牽き合う力がはたらくことを自らも体験します。動物は性を持つ存在ですが，人間以外の動物がそれを罪深く感じることはけっしてありません。善悪を知る知性を身につけることによって，主体は，自らの悪に気づき，主体自身の罪をも

感じ，それを私すようになるのです。そのような欲望や感情を善悪の区別に照らして判断できる力を獲得したために，罪悪感が生じたことになります。それが，動物でありながら神に近い知性を持つ人間の宿命であることを旧約聖書の物語が語っているのです。この物語は，幼児たちが罪悪感を持つようになる過程にも重なるのではないでしょうか。

　自主性が育ち，性の感覚の目覚めとともに認知機能も発達することで罪悪感が生じ，これを抱えることになり，自主性と罪悪感の二原理の間を揺らぎながら，幼児の心は，どんどん複雑になってゆきます。

⑤　善悪の基準の内在化として超自我の成立

　口唇期においては，良いことと悪いことの基準枠は，欲望が満たされるかどうかによってそれが体験されていました。肛門期においては，自分の排泄行為に対する親の賞賛や叱責を通して，それが認識されてきました。幼児性器期／エディプス期を迎えると，彼ら自身の内的基準枠によって，善悪を知る段階が始まります。それは，フロイトによって超自我と名付けられた親の価値観の内在化です。フロイトは「超自我は，両親との同一化，ことに禁止，命令，そして報復する両親への同一化を増強することによって形成される。」「罪意識の大きな部分は通常無意識にとどまる。良心の起源は無意識に属すエディプス・コンプレックスと密接に関連している」（Freud, 1923）と述べています。エディプス・コンプレックスは，この超自我の形成をオーガナイズする機能を持つと考えられてきました。これに対して，クラインは，生後6か月に始まり2歳まで継続する抑うつポジションにおいて，すでに原始的なエディプス・コンプレックス，早期エディプス・コンプレックスが生じており，超自我の形成が始まっていると主張してフロイトの理論の修正を提唱しました。クラインによれば，エディプス・コンプレックスの萌芽は，幼児性器期を待たずに，口唇期後期，肛門期においてすでに発生していることになります。幼児性器期において，欲望の対象が外在される人物に向けられるようになりますが，異性の親に対する性愛的な感情は，突然に生じるものではなく，その原始的な起源は口唇期や肛門期にさかのぼると考えた方がより自然なのかもしれません。幼児たちの心には，口唇期的な体験，肛門期的な体験，さらに幼児性器的な体験は併存しつつ，大きな揺らぎと成長をもたらしています。

（吉川眞理）

参考文献

鹿島和夫・灰谷健次郎 1981　一年一組　せんせいあのね──それから　理論社　p.54.

衣笠隆幸　1994　成人患者の早期エディプスコンプレックス　精神分析研究，**38**（3），157-165.

皆川邦直　1994　プレエディプスからエディプスコンプレクスを越えて　精神分析研究，**38**（3），140-147.

Freud, S.　1923　The ego and the id.　SE19　29-77.（自我とエス）

若井邦夫・高橋道子・高橋義信・堀内ゆかり　1994　乳幼児心理学──人生最初期の発達を考える　サイエンス社

学童期のパーソナリティ形成①
学びの拡大

1　勤勉性 VS 劣等感

▷1　Ⅴ-7 参照。

　幼児の性愛的リビドーは，口唇から，肛門，そして性器へとその活発な部位が移動してきました。こうして幼児は，自分の身体を発見し，自己コントロールへのチャレンジが始まります。学童期を迎えた子どもたちのリビドーは，いったん潜在しているかのように感じられるため，精神分析理論では，この時期を潜在期と呼んでいます。子どもたちはこの時期，ここまで発達してきた認知・運動能力をもって，外界への好奇心を拡げ，外界を探索し，様々な環境や人と直接かかわる経験を重ねて，多くを「学ぶ」時期に入ります。

　学ぶことは，これまで知らなかったことを知ることであり，これまで，できなかったことができるようになることです。その第一段階は，知らないこととの遭遇であり，わからない体験であり，やろうとしたのに，うまくできなかったという失敗体験です。そのようなとき，子どもたちは自分が人より劣っていると感じる劣等感を抱かざるをえません。自分が知らないこと，わからないこと，できないこと，失敗を乗り越えるために，試行錯誤し，方向を見出し，そこでコツコツと勤勉に努力を積み重ねます。そうすることで，新たな知識を獲得し，理解できる範囲はひろがり，前よりもできることが増えます。しかし，その先に，また知らないこと，わからないこと，できないことに遭遇します。さらに，それを克服するために努力を……というように，勤勉性→劣等感→勤勉性→劣等感→という二つの原理が交互に体験され，結果として，学びの水準がより高まっていきます。

2　学校と社会

　それぞれの時代，それぞれの社会では，生きていくために，身につけなければいけない基本的な知識や技があります。たとえば，アフリカの部族社会では，サヴァンナで獲物を見つけて，追い，これを狩る技能が求められますし，南ポリネシアの島々の子どもたちには，船を操り，魚の習性を知り，漁をする技能が求められるでしょう。定住して農耕を営む地域であれば，農耕の知識や技術だけでなく，地域社会の仲間とうまく折り合う社会性が求められます。自分たちの土地を守るために，武力を磨き，軍団を形成して戦うことが必須である時代もありました。平和で安定した時代になると，子どもたちは家業を継ぐため，

それらの技や知識を身につけたことでしょう。また次男・三男は家業を継がずに，様々な職業の親方に入門して，職業技能を身につけたかもしれません。このように生きるための技，手に職を身につけることで，子どもたちはその社会の中で生きる場所を見出します。さらに，この社会の中で生きる技は，社会を維持し，さらに社会を変革していく原動力にもなります。この段階は，子どもたちが社会の一員として生きるための重要な準備期間と言えるでしょう。近代以降の社会では，各国家の様々な事情を反映し，ひろく国民の学び場として公立学校が設置されました。この学童期は，そのような学校制度の初等段階にあたります。現代の日本の初等教育における学習指導要領の目指すものを見てみましょう（表4.1.1）。そこには，現代の日本で生きるために求められる基本の技や力が列挙されています。

　この学童期の勤勉な学びの継続のためには，失敗しても，へこたれずに，再びチャレンジすることが重要になります。そのために基本的不信や，恥や自己疑惑，罪悪感に圧倒されることなく，基本的信頼や自律性，さらには自主性に向かう力が求められます。[◁2]

　この学童期を通して，獲得が目指されているのは，その時代のその社会で生きていくために必要な方法であり，社会への適格性ということになります。エリクソン（Erikson, E.H.）の個体発達分化の図式においては，こうして勤勉性と劣等感の対極間を動くことで，社会心理的発達が進行していくと考えられています。

③　遊びと学びの一体性

　子どもの心の発達に重要な役割を果たす遊びについて，学びとの関連において取り上げてみたいと思います。子どもたちの学びにおいて遊びが重要な意味を持つことについて，イギリスの初等教育の学習指導要領には「遊びは子供の理解力の発達に大変重要である。それは認知的な面と感情的な面の両方において，経験を探索し，拡張し，表現するのに欠かせない手段となる。…（中略）…あらかじめ決められた目標に達することに成功するか，失敗するかについて，プレッシャーをかけてくる世界において，教育が遊び活動に対する寛大なゆとりをもつ必要性が高まっている」という記述が見られます。グリーンホー（Greenhalgh, P.）によれば，遊びは，表4.1.2のように分類されています。子どもたちが，本当に楽しめる遊びには，じつは内発的な学びの要素が豊かに含まれていることがわかります。　（吉川眞理）

表 4.1.1　小学校教育の目指すもの（小学校学習指導要領より）

…（前略）…豊かな創造性を備え持続可能な社会の創り手となることが期待される児童に，生きる力を育むことを目指すに当たっては，…（中略）…どのような資質・能力の育成を目指すのかを明確にしながら，教育活動の充実を図るものとする。その際，児童の発達の段階や特性等を踏まえつつ，次に掲げることが偏りなく実現できるようにするものとする。
(1) 知識及び技能が習得されるようにすること。
(2) 思考力，判断力，表現力等を育成すること。
(3) 学びに向かう力，人間性等を涵養（かん）すること。

出所：小学校学習指導要領（平成29年告示）「第1章　総則　第1　小学校教育の基本と教育課程の役割　3」

▷2　Ⅲ-8，Ⅲ-9，Ⅲ-10 参照。

▷3　Ⅳ-2 参照。

参考文献

エリクソン，E. H. 仁科弥生（訳）1977　幼児期と社会Ⅰ　みすず書房
Greenhalgh, P. 1994 *Emotional growth and learning.* London and New York: Routledge.
インナー・ロンドン教育委員会ナショナル・カリキュラム（国定学習課程）：小学校学習計画ガイド（ILEA 1989）遊びの重要性（3〜11歳）
平成29・30年度文部科学省新学習指導要領　保護者用リーフレット

表 4.1.2　遊びの四つの側面

a. 自己，他者，世界と折り合いをつける手段としての遊び
b. 探索，調査，問題解決としての遊び
c. 練習としての遊び
d. 象徴的な表象としての遊び

出所：Greenhalgh（1994）

2 学童期のパーソナリティ形成②　心の世界の拡がり

1 家庭から学校へ

　学童期とは，小学校に入学してから卒業するころまで，つまり 6 歳から12歳ごろまでの時期を指します。小学生になるということは，どんな子どもにとっても非常に大きなイベントです。生活の場のメインは「家庭」から「学校」へと移ります。決まった時間に決まったことを，集団の中で一緒にやらなければならないことが多くなります。その最たるものが，小学校での「授業」です。幼稚園ではとくに目立たなかった子が，小学校に入ってから「授業中に落ち着きがない」，「先生の話を聞かずにボーッとしている」，などと指摘されることは，けっして珍しいことではないでしょう。また，「友達と遊ぶ前に宿題をやる」，「忘れ物をしないように，寝る前に時間割や連絡帳の内容をチェックする」など，子どもが自分の力で予定を立てる必要も出てきます。

　もちろん，どんな子どもであっても，小学校に入学して間もないころは新たな生活に慣れず，授業中にソワソワしてしまったり，宿題をうっかり忘れてしまったりすることはあるでしょう。そんな失敗を繰り返す中で，だんだんと学校生活に適応していける子どもがいる一方で，むしろソワソワを通り越して授業中に教室を動き回ったり，クラスメイトに暴力的にかかわってしまったりと，エスカレートしてしまう子どももいます。家や学校で四六時中怒られて，学校に行きたがらなくなってしまうこともあるかもしれません。このような子どもに対しては，「やる気がない」，「家でのしつけの問題だろう」などと簡単に見なしてしまうのではなく，上手くいかないことの背景にどんな要因があるのか，丁寧に見ていく必要があります。たとえば，その子どもには「聞き取る」ことの不得手さがあって，明日の授業で必要なものについて先生が指示しているのを聞き逃し，結果的に忘れ物をしてしまうのかもしれません。そのような子どもが失敗体験を重ね，自尊心が必要以上に傷ついてしまうことを防ぐためにも，周囲の大人が「指示の内容を口頭ではなく書面にして渡す」，「聞き取れなかったら後で先生に確認するようアドバイスする」といった工夫をしていくことが求められます。

2 学童期を生きのびるための「空想」

　これまで述べてきましたように，学童期の子どもの生活はけっして甘くあり

ません。精神科医の小倉は，「日頃，多くのことがうまくすすまず，とてもつらい思いをしていて，なけなしの知恵をしぼって，やっとのことで日々を送っている子どもにとっては，あれやこれやと空想をめぐらすのがもうくせのようになっている。それが憩いの場になっているのである」と述べ，この時期の子どもにとっての「空想」の大事さを指摘しています。みなさんは，自分が小学生ぐらいのころは，どんなときにどんなことを空想していたでしょうか。友達と遊んでいるときにマンガのキャラクターになりきったりしたことは，多くの人にあるのではないかと思います。空想の世界であれば，誰もが無敵のヒーローにだってなれるのです。これまでとは環境が大きく変わって，ある意味ストレスフルな日々を生きている子どもにとって，これは本当に魅力的なことであると言えるでしょう。

　だからこそ，大人は子どもの抱く空想を大切にしなければいけません。「そんなムダなことを考えているヒマがあったら，○○しなさい！」というような声かけをしてしまうと，場合によっては子どもから貴重な憩いの場をうばうことになりかねないのです。

③ 子どもが遊ぶことの意味

　子どもの空想がもっとも活き活きとするのは，やはり誰かと遊んでいるときであると言えるでしょう。憩いの場になるのに加え，たとえば友達とのケンカを通して自分と他者の考え方の違いに気がついたり，友達から評価されることで今まで気がつかなかった自分の長所を発見したりするなど，子どもが「自分」というこの世に一つだけの存在を形作っていく作業にもなるのです。

　また，心理療法の世界では，クライエント（何らかの悩みを持ってセラピストのところに訪れた人）が大人の場合，セラピストとの間で「言葉」を用いたやりとりをすることがメインとなります。しかし，子どもの場合は，言葉を使う能力がまだ十分に発達していないこともあって，「遊び」を介したやりとりをするのがメインとなります。この，遊びを介した心理療法は「遊戯療法（プレイセラピー）」と呼ばれています。セラピストは，子どもとの遊びの中で，その子の持つ空想の世界を尊重し，それが存分に展開されるよう専門的な働きかけをすることで，「遊び」本来が持つ力をさらに発揮させようとするのです。

　このように，「遊び」は学童期の子どもの心の成長にとって欠かせないものなのです。ただ，近年は，鬼ごっこのような集団での外遊びから，子ども同士の活き活きとした交流が生じにくい，テレビゲームのような内向きな遊びへと，遊びのあり方の主流が移ってきているようです。「子どもは放っておいても勝手に友達と遊ぶもの」などと楽観視するのではなく，大人も一緒になって「いかにちゃんと遊ぶか」を考えなければならない時代なのかもしれません。

（依田尚也）

▷1　小倉清　1996　子どものこころ──その成り立ちをたどる　慶應義塾大学出版会

▷2　「プレイルーム」と呼ばれる，様々な遊具の置いてある部屋で行われる。部屋ではセラピストと子どもが1対1で遊び，同時に別室で別のセラピストがその親と面接をすることが一般的である（「親子並行面接」と呼ばれる）。

参考文献

ランドレス，G. L.　山中康裕・江城望・勅使川原学（訳）2014　新版・プレイセラピー──関係性の営み　日本評論社

田中千穂子　2011　プレイセラピーへの手びき──関係の綾をどう読みとるか　日本評論社

山中康裕　1978　少年期の心──精神療法を通してみた影　中央公論新社

3 思春期のパーソナリティ形成①　自分は何者なのか？の模索

1 自我同一性の確立 VS 拡散

　思春期における第二次性徴は，子どもたちの身体の形と内面に変化を引き起こします。スキャモン（Scammon, R.E.）の発達曲線（図4.3.1）を見ると，13歳ごろより停滞していた生殖系のラインが急上昇していきます。身体においてこれまで眠っていた成長の核が発動していくことがよく示されています。この変化を受けて幼児期と異なる性の衝動が発生しますが，それが身体に対する違和感やイライラ，集中力の低下として体験されることもあるでしょう。親との関係も大きく変化します。これまでは，親の価値観をそのまま取り込んで，親の期待に応え，親の笑顔を心のよりどころとしていた子どもたちでしたが，この時期には，自分が一人前であることを主張したくなります。まずは，子ども扱いされること，頭ごなしに決めつけられることに反発を感じ，自分のことは自分で決めたいという意欲が出てきます。ここであらためて「自分は何者か？」という問いに直面するのが思春期と言えるでしょう。

2 思春期の脱衛星化

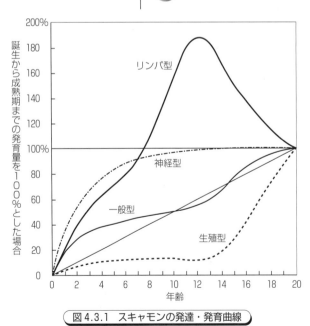

図 4.3.1　スキャモンの発達・発育曲線

出所：Scammon（1930）

　このような親の価値観からの離脱について，オースベル（Ausubel, D., 1918-2008）は脱衛星化と名付けました。これまでの親の価値観に沿って生きていた子どもとしての在り方は，親星の周囲をめぐる衛星にたとえられています。この比喩で言えば，衛星はだんだん大きくなり，ついには親星の引力で留められなくなり，自分の軌道を探しはじめます。この時期の親に対する反発は，衛星が親星から離れるために逆噴射をかけていると考えると，よく理解できます。この時期の子どもにとって大切なことは，自分で自分の軌跡を決定することです。思春期の子どもたちは，頭ごなしに決めつけられることを望まないでしょう。ならば，放任されているのがよいのかというと，そういうわけでもありませ

ん。思春期の子どもたちの言い分に耳を傾けて，その気持ちを認めつつ，何がどこまで許されるのかを明確に伝え，その根拠について，親の考えをしっかり伝える努力が求められます。このとき，親自身が考えていることを「自分は〜と考えている」と伝えることが重要です。逆説的ですが，主語が入ることで，それは自分個人の考えであることが明確に伝わります。そこには，私の考えはこうですが，あなたにはあなたの考えがあるでしょうというメッセージが潜在しており，親の考えを押し付けることの対極になるのです。思春期の子どもたちに対しては，自分はこう考えている，あなたはどう考えているのか？という「我—汝」モードでの対話が重要と言えるでしょう。

③ 自我同一性の確立

　自我同一性の確立とエリクソンが呼んだのは，自分が自分であるという感覚の確立です。この自我同一性をとらえるために，エリクソンは時間軸と空間軸の二つの軸を想定しました。時間軸として，過去において自分が何をしてきたのかをふりかえり，その線上にいる自分を定位するとともに，その延長線上の未来の自分が何を求めていこうとするのかを問いかけます。時間の中で一貫性をもって存在する自分の歴史性の確認です。空間軸においては，仲間とかかわりを持ちながらも，他者に埋没しない，独自性を持つ自分を発見することが求められます。自我同一性の移行的な状況について，エリクソンは時間軸と空間軸によって分割される四つの象限を示しました（図4.3.2）。自我同一性は，主体的感覚を持って，他者とかかわり，深い連帯を持つことにより形成されていきます。社会的体験において，様々な価値観や理想に触れる中で，その中の一つを選びとり，その価値観とともに生きつつ，その価値観を吟味し，検討していきます。さらにエリクソンは，自我同一性の確立の前提として社会や家族の中の一員として生きることに加えて，その歴史の流れの中に生まれ，流れを未来につなぎ未来を変えうる自分である感覚を挙げています。

（吉川眞理）

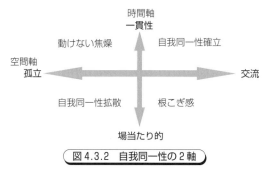

図4.3.2　自我同一性の2軸

（注）　根こぎ感：場当たり的な対処は可能だが，どこにも根づいておらず根こぎ（根を抜く）にされた感覚。

参考文献

Scammon, R. E. 1930 The measurement of the body in childhood. In J. A. Harris, C.M. Jackson, D.G. Paterson & R.E. Scammon (Ed.) *The measurement of man.* Minneapolis : University of Minnesota Press.

4　思春期のパーソナリティ形成②　思春期の危機体験

1　思春期という時期

　思春期とは，第二次性徴が始まってから，身体的成長が止まるまでの期間とされます。第二次性徴の発現時期には性差や個人差がありますが，おおよそ10〜15歳前後に当たります。この時期は身体だけでなく，心や対人関係の在り様などに様々な変化が現れ，急速に子どもから大人へのステップを駆け上がっていきます。自分の内側で子どもの色と大人の色が入り混じるような，複雑で，鮮烈で，曖昧な思春期の体験世界が，中学校時代を中心とした日常生活の奥に繰り広げられています。

2　変容と葛藤

　前述したように，思春期は，第二次性徴という，大きな身体の変化が生じるところから始まります。性ホルモンの分泌により，変声，精通，初経などが起こり，男の子は男性らしく，女の子は女性らしい身体つきになっていきます。また，脳の成長による認知機能の発達もこの時期に進み，抽象的思考が可能になります。それらの変化に伴って，性への関心，自意識の高まり，自立への衝動など，学童期には表に出てこなかった心の動きが沸き起こり，活性化します。しかしながら，身体が先に大人に近づく一方で，精神的，社会的にはいまだ保護者に依存して生きている存在でもあるため，自立の動きと依存の欲求が同時に起こるなど，様々な自己矛盾や葛藤を抱えるようになります。また，各自がそれぞれの変容に翻弄されながら日常生活を送ることにより，周囲との人間関係にも様々な変化を引き起こします。反抗期という言葉で表されるように，依存の欲求に対抗して保護者の元から離れ，友人などの同年齢集団に居場所を作ることが，思春期の子たちにとって重要な課題となります。変容と葛藤のさなかで，思春期の心はとても過敏で揺らぎやすい状態となりますが，この不安定な心の状態を抜けて，大人としての自分を再構築していくために，自分を認めてくれる友人の存在は非常に大きな支えとなります。

○『魔女の宅急便』に見る思春期の心

　スタジオジブリ制作の映画『魔女の宅急便』では，魔女のキキが，13歳の満月の夜，生まれ育った家から母親にもらったホウキで飛び立ち，黒猫のジジとともに大きな街で暮らしはじめます。そこで都会的で人懐っこい男の子トンボ

▷1　保坂亨　2010　いま，思春期を問い直す──グレーゾーンに立つ子どもたち　東京大学出版会

▷2　学童期の後半に現れる同性の徒党集団「ギャング・グループ」に代わって，思春期前半には，「チャム・グループ」という，互いの共通点や類似性をもとに関係が結ばれる同性同輩集団がよく見られるようになる。
保坂亨・岡村達也　1986　キャンパス・エンカウンター・グループの発達的治療的意義の検討　心理臨床学研究，**4**（1），17-26.

と出会い，ある日二人で自転車に乗って飛行船を見物に行きますが，おしゃれで垢ぬけたトンボの女友達を前に複雑な感情を抱くのをきっかけに，キキは思うように空を飛べなくなり，ジジの言葉もわからなくなってしまいます。その後，宅急便の仕事で出会った絵描きの女の子との語り合いやトンボの命の危機を通して，キキは飛ぶ力を取り戻しますが，この作品に描かれている，親元からの自立と未知の社会との出会い，異性や友人との関係への過敏さ，その葛藤がもたらす自己存在の揺らぎの深刻さ，そしてその後の友人の支えによる自己の再構築など，思春期独特の体験世界をとてもよく表した作品だと思います。

3　思春期における危機体験

　思春期の子にとって，親から精神的に自立し，未知の社会に触れることは，今までの自分が解体され新たな自分に生まれ変わるような変容を引き起こします。それは広大な海へのはじめての航海であり，危険に満ちた冒険となります。

　ある海賊団の冒険を描いた漫画『ONE PIECE』（作：尾田栄一郎）は，1997年の連載開始以来，絶大な人気を誇っていますが，危険な海を仲間とともに実に楽しげに渡る海賊団の姿は，思春期の課題の乗り越え方の一つを示しているように思います。このような直面する危機を仲間とともに乗り越え成長していく物語がとくに中高生に人気なのは，危機の只中にある思春期の心がそれらと自らをどこか重ね合わせ，希望を見出しているからではないかと考えられます。

　しかしながら，実際の思春期の心の冒険に，いつも素晴らしい仲間が付き添ってくれるかといえば，なかなか難しいところです。現実には学校でのいじめが原因とみられる自殺はたびたび報道されていますし，中高生による殺人事件も起こっています。思春期に好発する問題は，他にも非行，不登校，自傷行為，摂食障害など，数多くあります。思春期の子たちが体験している葛藤や混乱は，多くの場合，内省したり，それを言葉で説明したりすることができないほど心の深い層で渦巻いています。彼らにとってたとえば「もやもや」としか表現できないような心の中の違和感が，ときには頭痛や腹痛などの身体症状として現れたり，いじめや非行，自傷行為などの行動化にもつながっていったりします。

　2009年から連載が開始されると爆発的に人気となった『進撃の巨人』（作：諫山創）では，序盤から意思疎通のかなわない巨人の群れに突如襲われ，人々が無残に喰い殺されるシーンが数多く出てきます。とても凄惨なこの漫画が思春期の子に好まれるのも，心の内側に渦巻く訳のわからない欲動に呑みこまれそうになりながら，どうにか自我を守り，コントロールを保とうとする戦いの必死さ，逼迫感と，どこか通じるものを感じるからではないでしょうか。

　そうした自分ではうまく表現できない内面の戦いの過程を，周囲が共感的に理解し支えることが，思春期の危機を乗り越えるための命綱になると言えます。

（地井和也）

▷3　飛行船への道中，トンボとキキはハンドルがあまり効かないプロペラ付きの自転車に乗り，ものすごいスピードで坂道を駆け下りるが，突然前方からトラックが迫り，あと一歩で死ぬほどの体験をする。この描写にも，コントロールの効きにくさや疾走感，象徴的な死を通過する思春期的体験世界が表れていると言える。

▷4　ここで母親からもらったホウキが折れることも象徴的。親への依存からの脱却と自立のテーマに，キキは直面する。

（参考文献）

岩宮恵子　2009　フツーの子の思春期──心理療法の現場から　岩波書店

岩宮恵子　2013　好きなのにはワケがある──宮崎アニメと思春期のこころ　ちくまプリマー新書

中井久夫　2011　「思春期を考える」ことについて　ちくま学芸文庫

滝川一廣　2004　新しい思春期像と精神療法　金剛出版

5 思春期のパーソナリティ形成③ 自我同一性達成の地位

 自我同一性を確立するための二つの前提

　実際の青年たちを対象に半構造的なインタビューをすることで，自我同一性の確立地位（ステイタス）を判定する研究をしたマーシャ（Marcia, J.E.）は，自我同一性の確立の前提として，いったんこれまで確立したと思えていた自我同一性の危機を体験し，自分は何者なのかを問いはじめ，その後，「打ち込む（自己投入）」対象や目標を見出していることを挙げています。つまり，これまで親の価値観や期待に沿って作り上げてきた仮の自分を解体して，新たに主体的な自分を組み上げ，その自分をもって，とりあえずにせよ何かに打ち込むときに，自我同一性が確立されることになります。この分類をまとめたマーシャの図式は表4.5.1のとおりです。

　これによると，「同一性拡散」ステイタスの特徴は，自己投入していないことです。これまで一度も危機を体験していない危機前（pre-crisis）である場合は，今まで本当に何者かであった経験がない，何者かである自分を統合することができていない状況です。一方，危機を体験した危機後（post-crisis）であれば，危機の混乱の中にありながらも，多くの可能性の中から一つを選択して他を断念することができずに，現実に直面できない宙に浮いた状態と言えるでしょう。未来の困難を予測して立ちすくんでしまっている場合もあります。

　一方，危機を経ることなく，自己投入できているステイタスは，「フォア・クロージャー（早期完了）」と名付けられます。これは，子ども時代から身につけてきたよい子の殻を脱いでいない状態です。親に与えられた目標と自分との間に不協和がなく，どんな体験も，幼児期以来の信念を増強するだけになっており，ある種の硬さが感じられます。また，自分は何者かを問い続けながら自己投入の対象を模索するステイタスは，「モラトリアム」と名付けられました。この時期，青年は確定されない自由な状況で，様々な役割を実験することができます。いくつかの選択肢について真剣に迷っていること，不確かさを克服しようと一生懸命努力している状況であることが「同一性拡散」との相違点になります。この苦しい過程を経て，親に期待された役割を生きる子どもの段階から，自分自身の主

表4.5.1　マーシャによる自我同一性ステイタスの一覧

	危機経験	自己投入
同一性達成 Identity Achiever	済	○
モラトリアム Moratorium	進行中	模索中
早期完了 Foreclosure	未	○
同一性拡散　〈危機前〉	未	×
〈危機後〉	済	×

出所：Marcia（1966）

表 4.5.2　自我同一性地位判定尺度の質問項目

下位因子	チェック項目　　　●逆転項目
現在の自己投入	○私は今，自分の目標を成し遂げるために努力している ●私には，特にうちこむものはない。 ○私は，自分がどんな人間で何を望みおこなおうとしているのかを知っている ●私は「こんなことがしたい」という確かなイメージを持っていない
過去の危機	●私はこれまで，自分について自主的に重大な決断をしたことがない ○私は，自分がどんな人間なのか，何をしたいのかということを，かつて真剣に迷い考えたことがある ●私は，親やまわりの人の期待にそった生き方をすることに疑問を感じたことはない ○私は以前，自分のそれまでの生き方に自信がもてなくなったことがある
将来の自己投入への希求	○私は，一生懸命打ち込めるものを積極的に探し求めている ●私は，環境に応じて，何をすることになっても特にかまわない ○私は，自分がどういう人間であり，何をしようとしているのかを，今いくつかの可能な選択を比べながら真剣に考えている ●私には，自分がこの人生で何か意味のあることができるとは思えない

出所：加藤（1983）

体的な役割取得へと移行します。こうして自己投入する対象が見出された場合，自我同一性が達成されます。幼児期からのあり方について確信がなくなり，迷いを経験し，いくつかの可能性について本気で考えた末，自分自身の解決に達し，それにもとづいて行動している状態なのです。

② 自我同一性達成地位の自己判定

マーシャによれば，自我同一性の達成地位（ステイタス）は，危機の体験と自己投入の有無によって分類されます。表4.5.2の項目により，自己チェックが可能です。この項目に対して，図4.5.1のフローチャートによって同一性地位の判定を行います。

（吉川眞理）

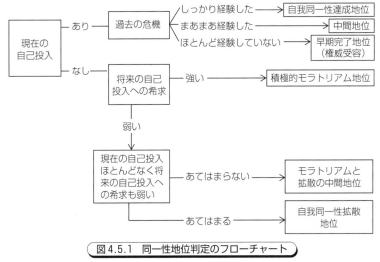

図 4.5.1　同一性地位判定のフローチャート

出所：加藤（1983）をもとに作成

▷1　Marcia, J. E. 1966 Development and validation of ego identity status. *Journal of Personality and Social Psychology*, **3**, 551-558.
Marcia, J. E. 1980 Identity in adolescence. In J. Adelson (Ed.), *Handbook of adolescent psychology*. Wiley.

参考文献
遠藤辰雄（編）1981　アイデンティティの心理学　ナカニシヤ出版
Erikson, E. H. 1959 *Identity and the life cycle*. Psychological issues, No. 1. New York : International Universities Press.（小此木啓吾（訳編）1973　自我同一性——アイデンティティとライフサイクル　誠信書房）
加藤厚　1983　大学生における同一性の諸相とその構造　教育心理学研究，**31**，292-302.
無藤清子　1979「自我同一性地位面接」の検討と大学生の自我同一性　教育心理学研究，**27**（3），178-187.

6 思春期のパーソナリティ形成④ 大人になるためのイニシエーション

1 イニシエーションとしての思春期

　多くの文化では，思春期の子どもたちを一人前の大人として社会に迎える儀式を行いますが，文化人類学ではこの儀式をイニシエーション（通過儀礼，あるいは成人加入礼）と名付けています。イニシエーションは「あるステイタスから次のステイタスへの移行（例：状況・社会的地位・年齢等）に伴う儀式」（ファン・ジュネップ van Gennep, A.）を意味します。宗教学者のエリアーデ（Eliade, M.）は，この儀式について，「儀式の本体と口頭で伝えられる教えは，イニシエートされる人の宗教的・社会的地位の明確な変容を起こすことを目的としている。哲学的に言えば，イニシエーションは実存的な状態の基本的な変化に等しい。修練者は，その試練をくぐり抜けたとき，そのイニシエーション以前に所有していたものとはまったく違うものを与えられるのである。彼は別人になる。」と述べています。近代以前の文化，いわゆる部族の文化では，子どもから大人への移行は，その文化が継承してきた儀式によって，集団的に速やかに進行していました（表4.6.1）。しかし，個が尊重される近代以降の青年たちは，自分自身でその移行を達成しなければなりません。何らかの挑戦や試練を体験することで，子どもであった自分と別れを告げ新しい自分に生まれ変わることになります。この時期の青年たちに特徴的な行動をリストアップすると表4.6.2のようになります。

▷1　エリアーデ，M. 堀一郎（訳）1995　生と再生――イニシエーションの宗教的意義　東京大学出版会（*Birth and rebirth,* Harper, 1958）

2 ハリー・ポッターに見るイニシエーション的要素

　ハリー・ポッターは幼いころに両親を亡くしています。自分の素性を知らな

表 4.6.1　部族のイニシエーション儀礼の例

ニューギニア高地のフリ族	西アフリカのベニン族
女性や既婚男子の立ち入りが禁じられている祭祀用広場を持っていて，そこでは若い独身者が儀礼的試練をうける。各成員は，仲間の健康と幸福を確実にするために，沼あやめの一種を植える。新しい成員が集団に加入するときには，祭祀用広場にある特別な家に2年間隔離される。この期間中，年長の独身者が彼に，髪が伸び，皮膚が固く引き締まる呪文を唱える。この期間が終了すると，新成員は，男らしさを象徴する頭飾りをかぶって現われ，村々を練り歩く。	新成員は，身内の男性に作成してもらった木の枝の鞭を以て，隣の部族の新成員と対決する。対決は，一方が相手を三度，作成してもらった鞭で打つ。打たれる方は，その痛みに平然と耐えることが求められる。耐え抜いた時，部族の男たちはその強さをたたえる。二者とも耐え抜いたときは，より激しいむち打ちに耐えた方が勝利者になる。したがって，勝利を得るためには，相手の皮膚に傷をつけず，痛みを与える，なめらかな鞭を作成する技術と，鞭打ちの技とが求められる。

出所：アレン（1978）

いまま親戚の家で育てられていたハリーに，あるとき魔法学校から入学許可書が届きます。魔法学校のクラスの仲間の間にグループ間抗争があり，また学校行事として寮対抗の競技が行われます。このような「戦い」の中で，ハリーは仲間と協力し，敵と戦います。この学園の日々の中で成長したハリーは，やがて，親の仇であるボルデモードの闇の力と対決するのです。生徒のグループ間抗争や，寮対抗の競技は，思春期の「戦い」です。このような戦いを経験する中で彼らは社会において発揮できる力を磨いていきます。優等生ハーマイオニーの異議にもかかわらず，ハリーたちは，ときには魔法学校の規則を破って行動します。さらに彼らは，魔法学校の校長や教師に対する疑惑に苦しみます。最終的には，学校の外の魔法世界の大きな悪と戦い，これを打ち破って，彼らは魔法学校の卒業を迎えます。このような卒業こそが，ハリー・ポッターらにとっての枠からの離脱と言えるでしょう。

　思春期の子どもたちが夢中になるテーマは戦いです。少年漫画では，様々な戦いのテーマが展開されています。現実的な体験として，スポーツにおける戦いの経験も重要です。少年や，少女の中の内なる少年性は，戦いを好み，その試練の中で成長していきます。そこでは，庇護されず，自分の力で結果を出すことが求められます。また，仲間と力を合わせることも重要です。苦しい戦いにおいて，それは誰のための戦いなのかが重要です。親の期待に応えるための戦いから，自分自身のための戦い，仲間のための戦いへと移行されているとき，それはイニシエーションとしての意義を持ちます。長い時間がかかりますが，受験勉強も戦いの一つとして位置づけることができることでしょう。

3　永遠の少年・永遠の少女

　このような移行がうまく進行しない少年性の継続を，ユング派の分析家ノイマン（Neumann, E.）は，永遠の少年，プエル・エテルヌスと呼びました。彼らは，母なる存在との情緒的な絆が強く，母親の高い理想像を投影されており，自分の限界を受け入れることができません。自分の敗北が予想される領域には踏み込まず，力による戦いを回避しますが，感覚的な世界でその優れた感性が発揮され，アーティストとして成功する場合もあることでしょう。一方の永遠の少女，プエル・エテルナは，父なる存在との情緒的絆が強く，幻想の中の偉大なる父像に庇護されることを求めています。多くの少女たちがプリンセス・ストーリーに魅惑されてディズニーランドを訪れます。プリンセスは，王の娘として特別扱いされて，多くの人に注目され，その愛らしさを賞讃される存在です。ディズニーランドに訪れる少女たちは，プリンセス・ドリームを求めているのかもしれません。

（吉川眞理）

表4.6.2　思春期におけるイニシエーション的行動

①戦い・対決
②枠破り（規則・既成概念への反発）
③枠からの離脱（家出・旅）
④集団への自発的帰属（家以外の帰属集団）
⑤異性との出会い
⑥職業的自立への歩み

出所：氏原・東山・岡田（1990）

（参考文献）
氏原寛・東山弘子・岡田康伸（編）1990　現代青年心理学——男の立場と女の状況　培風館
アレン，M.R.　中山和芳（訳）　1978　メラネシアの秘儀とイニシエーション　人類学ゼミナール8　弘文堂

7 成人期前期のパーソナリティ形成① 他者と出会う

1 親密性 VS 孤立

　成人期前期の段階は，確立された自我同一性を持つ個人として，あらためて「他者」と出会い，親密な関係を持つ機会です。この時期における，他者との関係は生涯にわたって継続する性質のものです。それは，新しい家族を形成する人生の伴侶との出会いと関係の形成である場合もあります。または，社会において所属する職業集団への加入であることもあります。また，職業集団以外にも，地域社会の絆や宗教団体における出会いもあることでしょう。いずれにしても，そこでは相手や仲間との共感や共存が体験されています。確立された自己を持って，相手や集団へコミットすることが求められるのです。それは，個として確立された自己のエネルギーを，外的な対象に捧げることでもあります。外的対象と親密な関係を持つことは，せっかく確立したと感じている自己を見失うように感じられ，その決意を固めることはかなり難しい課題です。そのため，この親密な関係が回避されてしまうこともあります。一度も親密な関係を持つことがない場合，生まれ育った家の他に帰属できないまま，他者や外的集団との一体感を失ってしまい，孤立の状況に陥ってしまう危険があります。しかし，一方で，いったん親密な関係を結んだ相手や集団と，距離をとることが必要な場合もあることでしょう。親密な関係を体験することにより，個人に変容が生じ，その結果，新たな帰属の対象が必要になることもあるのです。この段階では，生活のパートナーや，職業集団等との親密性と孤立の間の揺らぎの中で，人格の成長が生じるととらえることができます。

2 性愛の対象の変化ととまどい

　子ども時代においては，もっとも親密な他者は親であり，所属する集団は家族でした。思春期において彼らは幼児期の性愛の対象であった親へのとらわれから離脱して，その性愛の対象は同年輩の異性へと移行します。異性に対してときめきを感じる体験がその徴候です。この異性との親密な関係は，彼らの情緒を激しく揺さぶります。その親密さは，いったん確立したと思えた自我同一性を揺るがし，また今後の人生をも決定づけてしまうので，現実の異性との親密な関係を進行させることに躊躇を感じる20代も多いようです。そのような躊躇ゆえに，彼らは漫画やアニメ，小説などの作品世界や，芸術の世界，あるい

▷1　ここでの異性は，心の異性と考えられる。心の性別は必ずしも身体の性別と一致していないので，身体的・生物学的同性にときめくこともある。詳しくは IX-6 参照のこと。

は哲学といった観念の世界に没頭することもあります。それは，強まる衝動の昇華[2]につながってゆきます。

▷2 昇華は創造的な心の防衛機制。詳しくは V-5 参照のこと。

③ 愛することと働くこと

　この段階について，エリクソンは，「自己の同一性[3]を他人のそれと融合させることに熱心になり，進んでそれを行うようになる。彼には今や親密な関係を結ぶ準備ができているのである。すなわち成年期前期においては，具体的な関係や提携を結び，たとえそのようなかかわり合いが重大な犠牲や妥協を要求しても，それらの関係を守り続ける道義的強さを発揮する能力が備わっている。今や，肉体と自我とが器官様式並びに核心的葛藤を自由に支配することができなくてはならない。さもないと，親密な提携関係や，オーガズムや性的結合，親密な友情関係，身体を張っての格闘，教師の感化，自分のこころの奥底からの直感の経験などの場合のように，自己を放棄することをせまられる事態で，自我を喪失するのではないかという不安に負けてしまう。」と述べています。言い換えると，自分を見失うほどの，強い影響を受ける体験，親密さの中においても自分を保ち続ける強さが求められる時期と言えるでしょう。

▷3 Erikson, E. H. 1950 *Childhood and society.* W. W. Norton.（仁科弥生（訳）1977 幼児期と社会 みすず書房）

　エリクソンは，この発達段階について記述する章において，フロイト（Freud, S.）が，人生における課題を問われた際に「愛することと，働くこと（Lieben und arbeiten）」と答えた言葉を紹介しています。この二つの課題の両立は，この段階でようやく達成される身体的および心理的な成熟が前提であると言えるでしょう。

④ 職業を決定する

　この段階の，もう一つの大きな課題は職業的な自立です。この時期の職業決定の困難な状況を質問紙調査により，明らかにしようとした下山[4]の研究は，この職業未決定の状況を，表4.7.1の五つの因子によってとらえています。

　換言すると，職業決定に際しては，職業を決定するという課題にしっかりと向き合い，不安に揺らぐことなく，将来への見通しを持って，職業意識を高め，自分自身の興味や関心とつながる職業について積極的に模索する姿勢が必要であると言えます。

▷4 下山晴彦 1986 大学生の職業未決定の研究 教育心理学研究，**34**（1），20-30.

（吉川眞理）

表4.7.1　大学生の職業未決定の5因子

未熟因子	職業意識が未熟なため将来の見通しがなく，職業選択に取り組めないでいる状態
混乱因子	職業決定に直面して不安になり，情緒的に混乱している状態
猶予因子	当面のところ職業について考えたくないという状態
模索因子	職業決定に向かって積極的に模索している状態
安直因子	自分の関心や興味を職業に結び付ける努力をしない安易な職業決定の状態

出所：下山（1986）

8 成人期前期のパーソナリティ形成②
結婚をイニシエーションの一つとしてとらえる

1 人生のパートナーとの関係の多様性と流動性

　成人期前期，人生をともに生きる伴侶の決定ができる年代になります。そこでは特定の異性が選択され，二人の関係を社会制度の中でどのように位置付けていくのか，両者の意志を確かめることになります。現代では，特定の異性との親密な関係が，必ずしも近代的な結婚という形を取らない選択肢（事実婚）もあります。結婚という制度が新たな局面を迎えている時代と言えるでしょう。日本においても，夫婦同姓を求める結婚制度（民法750条）（表4.8.1）の合憲性が議論される時代となりました。

　現在のところ，欧米の文化が個人と個人の結びつきとして結婚をとらえるのに比較すると，日本などアジア圏では家と家との結びつきとして結婚をとらえる傾向がいまだに強いようです。時代や文化や宗教によって，結婚のとらえ方が多様であることから，結婚制度は人間の人生と社会制度の接点として流動的な性格を持つと思われます。

2 ペアとしての社会加入儀礼

表4.8.1　婚姻にかかわる法制度：民法750条について

【民法の条文と2015年の最高裁判決】
民法　第750条
夫婦は，婚姻の際に定めるところに従い，夫又は妻の氏を称する。

《2015年12月16日　最高裁判決》
16日の最高裁大法廷判決は，女性にだけ再婚禁止期間を設けることを違憲としたものの，夫婦同姓は合憲とした。100年以上家族の形を規定し続けてきた民法の規定に対し，ここで初めて憲法判断が示された。司法の踏み込んだ判断に期待した人たちからは落胆の声が漏れる。

【解説】
民法上の氏の変更に関する規定の一つ。夫婦同氏の原則を定めており，いわゆる選択的夫婦別氏制度は現行の民法では認められていないが，特定の社会的活動の場において通称として旧姓を利用することまで禁止する趣旨ではない。旧民法では，結婚は妻が夫の家に入ること，という伝統的な考え方を反映して，妻が夫の氏を称する，と定められていたが，両性の本質的な平等（日本国憲法第24条）の成立後に改正され，上記のように改められた。婚姻届には，夫婦の称する氏を記載しなければならない（戸籍法参照）。

　二者がお互いを伴侶として認め合い，社会に対して二人の関係を明らかにするために結婚式を挙げることを決意した場合，二人は友人や職場の仲間，これまで育ててくれた人々や双方の親戚を招き，祝宴を催し，二人での人生を開始することを宣言します。それは，文化人類学の視点でとらえると，ペア単位の社会加入儀礼として受けとめることができるでしょう。現代の日本社会における結婚制度では，子どもが親の家から籍を抜いて，別の所帯として登録されるという大きな変化を意味しています。そこで行われる結婚式とは，子どもというステイタスから，一人前の成人のステイタスへ，ペアとして社会に加入する儀式となります。近代以前の日本では，親戚や近隣の人々が集まって若い二人の結婚を祝う人前結婚式が一般的であったと言われています。現代も

なおフランスやドイツでは婚姻届の受理を中心とする市民結婚式の伝統が受けつがれています。

3 結婚式と宗教の結びつき

　結婚式の商業化に伴い，現代の日本では，結婚式場に併設された神殿や教会で結婚式が行われていることが多いようです。神前結婚の儀式については，明治時代に，皇族が行った神前結婚式に倣って流行したと言われています。それぞれの宗教の儀式の形式は表4.8.2のとおりです。

　ユング派の分析家グッゲンビュール・クレイグ（Guggenbühl-Craig, A.）は，結婚儀礼における宗教的な要素は古代から認められるとしています。結婚においては，これまで娘や息子であった人間が，一人前として，これから親になっていくという重要な地位（ステイタス）の変化が起こります。それは，社会的な娘・息子の死であり，嫁・婿としての新たな誕生であり，その意味で，結婚は死と再生の儀式でもあるのです。これまで獲得してきた自己のあり方を，いったん放棄する覚悟をもって，他者と親密な関係を築くという意味で，それは，心理的な死と再生なのです。

　たとえばキリスト教式の結婚の誓いの詞は「わたくし○○は，この△△を（妻／夫）とし，良きときも悪しきときも，富めるときも貧しきときも，病めるときも健やかなるときも，ともに歩み，他の者に依らず，死が二人を分かつまで，愛を誓い，（妻／夫）を想い，（妻／夫）のみに添うことを，神聖なる婚姻の契約のもとに誓います。」と，結婚の契約を神聖なるものとして扱っています。ここで「良きときも悪しきときも」存続する絆の誓いは，結婚の目的が幸福ではなく，むしろユングの述べる個性化であることを裏付けています。つまり，長い人生の中で予期される困難を乗り越えていく過程において自分自身の人生の意味を発見していくことが重要であり，その過程の伴侶を定めることが結婚であると言えるでしょう。

（吉川眞理）

表4.8.2 一般的な結婚の儀式

神前結婚式
- 巫女の先導で新郎新婦，媒酌人，新郎両親，新婦両親，新郎親族，新婦親族の順に入場し，最後に斎主が入場。
- 典儀と呼ばれる司会進行役が式の始まりを宣言，斎主の拝礼に合わせ一堂が起立して神前に礼。
- 祓を行うため，斎主が幣を用いて穢れを祓う。一堂は起立したまま軽く頭を下げ，これを受ける。斎主が神前で二人の結婚をその神社に鎮座する神と氏神，そして祖先神に報告する祝詞を奏上し，神の加護を願い一堂起立して頭を下げる。
- 三三九度の杯を交わす。
- 新郎新婦が神前に進み出て誓いの言葉を読み上げる。新郎が本文を読み，自分の名前の部分は新郎・新婦がそろって読む。
- 玉串を神前に捧げ「二拝二柏手一拝」の順で拝礼し，席に下がる。
- 媒酌人，親族代表が玉串を捧げる。両家が親族となった誓いを交わす。両家の親族，新郎新婦，媒酌人が杯を戴く。
- 斎主が式を無事終わらせたことを神に報告し，一拝。一堂は起立して拝礼。その後斎主がお祝いの挨拶をし，一堂で拝礼。斎主退場の後，新郎新婦，媒酌人，親族の順に退場。

キリスト教式結婚式
- 一般的な進行としては，牧師が司式し，主に先に新郎が入場して祭壇の前で待つ。
- ウェディングブーケを持ち，ウェディングドレスを身にまとった新婦がエスコートする者（通常は実父）とともに入場。中央通路を進み，エスコートする者が新郎に新婦を引き渡す。賛美歌，聖書の朗読，誓いの言葉，それに対する祝福，指輪の交換などが行われる。
- 新郎新婦が建物から退場する際に，友人・親族等によって，ブーケ・トス，ライスシャワー，フラワーシャワーが行われることもある。

▷1 I, (Bride/Groom), take you (Groom/Bride), to be my (wife/husband), to have and to hold from this day forward, for better or for worse, for richer, for poorer, in sickness and in health, to love and to cherish ; from this day forward until death do us part.

▷2 Ⅵ-2 参照。

参考文献

グッゲンビュール・クレイグ, A. 樋口和彦・武田憲道（訳）1982 結婚の深層 創元社

Erikson, E.H. 1950 *Childhood and society.* W. W. Norton.（仁科弥生（訳）1977 幼児期と社会 みすず書房）

成人期後期のパーソナリティ形成①
次世代を育てる営みへ

1　生殖性（世代性）VS 停滞

　エリクソンは，成人期後期に表れる原理として，生殖性（世代性：Generativity）を挙げました。これは，次の世代を産み出し，世話をして，育てていくことを言います。すべての人が結婚を選択するわけではないし，すべてのカップルが，子どもに恵まれるわけでもありません。ここで産み出されるものは，子どもとは限らず，作品，技術，思想であることもあります。子どもの世話をするだけでなく，たとえば，職場において，あるいは文化的，社会的な活動において，若い世代を育てることも，世代から世代への知識や技能の継承なのです。

　このような意味で，世代性とは，広い意味での生産性，創造性と深く関連しています。親密性と孤立の段階では，精神的，身体的な出会いを経て，自己を対象に没頭させていくことが達成されましたが，この世代性と停滞の段階では，さらに自我の興味の対象が拡大され，産み出されてくるものに精神的エネルギーが注がれるようになります。この変化のプロセスがうまく進んでいない場合には，人は自分自身を子どものように感じて甘やかしてしまいます。そこでは身体的，あるいは心理的虚弱感が自己への関心の表現として現れることもあります。成人期後期つまり中年期の身体化症状やうつ病がその例です。もう一つの局面として，「人類に対する信頼」の欠如が挙げられます。成人期後期においては，個人としての生き方だけでなく，家族や所属する集団，そして家族や集団の，世代から世代への連続性がその関心の対象となり，同時にその視野は，人類全体にまで広がっていきます。

▷1　Ⅳ-7 参照。

2　育てるものから育てられる生殖性（世代性）

　エリクソンは，「成熟した人間は，必要とされることを必要とする。成熟性は，生み出され世話を必要とするものから，激励はもちろん，導きをも必要としている」と述べています。言い換えると，成熟を達成した結果として，産み出し，世話をするのではなく，産み出したゆえに，世話を求められ，それによって親としての成熟が進行していくことになります。産み出したものと対面した瞬間から，生殖性（世代性）の体験が始まり，生殖性（世代性）が高められていくことになります。

　子どもを育てることによって親になり，作品を生み出すことによって作家と

なり，組織を運営し，これを発展させること
で組織人として成熟する過程が進行していく
のです。そこでは育てる体験に喜びを感じ，
育てることに伴う様々な困難を乗り越えなが
ら，それを自我の成熟につなげていく営みが
存在しています。

③ 自我の成熟と親役割受容

　岡本は，発達臨床心理学の観点から，親の
タイプを図4.9.1にまとめています。

　A：未熟型の親は，経済的，心理的に親役
割を果たすだけのゆとりのないタイプです。
またB：母子未分化型の親も，まだ自我とし

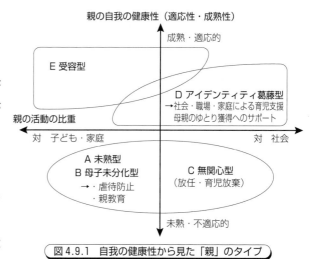

図4.9.1　自我の健康性から見た「親」のタイプ

出所：岡本（2006）

ての未熟さを抱えています。経済的に困っていないのですが，親役割に喜びを
感じることができず心理的に満たされない状態です。C：無関心型も同様に，
子どもの養育への無責任性，家庭経営全般への関与の浅さが特徴です。子ども
が成長するとはどういうことか，子どもが求めるケアは何かについて理解が不
足している段階にとどまっています。たとえば母親がもっぱら子育てを引き受
けてしまうために，父親は育てることに無関心なままに年齢を重ねてしまうこ
ともあります。このような場合，父親は職場においても，若い世代に対してよ
い指導性を発揮できないかもしれません。以上のA，B，Cの各型では，親と
しての役割に喜びを感じることができておらず，その役割を回避していたり，
その困難に圧倒されたりする状況です。これらのタイプに対して，子育てに喜
びを感じながら，その困難を引き受ける基本的な構えができているタイプとし
て，D，Eの二つのタイプを考えることができます。D：アイデンティティ葛
藤型は，親としての役割以外に，自分にとって魅力的な役割を持っており，子
育てに十分な時間とエネルギーを向けられないことに，ストレスや罪悪感を抱
かざるをえない状況です。これに対してE：受容型は，成熟した自我を背景に，
親としての役割に重点を置いているタイプです。これからの社会において女性
の社会参加が多くなるにしたがって，Dタイプの増加が予想されています。

（吉川眞理）

▷2　岡本祐子　2006　発
達臨床心理学から見た「親
になれない親」の理解と援
助　母性衛生，**16**，480-483.

参考文献

Erikson, E. H. 1950 *Child-
hood and society*. W. W.
Norton.（仁科弥生（訳）
1977　幼児期と社会　みす
ず書房）

10 成人期後期のパーソナリティ形成②　中年期の心の危機

1 中年期危機とは

　30代後半から50代にかけての中年期（表4.10.1）は，身体的な意味で人生のピークから衰退期に入る時期です。家庭生活においては，子育てが一段落し再び自分自身の人生に直面する時期でもあります。これまで登り坂として認識されてきた人生が下りにさしかかり，人生の曲がり角と言われることもあります。この下り坂の先にある老年期や死を予感しながら，これまでの人生とそこで形成してきた自分自身のアイデンティティを再度問い直す時期になります。

　ユング（Jung, C.G.）は，この時期を人生の午後3時と表現しました。これまで社会化に向けて，職業や子育てなどの現実的な課題を順調に生きてきた人が，何らかの内的，あるいは現実的な危機に見舞われるのです。多くの場合，その個人の何らかの目標が一応達成されたときに，そのような危機が訪れるようです。その危機において，ここまで生きてきた前半の人生に対して，これまで生きられてこなかった可能性が動き出すのです。

2 これまで生きてこられなかった可能性

　心に内在された可能性とは，いったい何でしょうか。多様な個人の人生のその裏面であると考えれば，それぞれの個人によって様々であることでしょう。具体的に例を挙げてみましょう。ある人にとって，それは社会人学生として大学で学ぶことかもしれません。これまで家庭のために生きてきた人であれば，社会において活動することに生きがいを見出すこともあるでしょう。また別の人にとっては，結婚生活で得られなかったものを満たす新たな出会いになるかもしれません。また，これまで組織の一員として生きてきた人が，独立して新たな事業を始めることかもしれません。人生として与えられた時間に限りがあることを認識しながら，自分自身の可能性を十全に生きたいという思いは，心の深い部分から立ち上がってくるものであり，ユングは，この現象を個性化という概念で論じています。

▷1　Ⅵ-2 参照。

表4.10.1　人生の四季

期	年齢
児童期と青年期	0-22歳
成人前期	17-45歳
中年期（成人中期）	40-65歳
老年期（成人後期）	60歳以降

出所：Levinson（1978/1980）

③ 排除してきたものを統合することの難しさ

　しかし，このような個人の内的な欲求は，これまでその人が果たしてきた役割の対極であったり，外的な要請と相いれなかったり，ということが多いために，個人に大きな危機をもたらします。そればかりでなく，家族が大きく揺さぶられることもあります。また家族の危機が契機になって，個人に新たな人生への転機がもたらされることもあります。このように中年期の危機は，家族の変容と深く結びつくことも多いのです。多くの人，とりわけこれまで順調に人生を生きてきたと思える人にとって，中年期の危機は，これまで築き上げてきた内的なアイデンティティが崩れ去る体験になりかねません。河合隼雄は「人間が自我を確立するということは，その自我にとって受け容れがたいことを排除するということである。中年になってある個人が社会的地位や名声などをきずきあげたとき，それは自分の自我をある程度一面的なものとして限定した結果として生じてきているものである。」とし，中年期において，「自分が今まで無視してきた半面に気づき，それを取り入れようとすることから，中年の危機が始まる」と述べました。この無視されてきた半面や，排除されてきた半面は，それなりに統合することが困難な側面であるために，本人が望んでそれを取り入れようと，望まないにもかかわらず現実によってそれを受け入れるように迫られようと，いずれにしても，それは大きな困難や，ときには破滅を引き起こしかねない重大な危機として体験されます。

④ 問題に取り組み続けること

　この大きな人生の危機に対しては，簡単な解決はありえません。いわば，その解決に向けて，人生を賭けて取り組むことになります。この危機をくぐり抜けることで人生の後半が大きく変わるだけでなく，その人の人格そのものが変容することでしょう。このような取り組みについて，ユングは「問題の意味や目的は，その解決にあるのではなく，我々が絶えずそれについて取り組んでいくことだ」と述べています。そのため，創造的な仕事を成し遂げた人たちの人生においては，この中年期の危機をくぐり抜けることでその創造性が開花している事例が多く見られることが報告されています。この報告によれば芸術家のうち，中年期において自分が死すべき存在であることを自覚し，自分の中の破壊性に対して直接立ち向かう者が，その後の成功を獲得します。その際，外的には無為と思えるような期間を経たあとに，今までと次元の異なる創造性が発揮されると言われています。

　　　　　　　　　　　　　　　　　　　　　　　　　　　（吉川眞理）

▷2　河合隼雄　1989　生と死の接点　岩波書店

▷3　Jung, C.G. 1960 The stage of life (the Structure and Dynamics of the Psyche) CW. vol. 8.

▷4　Jaques, E. 1970 *Work, creativity and social justice*. International Press.

参考文献

Erikson, E.H. 1950 *Childhood and society*. W. W. Norton.（仁科弥生（訳）1977　幼児期と社会　みすず書房）

Levinson, D.J. 1978 *The Seasons of a Man's life*. Alfred A. Knopf.（南博（訳）1980　人生の四季——中年をいかに生きるか　講談社）

11 老年期のパーソナリティ形成①
人生をふりかえるとき

1 統合性 VS 絶望

　エリクソンの発達図式における最後の二つの原理は，統合性と絶望です。統合性とは，秩序を求め意味を探す自我がそれ自身について抱く確信であり，自分の唯一の人生周期を，そうあらねばならなかったものとして，またどうしても取り替えを許されないものとして受け入れることと説明されています。この統合が達成されたとき「死はその痛みを失う」のです。しかし，この統合性が揺らぐと死の恐怖が体験され，自分自身の人生周期を究極のものとして受けとめられなくなり，新たな統合を目指すには時間が足りない現実に対して焦燥し，その焦りから絶望へと至るとされています。エリクソンはこの段階において，自我の統合性をもって死と直面することを想定していたことがわかります。この段階で獲得される徳として英知（Wisdom）が挙げられています。エリクソンが述べた英知とは，「死そのものに向き合う中での，生そのものに対する聡明，かつ超然とした関心」でした。この英知に到達できないときには，老いて自由に動けず信頼できる人を見出せないまま，自分を蔑む，あるいはそれに耐えきれないときには他の誰かを蔑む「侮蔑」に至るという厳しい指摘がされています。

2 老年期超越性

　エリクソン自身，92歳の長寿を全うしており，妻ジョアン・エリクソンはエリクソンとの対話をもとに新たに第九の段階を追加して設定しました。それは，つかんでいること（holding on）と手放すこと（letting go）の二つの原理の間の揺らぎより超越性（Transcendance）という徳目が生じる段階でした。80代になり，超高齢期に入ると，生涯をかけて統合してきた，その自我を手放すことが求められるのです。河合は，日本人においては，西洋社会と違って，生と死の間の隔壁が薄いと述べています。自殺を禁止するキリスト教を基盤としている西洋社会と異なり，日本人の死生観は「人間と自然界の万物とが根源的な一体性のゆえに存在者として本来的に平等であり，…（中略）…人間の死も，『万物の死』と同様に自然のこととして受けとめる」ものであると述べています。

▷1　Erikson, E. H. 1950 *Childhood and society.* W. W. Norton.（仁科弥生（訳）1977　幼児期と社会　みすず書房）

▷2　Erikson 1950 前掲書

▷3　Erikson, E. H., & Erikson, M.J. 1998 *The life cycle completed.* W. W. Norton.（村瀬孝雄・近藤邦夫（訳）2001　ライフサイクル　その完結　みすず書房）

▷4　河合隼雄　1991　生と死の様式　誠信書房

3 老年期の適応論

　老年期の適応に関しては，老年期も引退前の活動水準を維持することを推奨する活動理論と，これに対してカミング（Cumming, E.）とヘンリー（Henry, W.E.）[5]により，引退後は徐々に社会とのかかわりを減じて社会参加の水準が低くなるほど個人の幸福感が高いとする離脱理論が提唱されました。これら二理論に対してニューガーテン（Neugerten, B.L.）[6]らは，老年期の個人の主体的な選択がないがしろにされていると批判し，老年期の個人は社会や身体の変化に受動的になるのではなく，各自が人生の中で確立した欲求に沿って環境を選択しつづけることが重要であるとしました。この流れにおいて，心身ともに健康で社会貢献をしつづけることが望ましいとするサクセスフル・エイジングが提唱されるようになりました。また，バルテス（Baltes, P.B.）[7]らは，生涯発達の過程は，成長と老化の力動の中で進行し，獲得と喪失の相互作用であるとみなし，現状に合わせて狭い領域を選択し，そこで最適化の機会を増やし，機能低下を補う方法や手段を獲得するという保証によって，適応的な発達が可能であるという選択的最適化理論（SOC: Selective optimization with compensation）を提唱しています。

4 サクセスフル・エイジング

　山本[8]は，サクセスフル・エイジングの要素を共同性（communality）と希望（hope）の2点にまとめています。

　共同性が実現している例として，富澤・タカハシ[9]は，子どもや近隣に囲まれた依存的自立に幸せを感じている奄美群島の超高齢者を紹介しました。たとえつねに自分のそばに親しい人がいなくても，その人の存在を感じ，心豊かに暮らせる超高齢者もいます。いずれにしても，人の中に生きている共同性は老年期において重要な役割を果たすのです。自分は共同性の中心ではなくても，その一部であることを認識して生きることが重要となります。また，エリクソン夫妻は，ライフサイクルの第九の段階の希望について「希望とはまだ生まれていないもののためにいつでも準備ができているということであり，一生のうちに何も生まれなかったとしても，絶望的にならないということであり，新しい生命のあらゆる兆候を見つけて，それを大切に守り，まさにうまれようとするものの誕生を助けようといつでも準備をととのえていることである」と述べています。それは，次世代を照らす希望であり，次世代の人間はその希望の灯をリレーしていく存在となります。

（吉川眞理）

▷5 Cumming, E., & Henry, W.E. 1961 *Growing old : The process of disengagement*. New York : Basic Books.
▷6 Neugarten, B. L. (Eds.) 1968 *Middle age and aging*. University of Chicago Press.
▷7 Baltes, P.B. 1997 On the imcomplete architecture of human ontogeny : Selection optimization, and compensation as foundation of developmental theory. *American Psychologist*, **52**, 366-380.

▷8 山本真由美 2014 サクセスフル・エイジングと高齢期の発達課題「老年的超越」徳島大学人間科学研究，**22**，1-9.
▷9 冨澤公子・Takahashi, M. 2010 奄美群島超高齢者の「老年的超越（Gerotranscendence）」形成に関する検討——高齢期のライフサイクル第8段階と第9段階の比較　立命館産業社会論集，**46**（1），87-103.

(参考文献)

Tornstam, L. 2005 *Gerotranscendence : A developmental theory of positive aging*. New York : Springer.

12 老年期のパーソナリティ形成② 老いを生きる

1 老年期の創造性

　創造的活動は，老年期において生活満足度や病気への防衛力を高め，生きが いや死への不安を緩和するとされます。健康や環境に恵まれている場合，80歳 を超える超高齢期においても生産性や創造性が発揮され，創造的加齢を実現す ることができます。死の直前まで創作活動を行っている作家や画家も多く知ら れています。また，これらの最晩年の作品において，高い象徴性が認められて おり，老年期の精神的な発達，深化をとらえる試みも始まっています。

　トーンスタム（Tornstam, L.）[1]は，老年期の生活の満足は物質的，合理的な観 点でとらえられるべきではなく，加齢に伴う社会関係の縮小に適合した価値観 や行動特性を身につけ，宇宙的，超越的意識が発達する過程としてとらえる必 要性を論じました。この老年的超越は，表4.12.1 のように，社会と個人との 関係の変容，自己概念の変容，そして宇宙的意識の獲得という三つの次元で生 じると述べました。

　また，増井らによる百寿者の性格的特徴を明らかにする研究[2]によれば，男性 においてビッグ・ファイブ[3]の開放性の高さ，女性においては同じく外向性，開 放性，誠実性の高さが特徴であることがわかりました。増井は，超高齢期にお いて，常識的な幸福感にとらわれずに生きるためには，パーソナリティにおけ

▷1　Tornstam, L. 2005 *Gerotranscendence : A developmental theory of positive aging.* New York : Springer.

▷2　Masui, Y., Gondo, Y., Inagaki, H., & Hirose, N. 2006 Do personality characteristics predict longevity ?: Findings from the Tokyo centenarian Study. *Age*, **28**, 353-361.

▷3　Ⅰ-12 参照。

表 4.12.1　トーンスタムの老年的超越の三次元

変容の次元	変容内容
社会と個人の関係の変容	・表面的な人間関係への興味が低下 ・静かな暮らしを求める ・社会的な地位や役割，財産や金銭に対するこだわりがなくなる ・何が善で何が悪かであるかを決めるのが困難であることを悟り，常識的な善悪二元論を超越
自己概念の変容	・身心の両面で自己への執着の低下 ・身体機能や容姿の低下を気にしなくなり利他的になる ・自分の人生のよかったことも悪かったことも自分の人生の欠かすことのできない一片であると認識する
宇宙意識の獲得	・時間的空間的な区別が消滅し一体化して感じられる ・人類全体や宇宙との一体感 ・身近な自然に，生命の神秘や宇宙の意志を感じる ・死の概念の変化；死は一つの通過点で生と死を区別する本質的なものは存在しないと考える

出所：Tornstam（2005）

る開放性の高さがよい効果を及ぼすと考察しています。

❷ 生 と 死

　私たちは自分の生き方を自分自身で選択することができますし，ある程度，病気の予防をすることはできます。また，医療の進歩により，多くの病気が治療できるようになりました。しかし，いよいよ治療が難しいとなったときに，死に至るまで，どのくらいの時間的猶予が与えられ，どのくらいの苦しみが伴うのかについて，自分で選択できない運命となります。

　キュブラ・ロスは，多くの癌患者の看取りを経験し死の受容の5段階（表4.12.2）を提唱しました。多くの癌患者にとって，癌の進行は急速で，何か月かの間に病気が進行していきます。その過程に通過する5段階と理解することができるでしょう。

　さらに，キュブラ・ロス自身は，脳血管障害で倒れ半身不随になって過ごした自身の晩年の9年間に，介護を必要としながら生きる意味を探索しつつ『ライフ・レッスン』を執筆しました。そこでは死に向かう時期も学びが継続しており，パーソナリティの変容や成長が継続することが述べられています。その学びの項目は，本物の自己，愛，人間関係，喪失，力，罪悪感，時間，恐れ，怒り，遊び，忍耐，明け渡し，許し，幸福のレッスンです。本書で，ロスは自分を愛すること，見返りを期待せずに他者を愛することの重要性を語り，喪失によって人は成長するのだと，多くの人の思い込みの逆の発想をしていきます。「手を放すということは，物事がこうなるべきだとするイメージを捨て去り，宇宙がもたらしているものを受け容れることです。物事がこうなるべきだなど，本当は解らないのだという真理を受け容れる事だといってもいい。死の床にある人たちは人生を振り返って，その事を学びます」。

（吉川眞理）

表4.12.2　死の受容の5段階

段階	心の作業
①死の否認	自分が死ぬということは嘘ではないかと疑う
②怒り	なぜ自分が死ななければならないかという怒りを周囲に向ける
③取引	何とか死なずにすむように取引しようと試みる
④抑うつ	何もできなくなる
⑤受容	最終的に自分の死を受け入れる

出所：キュブラ・ロス（1971）

参考文献

Erikson, E.H. 1950 *Childhood and society.* W. W. Norton. (仁科弥生（訳）1977 幼児期と社会 みすず書房)

Erikson, E.H., & Erikson, M.J. 1998 *The life cycle completed.* W. W. Norton. (村瀬孝雄・近藤邦夫（訳）2001 ライフサイクル その完結 みすず書房)

河合隼雄 1991 生と死の様式 誠信書房

キュブラ・ロス，E. 川口正吉（訳）1971 死ぬ瞬間 読売新聞社

キュブラ・ロス，E. 上野圭一（訳）2005 ライフ・レッスン 角川文庫

増井幸恵 2008 性格 海保博之（監修）朝倉心理学講座15 高齢者心理学 朝倉書店 pp. 134-150.

心のミステリー・ゾーンの発見

1 心を理解する難しさ

　パーソナリティとは，一人ひとり固有の「心」全体を指しています。私たちは，別個のパーソナリティなのでたとえ心理学を学んでも他の人の心のありようを完全に理解することは，できません。しかし，様々な手がかり，表情，声の調子，ちょっとした発語のタイミングなどから私たちは言葉の伝達以上に，その人が，何をどのように感じているのかについて多くを推論することができます。また，パーソナリティ・アセスメントでは様々な課題を通して，その人の対処のスタイルの特徴について標準値に照らしつつ推論を重ねることができます。

　ではいつも接している身近な人の心についてはどうでしょう。例を挙げてみましょう。身近な人ほど登校するのがつらい子どもの気持ちが理解できないことがよくあります。子どもに学校に行ってほしいという期待があるために子どもの気持ちが理解できなくなってしまうのです。恋愛の相手の気持ちがわからなくて焦燥してしまうこともよくあることでしょう。身近な家族や恋人など，私たちの願望の対象となる人の気持ちは，私たちの期待のバイアスがあるため，より理解できなくなってしまうと言えます。

2 心のミステリー・ゾーン

　しかし，もっとも理解できないのは，自分自身の心ではないでしょうか。私たちは自分の心のごく一部分だけをそれと認識しているにすぎないのです。この私たち自身が認識できている心の領域を意識と呼ぶとき，自分で気づいていない，それと認識できていない心の領域を無意識と呼びます。たとえば，私たちは，わけもなく，悲しいと感じることがあります。またふと，ある行動を思い立つことがあります。このように私たちは，自分で意識していない心の作用によって影響されることがしばしばあります。私たちは，自身の心に，認識できていない領域，言葉で表すことの難しい領域，合理的に理解できない領域を抱えているのです。現代社会における科学の発展はすばらしく，外的環境の客観的な事象に関しては，相当に解明され，予測，制御，操作することすら可能になっているのに対して，逆説的なことに，私たち自身の心の中の無意識の領域は，ミステリー・ゾーンのままにとどまっています。一番思い通りにならないのは，自分自身の心なのです。

図5.1.1　シャルコー教授の大催眠の講義

出所：https://commons.wikimedia.org/wiki/File:
Pr_Charcot_DSC09405.jpg?uselang=ja#filelinks
（2019年8月26日閲覧）

③　神経医が出会った心の不思議

　19世紀のヨーロッパの医師たちは，該当する神経の損傷がないにもかかわらず，マヒや知覚異常が生じる症例に出会うようになりました。そのようなマヒや知覚異常は，心因性と判断することができます。そこで，心がどのようにして症状を引き起こすのでしょうか。また，どのような治療が可能なのでしょうか。フロイト（Freud, S.）は，このような心因性の症状を催眠によって意図的に引き起こすデモンストレーションを提供するフランスのサルペトリエール病院のシャルコー（Charcot, J.-M., 1825-1893）の講義（図5.1.1）に興味を引かれました。

　シャルコーは当時の病理解剖学を修めた神経学者・神経科医であり，神経系の損傷によって引き起こされたマヒ（器質因性）と，それを伴わない心因性のマヒ（ヒステリー性マヒ）を鑑別することができました。そして，催眠を用いて，ヒステリー性の症状である，全身硬直状態やマヒ，記憶喪失などを実際に再現する講義により注目を浴びていました。その講義には多くの医学生が聴講に集まっており，若き日のフロイトもその一人だったのです。

　シャルコー自身は，このような催眠状態を当時のヨーロッパで信奉されていた動物磁気説に結び付けて考えていましたが，後にそれは論破されます。ヒステリー性のマヒは，患者が暗示にかかっている状態で発生しました。それが自己暗示であっても，患者自身は，その暗示に支配されてしまい，その症状をコントロールすることができませんでした。この現象は，フロイトに，意識によって制御不能な心の領域があること，その心の領域に暗示によって介入できる可能性を印象づけたのでした。

（吉川眞理）

▷1　メスメル（Mesmer, F.A., 1734-1815）によって唱えられた説で，この仮説のもとに，メスメルはユニークな個別療法，集団療法により，多くの患者の治療を行っていた。その著書『動物磁気の発見に関する覚え書』によれば，健康は，体内の生命作用の自由な「流体」の流れと理解され，病気はこの「流体」の流れが阻害されることによって起こるため，動物磁気の導体で接触することにより，これらの「流体」の流れを回復させることによって治療が可能になるという。しかしこの仮説は科学的に実証することはできませんでした。

（参考文献）

エレンベルガー，H.F.　木村敏・中井久夫（監訳）1980　無意識の発見　下　弘文堂

精神分析の誕生

① ウィーンにおける精神分析の出発

　若き医学者であったフロイトは，ウィーンにおいて実証的な生理学者であるブリュッケ（Brucke, E.）のもとで学び，ブロイアー（Breuer, J.）と出会います。1982年，彼から聞いたアンナ・Oという若いヒステリー患者の事例がきっかけとなり，催眠の治療の可能性に着目したフロイトは，1885年から1886年にかけてパリでのシャルコーの講義に参加したのでした。[1] さらに，1889年には，ベルネーム（Berunheim, H.）のもとで，言語による暗示としての催眠の技法を学び，ウィーンに戻ってこの技法の実践に取り組みました。その経過と考察をまとめて，ブロイアーとの共著で『ヒステリー研究』として刊行します。そこには，ブロイアーのアンナ・Oの事例をはじめとして，フロイトの4例の臨床観察が収録されていました（表5.2.1）。これらの事例を根拠として，彼らは，催眠がかかった状況で，ヒステリー症状がはじめて出現した当時や幼児期の記憶が語られることによって症状が消失することを明らかにしました。それは，「誘因となる出来事の想起を完全に明晰な形で呼び覚まし，それに伴う情動をよびおこすことに成功するならば，そして患者がその出来事をできる限り詳細に語り，その情動に言葉を与えたならば，個々のヒステリー症状は直ちにそして二度と回帰することなく消滅した。[2]」とされ，カタルシス法と名付けられました。

　フロイトとブロイアーは，病因となった記憶における情動的負荷の消去において，言葉で語ることが重要な意義を持つことに気づきました。ブロイアーの患者であったアンナ・Oは，催眠下でその症状が出現した当時の記憶や情動を述べると同時に症状が消失したのです。彼女は自らこれを「煙突掃除」をする「お話し療法（Talking Cure）」と名付けていました。

　フロイトは，エミー・フォン・N夫人の事例において，催眠を使わずとも，患者自身が話したいことを話すことで症状が緩和することに気づきました。さらにルーシー・R嬢の事例では，催眠を放棄して暗示に移行し，思いついたことを自由に語る自由連想法が始

▷1　V-1 参照。

▷2　フロイト, S.・ブロイアー, J. 1895/2008 ヒステリー研究　芝伸太郎（訳）フロイト全集　第2巻　岩波書店　pp. 1-309.

表5.2.1　ヒステリー研究　5症例

事　例	治療者	心因性症状（器質的異常なし）
アンナ・O嬢（ブロイアー）	ブロイアー　お話し療法	神経性の咳，気分変動，視覚障害，右側麻痺，幻覚，言語障害
エミー・フォン・N夫人	フロイト	暗示→自由連想　動物を見ることの恐怖症
ルーシー・R嬢	フロイト	嗅覚障害，幻覚
カタリーナ	フロイト	幻覚，不安
エリザベート・フォン・R嬢	フロイト	両足の痛み，歩行障害

まっています。そこでは，自分自身でそれと認められない考えが「意識から抑圧される」ことで症状が表れることが明らかになりました。

② 心の局所論と構造論

こうしてフロイトは，意識から抑圧された心的内容を発見しました。そこから，意識の領域を，意識（気づかれている心の領域），前意識（努力によって思い出せる，あるいはそれと認識できる心の領域），無意識（意識から排除された心の領域）の3領域に分ける心の「局所論（Topographic theory）」が展開されました[3]（Freud, 1915）。もちろん，特定の脳の部位と関連付けているわけではなく空間的なメタファーをもって，心的機能を記述する試みです。彼は，この意識と無意識の間に機能する検閲に着目しました。検閲は，意識の意にかなうものだけを通過させ，意に沿わないものを意識から追い出し抑圧します。この局所論において，精神分析の目的は，無意識を意識化することとされました。

やがて，この検閲機能が超自我として概念化され，意識の中心としての自我，無意識の内容としてのエス，その間の検閲を行う機能が帰属する超自我の三者が想定され，それらがそれぞれに，意識的側面と無意識的側面を持つという「第二の局所論」あるいは「構造論」を展開しました[4]（図5.2.1参照）。

自我は，「私」という主体であり，「エスの意図を満足させるとともに現実からの要請を満たすためのコントロール機能」を担います。それは，現実との接触によって発達する機能であり，車にたとえるとハンドルと言えるでしょう。これに対して，エスは，生きる力であり，車にたとえるとエンジンです。「〜したい」という本能的な欲動なのです。これらの用語を用いて，精神分析の目的を述べるなら「エスあるところに自我あらしめよ」となります。

いずれにしてもフロイトは，心の深層には意識には受け入れがたい内容があり，これを意識によってとらえることを重視しました。それによって意識の領域の拡大を目指したのです。意識，および自我中心の近代的な心性をよく反映した理論が，ここに結実したのです。

当時のウィーンの上流文化において，意識に受け入れ難いとされた心的内容は，多くの場合，性的な色彩を持つ内容でした。そこで，フロイトの視点は，当初，性が心の発達において果たす役割の大きさに向けられました。また同時に，幼児期の体験にも向けられていきました。

（吉川眞理）

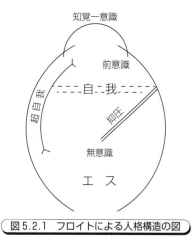

図 5.2.1 フロイトによる人格構造の図

出所：フロイト（1933/2011）

▷3 フロイト, S. 1915 抑圧 新宮一成（訳）フロイト全集 第14巻 岩波書店 pp. 195-209.

▷4 フロイト, S. 1923/2007 自我とエス 本間直樹ほか（訳）フロイト全集 第18巻 岩波書店 pp. 1-62.

（参考文献）

エレンベルガー, H. F. 木村敏・中井久夫（監訳）1980 無意識の発見 下 弘文堂

キノドス, J.-M. 2004/2013 福本修（監訳）フロイトを読む 岩崎学術出版社

フロイト, S. 1900/1968 夢判断 高橋義孝（訳）フロイト著作集 第2巻 人文書院

フロイト, S. 1915-1917/2010 メタ心理学諸編 新宮一成（訳）フロイト全集 第14巻 岩波書店 pp. 195-293.

フロイト, S. 1933/2011 続精神分析入門 道籏泰三・福田覚・渡辺俊之（訳）フロイト全集 第20巻 岩波書店 pp. 65-162.

3　自由連想法の実際

① 自由連想法の発案

　フロイトは，ヒステリー症状を示す女性たちに催眠を用いるカタルシスの技法を試行する中である困難に出会います。この方法はある患者にめざましい効果をもたらしますが，それがなぜなのか，その理由がわからなかったのです。またある患者にはうまくいかないのですが，その理由も同様でした。しばらくすると再発することや，別の形の症状が発生することも多く，繰り返しの施術が必要となりました。フロイトはそのことで「患者の自立性を失わせてはならない[1]」と考えました。そこに麻薬のような中毒性の危険も感じていました。さらに，催眠術者と被術者の間の人間関係についても考察しています。フロイトは催眠の前提として術者への完全な「同意[2]」を要すると述べています。しかし，この同意は副作用として，術者への過度の依存や愛着を生み出していました。これらの副作用を軽減して，被分析者が語りたいことを十分に語れるように，1890年代の臨床実践の中でフロイトが徐々に洗練させていった技法が自由連想法でした。

② 自由連想法の設定

　自由連想法の基本の設定は，「カウチと肘掛け椅子」と呼ばれています。被分析者はカウチに横たわります。分析者は，被分析者の視界の外の枕元の肘掛け椅子に座して「頭に浮かんでくることを何でも，そのまま，そのとおりに話してください」と求めます。フロイトは，1回50分間のセッションを週5日行うことを原則としました。症状が軽い場合や，何度かセッションを重ねてくると，週に2，3日でよいと述べています。

　この自由連想は，催眠術に比較すると，分析者が中立の立場であると主張できることが大きな長所でした。催眠術を用いる場合，被術者が抱く依存や愛着の感情は，能動的な役割を果たす催眠術者によって喚起されたと考えられますが，自由連想法の場合，分析者の影響は最小限にとどめられます。分析者は，中立であり，空白のスクリーンとして機能することを目指します。そこでカウチに横たわる被分析者の様々な感情の動きは，被分析者自身の心に由来していると見なせるようになりました。この前提のもとでフロイトの精神分析の考察はますます深められていきます。

▷1　フロイト，S.　1917/2012　精神分析入門講義　新宮一成ほか（訳）フロイト全集　第15巻　岩波書店　pp. 469-541.
▷2　フロイト，S.　1895/2010　ある特定の症状複合を「不安神経症」として神経衰弱から分離することの妥当性について　新宮一成ほか（訳）フロイト全集　第3巻　岩波書店　pp. 85-115.

③ 自由連想に生じる抵抗

　フロイトは「なにか症状に遭遇するたびに私たちは，病人には特定の無意識的出来事が存しており，それがまさしく症状の意味を含み持っている，と推論してよい。…（中略）…当該の無意識的出来事が意識化されたとたん，症状は消えざるを得ません。」[3]と考え，様々な神経症の患者を対象に自由連想法を行いました。しかし，カウチに横

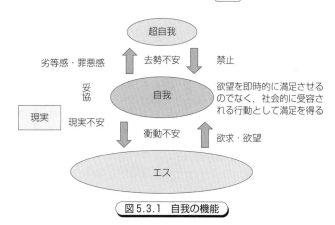

図5.3.1　自我の機能

たわり，思い浮かんだことを自由に話す方法は，遅々として進行しないことが多くありました。そこで，フロイトは，思い浮かんだことを自由に話すことに対して抱く抵抗感，とりわけ症状の背後にある無意識の事柄に近づく際に，自我が抵抗する状況に気づきます。神経症の症状の治療を求めてフロイトのもとに訪れながら，その人の自我は，抑圧されていた心的表象を統合する際に抵抗するのです。心は耐え難い内容を，意識から追い出そうとします（抑圧：repression）。また，その内容から距離をとろうとし（隔離：Isolation），ときにはその存在を否定（否認：denial）します。これらは自我そのものが持つ防衛機能として説明されました。

④ 自由連想法における転移の治療的活用

　このような抵抗を乗り越えて，無意識にとどめられていた心的内容を扱うためには，治療者への信頼感が不可欠になります。フロイトは「かなりの数の症例において治療者の個人的影響力だけが抵抗を除去する」[4]と述べています。この個人的影響力に関しては，被分析者との相性が悪い場合もあり，また愛着しすぎてしまうことに対する恐れが生じる問題もあります。何とか，これらの障害を乗り越えられたとしても，取り組んでいる心的内容を意識に取り込むことが苦痛な場合，その内容が治療者に転移される現象が生じます。[5]この転移を，フロイトは間違った結びつきとしながらも，ほぼあたりまえに生じる現象として「多くの分析における規則的な出来事」としました。

　自我にとって認めがたい心的内容が，神経症症状を引き起こし，さらにその内容が二次的に治療者に転移されたとき，フロイトはこれを転移神経症と呼びました。こうしてリビドー[6]は分析場面における分析者に集約され，二者の関係性において，いきいきと現実に生きられるようになります。この体験を通して，これらの神経症の背後にある症状の意味について，被分析者のペースを尊重しつつ解釈を投げかけながら，ゆっくりと統合させていくワーキング・スルーこそ，精神分析の中心的作業となります。

(吉川眞理)

▷3　フロイト 1917/2012 前掲書

▷4　フロイト 1895/2010 前掲書
▷5　幼児期に感じていた親に愛されたいという感情が治療者に向けられることがしばしば起こる。
▷6　リビドーとは，フロイトによって提出された精神分析のエネルギー論，経済論，欲動論において中心を占める概念。性的エネルギーという意味で用いられ増減のある量的な概念。

参考文献

エレンベルガー，H.F. 木村敏・中井久夫（監訳）1980　無意識の発見 下　弘文堂
キノドス，J.-M. 福本修（監訳）2004/2013 フロイトを読む　岩崎学術出版社
フロイト，S. 1923/2007 自我とエス　本間直樹ほか（訳）フロイト全集　第18巻　岩波書店　pp. 1-62.
フロイト，S. 1926/2010 制止，症状，不安　加藤敏・石田雄一・大宮勘一郎（訳）フロイト全集　第19巻　岩波書店　pp. 9-101.

精神分析がとらえる不安

1　不安の分類

　フロイトは，「自我」は，自らに耐え難い表象や情緒を，防衛の目的で意識から抑圧し，その結果，忘却や転換が生じていると考えました。当初フロイトは，自我を脅かす不安を，満足されない性的興奮の過剰な蓄積による身体的な緊張状態と結び付けて理解していました（不安の第一理論）。[1]　その後のフロイト[2]は，不安は，身体的な水準に位置づけられるものではなく，危険に直面した自我によって心理的に経験されるものと位置づけるようになりました。「自我は，不安の本来の場所である。」[3]という言葉はその考えを端的に表したものと言えます。その危険とは，つねに対象の喪失や対象からの分離に対する自我の恐れを意味していると考えるようになりました。さらに不安について分類と考察を試み，自我が感じている不安を，現実不安，衝動不安，去勢不安に分類しました。フロイトは，自我が防衛を築き，症状を形成するのは，不安を知覚するのを回避するためであると考えていました。

2　現実不安と神経症的不安

　フロイトは，不安のうち，現実の外的危険を察知したことに対する反応，[4]危険の予期に対する反応を，現実不安として位置づけています。この現実不安は，感覚的な注意力や運動性を高め外的な危険に備える点で有効ですが，過度になってしまうと，適切な対処行動を麻痺させてしまう恐れがあります。

　これに対して，神経症的不安とは，現実的な危険に向けられていないものを指しますが，フロイトはこれを二つに分類しています。一つは，明確な対象を持たない広汎な不安です。「どこへでも漂っていく予期不安」[5]とも表現されています。二つ目は，特定の対象に限定された恐怖症です。高所恐怖，閉所恐怖，広場恐怖，現代では飛行機恐怖などがこれに当たるでしょう。その不気味さや危険は一般にも認められていますが，その強度が非常に強い場合，神経症的不安だとしています。

3　衝動不安と去勢不安

　この神経症的不安について，フロイトの考察はさらに深められます。この不安は，リビドー（性的衝動）や，情動の代替として体験されているとしました。

▷1　フロイト，S.　1895/2010　ある特定の症状複合を「不安神経症」として神経衰弱から分離することの打倒について　新宮一成ほか（訳）フロイト全集　第3巻　岩波書店　pp. 85-115.

▷2　フロイト，S.　1926/2010　制止，症状，不安　加藤敏・石田雄一・大宮勘一郎（訳）フロイト全集　第19巻　岩波書店　pp. 9-101.

▷3　フロイト，S.　1923/2007　自我とエス　本間直樹ほか（訳）フロイト全集　第18巻　岩波書店　pp. 1-62.

▷4　フロイト，S.　1926/2010　前掲書

▷5　フロイト　1926　前掲書

また繰り返される手洗いや，鍵の確認などの強迫行為は，不安を抑える効果があるとしました。フロイトは，これらの神経症的不安の源泉はリビドーであると述べています。そこで自我は，エスを起源とするリビドーに圧倒される危険にさらされて不安を感じます。自我が確立することで，リビドーが不安として体験されていると考えてもよいと思います。そして，このリビドーと一体化しようとすると，これを禁止する超自我に脅かされ，今度は去勢不安を感じることになります。フロイトは小さなハンスの症例と狼男の症例[6]において，抑圧の本当の動因は去勢不安であると論証しています。

④ ハンスの症例と去勢不安

5歳のハンスは父親が不在の夏の休暇中に母親に「甘えたい」願望を持つようになります。そのために父親に「あっちへ行って」と言うようになりました。これはフロイトの性欲発達理論においては幼児期の正常なエディプス的な感情[7]です。しかし，ハンスの場合，「ハンスがライヴァルとして憎まざるを得ないこの父親が，以前から愛しており，これからも愛さざるを得ない同じ父親であること，父親が彼にとってモデルであり，最初の遊び仲間であるとともに，幼少期の世話役であったこと，これらが最初の，当面は解け得ない感情的葛藤を生み出した。」[8]そのため，ハンスは家から出て通りに行くことを拒みはじめました。馬にかまれたり，蹴り倒されたりすることが怖いというのです。フロイトはこの恐怖症を，父親によって去勢されるという無意識的な不安を動物へと置き換えた結果であると理解しました。つまり母親に対する強い近親相姦的欲望と，愛する父親を憎むことに対する罪責感の組み合わせが，幼い少年の心に，禁じられた欲望に対する去勢の罰を受ける恐怖を引き起こしたのです。

⑤ 新たな展開──対象喪失に対する不安

その後，フロイトは不安に関する考察をさらに発展させ[9]，自我をおびやかす危険状況とは，待ち望んでいた人物の不在による対象喪失と考えるようになります。「自我が自ら導入する最初の不安条件は，それゆえ知覚喪失という条件であり，これが対象喪失という条件と等置されるのである。」「すなわち痛みは，対象喪失に対する本来の反応である。また不安は，この喪失がもたらす危険に対する反応である。」[10]この対象喪失の不安への言及によって，フロイトの精神分析は，現代人にとってもより身近に感じられるものになりました。

（吉川眞理）

[6] 狼男の症例とは，1910年にフロイトを受診したロシア貴族家庭出身の23才のラフ状態の青年の症例。4年半にわたる分析の後，終結を迎えている。

[7] フロイトの心理性的発達理論によれば，3歳から5歳ごろの時期に幼児は，同性の親を打ち負かして異性の親の愛情を得たいという気持ちと，それにかかわる不安や罪責感を持つ。

[8] フロイト, S. 1909/2008 ある5歳男児の恐怖症の分析（少年ハンス）総田純次・福田覚（訳）フロイト全集 第10巻 岩波書店 pp. 1-174.

[9] フロイト 1926 前掲書

[10] フロイト 1926 前掲書

参考文献
エレンベルガー, H.F. 木村敏・中井久夫（監訳）1980 無意識の発見 下 弘文堂
キノドス, J.-M. 福本修（監訳）2004/2013 フロイトを読む 岩崎学術出版社

5　心の防衛機能

① 二つの本能的欲求

　エスは人間が誕生時に宿している精神的素質のことです。それは遺伝によって譲り受けた生物学的な素質に根ざしています。したがって本能的な欲求はエスに由来しています。フロイトはこの過程を一次過程と名付け，そこではたらく原則を快楽原則としました。ただし，この欲求がいったん自我に意識されると，それはすでにエスではなく自我の領域に属します。自我の介在する過程は二次過程とされ，そこで作用する原則は現実原則と呼ばれます（表5.5.1）。

　エスそのものは意識することができず，また自我によってコントロールすることは難しいとされます。フロイトは，この本能的欲求について，考察を重ねます。最初は，これを自我本能と性本能に分類していましたが，やがて性本能と攻撃本能の分類に移行し，やがて生の本能と死の本能の二元論となります◁2。性本能と攻撃本能による二元論は，アンナ・フロイトや（Freud, A.）ハルトマン（Hartmann, H.）に継承され自我心理学の流れとなります。これに対して，メニンガー（Menninger, K.A.）は死の本能論を踏襲していきました。

② 自我の発生

　自我の由来についてフロイトは「われわれを取りまく外界の影響の下に，エスの一部が特殊な発達を遂げる。もともと外界の刺激を受けて，かつ過度の刺激に対しては個体を保護する器官をそなえるエスの皮膚から，新しい組織が生じ，これがその後はエスと外界の間に媒介の役を果たすようになる。この精神的活動の座を自我と呼ぶのである◁3」と明快に述べています。すでに「自我は知覚─意識の仲介のもとで外界の直接の影響によって変化するエスの部分であり，

▷1　フロイト，S. 1915 欲動と欲動運命　新宮一成ほか（訳）2010　フロイト全集　第14巻　岩波書店 pp. 167-193.

▷2　フロイト，S. 1920 快原理の彼岸　須藤訓任・藤野寛（訳）2006　フロイト全集　第17巻　岩波書店 pp. 53-125.

▷3　フロイト，S. 1940 精神分析概説　渡辺哲夫ほか（訳）2007　フロイト全集　第22巻　岩波書店 pp. 175-250.

表5.5.1　快楽原則と現実原則の対比

快楽原則　Pleasure Principle 快く，心地よいものを求め，その反対に不快なもの，苦痛なものを避ける普遍的な傾向	一次過程 心的機能の連想的，精神的，情動的，前理論的なものをいい，本能衝動と関連をもつ
現実原則　Reality Principle 欲求の即時的な満足を断念し，現実の条件に従って満足を延期したり満足する手段を探ったりすることによって現実に適応した形で欲求を満たす	二次過程 思考的，理性的，論理的なものをいい，本能衝動を抑圧することから創造的なものまでの内容をもつ

出所：長尾（2013）

ある程度まで表面区分を引き継いだものであることは容易に理解される。また自我はエスに対する外界の影響とエスの意図を有効に発揮させるように努力し，エスの中で拘束されずに支配している快感原則の立場に現実原則をおこうと努力している。」とも述べられていて，この論文の中で，フロイトはエスを奔馬に，自我を騎手にたとえています。生きる力の源泉はエスから派生し，自我は，それをうまく馴らして現実において生きられるようにする役割と言えるでしょう。

▷4 フロイト，S. 1923 自我とエス 本間直樹ほか（訳）2007 フロイト全集 第18巻 岩波書店 pp. 1-62.

③ 自我による防衛

　私たちは，自分自身で認めたくない欲求や感情を，自分自身の欲求や感情として感じなくなることがあります。また保持しておくのが辛すぎる記憶が思い出せなくなることもあります。フロイトは神経症の治療において，これらの心の作用に気づき，これを自我の防衛機能として論じました。

　自我の防衛機能にはヴェイラント（Vaillant, G. M.）によって，レベルⅠの病理的防衛，レベルⅡの未熟な防衛，レベルⅢの神経症的防衛，レベルⅣの成熟した防衛に分類されています（表5.5.2）。レベルⅠの病理的な防衛は，外界を現実と異なる形で認識することで，対処しなくてもすむようにしています。精神病水準の混乱や夢，児童期において見られます。レベルⅡの未熟な防衛は成人においても認められますが，この防衛を過剰に用いると社会的適応が困難になります。レベルⅢの神経症的防衛は，一般に成人に認められるもので，短期的には有効でも長期的にはあまり有効とは言えない一次的な対処方法とされています。レベルⅣの成熟した防衛は，社会や人間関係でうまく機能し，かつ内的にも葛藤的な情緒や思考を統合するのに役立つ成熟した心的機能と見なされます。ヴェイラントの分類によれば，自我の防衛機能には病理的なもの，未熟なもの，神経症的なものばかりでなく，成熟した水準のものも存在します。このような防衛を身につけることで，よりよい生き方の実現へとつながっていきます。

▷5 Vaillant, G. E. 1977 *Adaptation to life.* Boston : Little, Brown.

（吉川眞理）

表5.5.2 ヴェイラントによる防衛の分類

レベルⅠ	病理的防衛	転換，妄想的投映，否認，歪曲，過剰な投影，分裂
レベルⅡ	未熟な防衛	行動化，空想，理想化，取り込み，受動的攻撃，投影同一視，投影，身体化，希望的観測
レベルⅢ	神経症的防衛	置き換え，解離，心気症，知性化，分離（隔離），合理化，行動化，対抗，抑圧，打消し，社会的比較，撤退
レベルⅣ	成熟した防衛	受容，愛他主義，予期，勇気，情緒的自己制御，情緒的自己充足，容赦，感謝，謙譲，ユーモア，同一化，慈悲，マインドフルネス，節制，我慢，尊敬，昇華，抑制，耐性

出所：Vaillant（1977）

参考文献

長尾博 2013 ヴィジュアル精神分析ガイダンス 創元社 p. 27.

神経症と PTSD の理解と克服

1　自我が生み出す神経症

　自我は，それを統合することが困難な心的内容と距離をとり（分離），統合しないでおく防衛手段をとることができます[1]。フロイトは，このような防衛機制という概念により，多くの神経症を了解可能にしました。統合することが困難な対象が，自分自身の欲求や感情である場合，それらは自我から遠ざけられ，過度に抑圧されて，自我にとって不安として体験され不安神経症を引き起こすと説明されました。それらを自我から遠ざけておくために多くの心的エネルギーを消耗してしまい，抑うつに結び付くとも考えられています。さらに，そのような欲求や情緒を打ち消す行為をせずにはいられない状態が，手洗いや確認などの強迫症状であるとされました。

2　神経症の解決

　こうして，自我によって生み出された神経症は，どのように解消されていくのでしょうか。そのためにはまず自我がその欲求を自分自身のものとして認め，現実に適合する形でその欲求や感情を実現できる技量を身につける必要があります。また，性的な欲求を知的好奇心や，芸術的な表現に変化させる昇華と呼ばれる過程も重要です。昇華は，「性欲動の力を性的目標から逸らし，何か新しい目標へと向けかえることによって，あらゆる文化的な活動を行うための重要な必要因子が得られるものと考えることができる。こういったプロセスには，昇華という名を与えるのがふさわしい[2]」と説明されます。この概念によれば，人間の性欲動こそが，文化や芸術を生み出す源となっています。精神分析理論は，私たち誰もが持っている性の欲動が新たな価値を生み出す原動力であることを見出したのでした。

3　心の傷つきの影響

　自我が自らに統合できない心的内容には，あまりにも辛すぎた出来事の記憶や，その出来事に伴う情緒的体験も含まれます。とりわけ，個人の安全が脅かされた出来事，たとえば事故や傷害犯罪，戦争被害，性犯罪，災害などによる心的外傷を一般にトラウマと呼びます。しかし，個人にとっての主観的な恐怖や不快，心に及ぼすダメージに関して言えば，長期にわたって続くいじめや両親から

▷1　 Ⅴ-5 参照。

▷2　フロイト，S.　1905　性欲論のための三篇　渡邉俊之ほか（訳）2009　フロイト全集　第6巻　岩波書店　pp. 163-310.

参考文献

フォア，E.B.・ヘンブリー，E.A.・ロスバウム，B.A.　金良晴・小西聖子（監訳）2007/2009　PTSD の持続エクスポージャー療法　星和書店

金吉晴（編）2006　心的トラウマの理解とケア　第2版　じほう

堀川聡司　2015　精神分析と昇華　岩崎学術出版社

American Psychiatric Association.　日本精神神経学会（日本語版用語監修）髙橋三郎・大野裕（監訳）2013/2014　DSM-5 精神疾患の診断・統計マニュアル　医学書院

の愛情欠如や虐待による心的外傷もトラウマに分類されます。

いずれにしても，このような記憶内容や情緒を自我に統合するには相当なエネルギーを要します。この心の作業に取り組むには相当な困難が伴うことでしょう。そのため衝撃を受けた直後の自我は，これらを意識から分離し，抑圧します。たとえば身近な人の死に遭遇するなどのショックを受けたときに，一時的に現実感覚が薄くなってしまう解離が経験されることがあります。感じているはずの感情（怒りや悲しみ）が感じられないことに驚かれることもあります（抑圧）。また，その感情が別の相手に向けられてしまう（置き換え）こともあります。たとえば，避難所で支援者に対して激しい怒りが向けられることもその例です。とくに子どもの場合は，トラウマを受けると両親に赤ちゃんのように甘えて，抱っこしてもらいたがるなどの退行が見られることがあります。この他にも一過性の正常反応として，抑うつ気分や不眠，不安が見られます。このようなトラウマに対する防衛反応は，自我が心を守るための正常な反応なのです。

通常，体験後 1 か月未満のストレス障害は，急性ストレス障害と呼ばれます。これはかなりの確率で自然治癒に向かいます。しかし，1 か月経過してもなお，表5.6.1のような症状が生じている場合，外傷後ストレス障害（PTSD：Posttraumatic Stress Disorder）と呼ばれます。

❹ PTSD の治療

振り返ると，V-2 でとりあげたフロイトの精神分析は，この PTSD に対するアプローチであったと位置づけることもできます。精神分析は，十分な時間をかけて，自我がその体験を統合するのを支援しますが，それを実現するためには，相当に強い治療者と患者の間の信頼関係が前提となります。これに対して，近年は定式化された技法を確立して，その技法への信頼感によって治療的な効果を上げる行動療法として，持続的エクスポージャー法（Prolonged Exposure Therapy）や，眼球運動による脱感作と再処理法（Eye Movement Desensitization and Reprocessing）等が考案されています。これらの技法は，それぞれの特徴をそなえていますが，いずれも治療者の支持のもとで出来事を想起し，想起しても安全であることを繰り返し体験しながら，その心的刺激を，再処理し，馴化していく手法であると言えます。

（吉川眞理）

表 5.6.1 DSM-5 における心的外傷後ストレス障害の診断基準

A：実際にまたは危うく死ぬ，重症を負う，性的暴力を受ける出来事への，以下のいずれか 1 つ（またはそれ以上）の形による曝露
①心的外傷的出来事を直接体験する。
②他人に起こった出来事を直に目撃する。
③近親者または親しい友人に起こった心的外傷的出来事を耳にする。
④心的外傷的出来事の強い不快感をいだく細部に，繰り返しまたは極端に曝露される体験をする。

B：心的外傷的出来事の後に始まる，その心的外傷的出来事に関連した，以下のいずれか 1 つ（またはそれ以上）の侵入症状の存在
①心的外傷的出来事の反復的，不随意的および侵入的で苦痛な記憶
②心的外傷的出来事に関連している反復的で苦痛な夢
③心的外傷的出来事が再び起こっているように感じる。またはそのように行動する解離症状
④心的外傷的出来事の側面を象徴するまたはそれに類似するきっかけに曝露された際の心理的苦痛
⑤④のきっかけに対する顕著な生理学的反応

C：心的外傷的出来事に関連する刺激の持続的回避。心的外傷的出来事の後に始まり，以下のいずれか 1 つまたは両方で示される。
①心的外傷的出来事についての苦痛な記憶，思考，または感情の回避，または回避しようとする努力
②心的外傷的出来事についての，密接に関連する苦痛な記憶，思考，または感情を呼び起こすことに結びつくものの回避，または回避しようとする努力

D：心的外傷的出来事に関連した認知と気分の陰性の変化。心的外傷的出来事の後に発現または悪化し，以下のいずれか二つ（またはそれ以上）で示される。
①心的外傷的出来事の想起不能
②自分自身や他者，世界に対する持続的で過剰に否定的な信念や予想
③自分自身や他者への非難につながる，心的外傷的出来事の原因や結果についての持続的でゆがんだ認識
④持続的な陰性の感情状態
⑤重要な活動への関心または参加の著しい減退
⑥他者から孤立している，または疎遠になっている感覚
⑦陽性の情動を体験することが持続的にできないこと

E：心的外傷的出来事と関連した，覚醒度と反応性の著しい変化。心的外傷的出来事の後に発現または悪化し，以下のいずれか 2 つ（またはそれ以上）で示される。
①人や物に対する言語的または身体的な攻撃性で示されるいらだたしさと激しい怒り
②無謀なまたは自己破壊的な行動
③過度の警戒心
④過剰な驚愕反応
⑤集中困難
⑥睡眠障害

・6 歳以上の子ども，青年，成人に適用。
・B，C，D，E の持続が一カ月以上。
・その障害は，臨床的に意味のある苦痛，または社会的，職業的，または他の重要な領域における機能の障害を引き起こしている。

出所：American Psychiatric Association（2014）（一部改変）

7　幼児性欲理論と性格形成

1　フロイトの精神性的発達理論

　19世紀に発表されたダーウィン（Darwin, C. R.）の「進化論」は心理学に大きな影響を与え、「子どもから大人への変化と連続性を知ること」は重要なテーマとなりました。発達心理学では、ピアジェ（Piaget, J.）などが、観察可能な子どもの発達過程を測定して理論を構築しました。一方、臨床心理学では、フロイトが、過去の重要な出来事を解釈することで子どもの心の在り方を推測するという精神分析の方法論を用いて発達理論を構築しました。これを、精神性的発達理論と呼びます。精神性的発達理論は、心の問題を抱えるクライエントの支援が求められる心理臨床の現場で役立てられてきました。

2　精神性的発達理論による発達過程

　フロイトは、人は生まれたときからリビドーと呼ばれる性的エネルギーを持ち、生きる力の根源となると考えました。子どもが成長過程で特定の身体部位に「小児性欲◁1」を感じることは、自我の発達を促進させると考えたのです（表5.7.1）。
　フロイトは、乳幼児期のあり方が、成長した後の適応・不適応を決定づけると考えました。口唇期の乳児は、世界とかかわるための自我を持たず、本能に支配された「一次的ナルシシズム◁2」と呼ばれる自己に没入する状態の中で、自分自身を愛することを学びます。これは、目的、信頼感、野心を生む源泉となります。肛門期になると、子どもは排便を自分で行えるようになることを通して、自己をコントロールすることを学びます。これは、将来的に家族や周囲の期待

▷1　小児性欲
小児性欲とは、口唇期から男根期までの間に見られる性的欲動。性感帯（口唇、肛門、男根、クリトリス）の快感を得るための活動を指す。自分のみで満たされ、他者との性器の結合を求める大人の性欲とは異なる。

▷2　一次的ナルシシズム
一次的ナルシシズムとは、乳児期初期に見られる、外界の刺激が遮られた状態で自分自身を愛することを指す。フロイトは、一次的ナルシシズムは成長する中で「よいもの」を作り出していくことに関係があり、理想的な自己イメージとなって残ると指摘する。

表5.7.1　精神分析理論による自我の発達段階

年齢	発達段階	活動様式	心理的意味	発達段階の特徴
0歳～1.5歳	口唇期	吸う	母のやさしさ・愛情	吸う、噛むなど口唇の活動によって快感を得ようとする時期。
		飲み込む	取り入れ・同一化	
		吐き出す	排除・拒絶	
		噛みつく	破壊	
1.5歳～3歳	肛門期	排出	支配に反抗－服従	大便の排泄に快感を得ようとする。とくに2，3歳ごろのトイレット・トレーニングの時期を指す。
			攻撃性－積極性	
		保持	所有－受身	
3歳～5歳	男根期（エディプス期）	男根保持（男性）	母を独占（男性）	男女とも自らの性器からの快感を得ることで性差を意識しはじめる。異性としての両親を意識し、エディプス・コンプレックスが生じる。
		去勢不安	父と競争、恐れ	
		男根羨望（女性）	父を独占（女性）	
		去勢コンプレックス	母と競争、恐れ	
5歳～12歳	潜伏期	性的な快感から遠ざかる		エディプス・コンプレックスから、性的欲動を強く抑圧する時期。社会習慣を身に付けたり、知識の習得にエネルギーを注ぐ。
12歳～	性器期	生殖		思春期に幼児性欲は再燃するが、異性との性行為の快感として統合される。この段階で、人は心理的に成熟する。

と折り合いをつける力へとつな
がります。そして，男根期に
入って異性の親との親密さと分
離を巡るエディプス・コンプ
レックス[3]を経て，子どもは両親
と適切な距離をとりつつ，親密
な関係を築くことを学びます。

表5.7.2 パーソナリティタイプと心理障害との関係

固着した部位	欲求の充足	パーソナリティの特徴	関連する症状
口唇	満たされた	依存的，受動的，自信，安心，楽天的	抑うつ
	満たされなかった	横柄さ，ひがみ，悲観，絶望，自閉	
肛門	満たされた	意地，強情，だらしなさ，不潔，ルーズ	強迫
	満たされなかった	きちょうめん，しまり屋，けち，義理堅さ，潔癖，時間に厳格	
男根	満たされた	見栄，出しゃばり，競争，強気，優越感，積極性－男性的	ヒステリー
	満たされなかった	引っ込み思案，弱気，失敗不安，劣等感，消極的－女性的	

出所：長尾（2013）を改編

これは，有能感や，愛する者と一体化する喜びにもつながります。

しかし，幼児期の葛藤が解決されないままに抑圧されると，自我の発達がその段階で止まってしまい，成長してからも同じような葛藤を引き起こし，神経症の症状を作り出します。この葛藤をリビドーの「固着」と呼び，発達が停滞した段階は，リビドーの固着点と言われます。リビドーの固着は，神経症の症状を作り出すほか，パーソナリティの形成要因にもなるのです。

③ 自我の発達段階とパーソナリティ

フロイトは，リビドーの固着すなわち幼児期の性的なこだわりが，パーソナリティの形成と関係すると考えました。子どもは適度な欲求不満を感じることで，自分の欲求のままに振る舞う快感原則から，現実と折り合いをつける現実原則を学びます。しかし，欲求が満たされないか逆に過度に満たされると，その発達段階でのリビドーの固着が生じ，特定のパーソナリティが形成されます。

ここで注目すべきは，フロイトが心理障害とパーソナリティタイプに対応があると考えたことです（表5.7.2）。抑うつ的な人は，それが健康的な水準であろうと神経症的な水準であろうと口唇パーソナリティの特徴を備えており，強迫的な人は肛門パーソナリティの特徴，ヒステリー的な人は男根パーソナリティの特徴を備えていると理解されます。このように，精神性的発達理論にもとづくパーソナリティタイプは特定の神経症傾向を理解する助けとなり，精神分析的治療と深くかかわっています。

④ フロイトの発達理論の後世への影響

フロイトの，性的本能の固着のみから性格を理解しようとする試みは，最終的には満足な結論に至ることはありませんでした[4]。しかし，エリクソン（Erikson, E. H.）は，フロイトの発達段階を人生全体に拡張して社会性との関連で成熟の過程を述べ，ホーナイ（Horney, K.）は，幼少期の対人関係での葛藤と神経症傾向とを説明するパーソナリティ理論を構築するなど，精神性的発達理論は後継者たちに大きな影響を残しています。フロイトの発達理論は，成熟段階での特定の時期の葛藤から精神病理を理解するという意味で現在でも受け継がれているのです。 （安藤聡一朗）

▷3 **エディプス・コンプレックス**
フロイトの提唱した，異性の親を巡る同性の親との葛藤を表す概念。葛藤を克服することで，子どもは他者と程よい距離感をとる能力が育つと考えられている。父親を殺して母親と結婚した結果，神々に呪われたギリシア神話のオイディプス王の故事にもとづく。

▷4 現代社会ではフロイトの時代のドイツほど性的な表現が抑圧されていることも関係しているかもしれない。

参考文献
ベイトマン，A.・ホームズ，J. 館直彦（監訳）2010 臨床家のための精神分析入門——今日の理論と実践 岩崎学術出版社
フロイト，S. 古澤平作（訳）1953 続精神分析入門 フロイト選集3 日本教文社
前田重治 1985 図説臨床精神分析学 誠信書房
マクウイリアムズ，N. 成田義弘（監訳）2005 パーソナリティ障害の診断と治療 創元社
長尾博 2013 精神分析ガイダンス 創元社

8　分析心理学の出発

1　フロイトとユングの出会い

　牧師の息子として生まれたユング（Jung, C. G., 1875-1961）は，バーゼル大学の医学部に学び，1900年からチューリッヒのブルクヘルツリの精神科病院のポストにつき，言語連想検査の研究に取り組みました。当時のユングは，ジャネ（Janet, P.）の解離の研究やブロイラー（Bleuler, E.）とフロイトのヒステリー研究に興味を抱き，チューリッヒ大学の講義で紹介していました。フロイト（1856-1939）の著作『夢の解釈』で論じられた抑圧の概念が，自分自身の言語連想検査における観察に一致することに感銘を受け，フロイトの学説を支持する『分裂病の心理』を刊行します。この書を読んだフロイトからの招きでユングはウィーンのフロイトを訪問し意気投合します。1907年2月のことでした。

2　フロイトとユングの間の軋轢

　当時のユングにとって，19歳年長のフロイトはきわめて聡明で，鋭い洞察力を持つ非凡な人物と映りました。フロイトにとってユングは，当時の精神医学会において精神分析の正当性を学術的に評価したはじめての非ユダヤ系の精神科医でした。フロイトはユングが精神分析を正統化する役目を担ってくれるものと期待したのですが，そのユングがオカルト現象に興味を抱いていることに対して苦々しく思っていました。一方ユングは，フロイトとの交流が深まるにつれて，あらゆる神経症が性的抑圧，あるいは性に関連する心的外傷に由来するという精神分析の理論に全面的に同意することに困難を感じていました。ユング自身の臨床経験によれば，性的な抑圧や性に関連する心的外傷から症状を持つ患者もいましたが，社会的な体面や罪責感にかかわる心理的葛藤に苦しむ患者もいると感じられていたからです。1909年，フロイトとユングは，アメリカの心理学者ホール（Hall, G.S., 1844-1924）の招きでクラーク大学における講演旅行に出かけます。この旅において，二人の不仲は，決定的なものになりました。◁1

3　フロイトとユングの決別

　1912年ユングは，独創的な思索をまとめた『変容の象徴』を，「教師にして師匠なる人の足下へ，不服従の，しかし感恩の弟子より」の献辞とともにフロ

▷1　1909年4月16日　フロイトからユングへの書簡より
「あなたを公式に長子として迎え入れ，わたしの後継者とし，あわせて太子としての塗油式をあげたまさにその日の夜，あなたはわたしから父親としての尊厳を剥奪しようとし」たと前置きしつつ，「ふたたび父親の役割に逆戻りして」ユングのオカルト説に反論。「なにかを理解しようとしてそのような大きな犠牲を払うよりは，むしろ理解しないほうがましであると忠告したい」。
マクガイア, W.（編）平田武晴（訳）1979　フロイトユング往復書簡集　上　誠信書房　p. 291.

イトに送り，フロイトから「私たちの私的関係そのものを解消する」との手紙を受け取りました。この決別の後，1913年から1917年にかけて，ユングは，チューリヒ大学の講師も辞任して，自宅での個人臨床と思索に没頭する内閉的な生活を過ごします。そこでユングは実験的に能動的空想に取り組んでいました。当時のユングの空想がいきいきと記録された著作の内容は長く伏せられてきましたが，近年『赤の書』として出版されています。エレンベルガー（Ellenberger, H.F.）はこの時期のユングの状態を創造的病と名付けました。激しい情動をイマジネーションに表現する作業によって，ユング自身が心の平衡を取り戻す過程の痕跡をそこに読み取ることができます。この心的作業を経て，ユングは，フロイトとは独立に，分析心理学の体系を構想し，『自我と無意識の関係』や『心理学的タイプ』の執筆を開始しました。

▷2 エレンベルガー，H. F. 木村敏・中井久夫（監訳）1980 無意識の発見 下 弘文堂

④ フロイトとユングの無意識観の対比

フロイトは客観的な科学的態度を重視していました。フロイトは，生まれたばかりの子どもの心はタブラ・ラサとする経験主義に沿って，心の表象は生後の身体的経験，外的世界との経験から派生したものととらえていました。その中で徐々に生成してきた自我は，心的内容のうち自我と相いれない内容を排除するため，それらの内容は無意識の領域にとどまり，そのような無意識の内容の自我への再統合が心の発達をもたらすと考えていました。それは自我を中心に置いた力動的な心のモデルでした。

一方，ユングは，意識と無意識の両者が心の全体性を構成するととらえていました。そして，無意識にはフロイトの考えた個人的な無意識ばかりではなく，人類に共有される水準の無意識，普遍的無意識が存在していると考えました。現実に対処するために，自我は方向性を持たざるをえませんが，これに対して無意識は，意識の一面性を補償する方向で作用すると考えました。フロイトとユングの意識と無意識の理論の対比をまとめたものが表5.8.1です。

(吉川眞理)

表5.8.1 フロイトとユングの意識と無意識へのアプローチ比較

	フロイト	ユング
無意識への着目	個人的無意識	集合的無意識
自我と無意識	エスあるところにエゴあらしめよ	自我一自己軸への着目
ダイナミズム	自我と無意識の葛藤	心の自然的な補償機能
理論	性理論	元型理論
アプローチ	因果論（還元的）	目的論（予見的）
目標	自我の安全・願望の充足	心（自我一自己）の均衡
方向性	自我の確立	自己実現

(注) 元型については VI-2 参照。

参考文献

ヤッフェ，A.（編）河合隼雄他（訳）1972 ユング自伝 I ——思い出，夢，思想 みすず書房
ユング，C. G. シャムダサーニ，S.（編）河合俊雄（監訳）田中康裕・高月玲子・猪股剛（訳）2010 赤の書 創元社

9　精神分析の展開①英国の対象関係理論

1　英国の対象関係理論の始まり

　1890年代に創始されたフロイト（Freud, S.）の精神分析は，1920年代から英国において対象関係理論と呼ばれる独自の理論の展開へと繋がっていきます。精神分析と対象関係理論の比較を表5.9.1に示します。

　対象関係理論における「対象」とは，乳幼児期における対象つまり母親を指します。外界に実在する外的対象に加えて，精神内界に形成される内的対象との関係を重視するのが対象関係理論に共通する考え方です。

　精神分析では，対象は本能の充足のための手段であり，本能を一義的と考え，エディプス期[1]を重視しています。一方，対象関係理論では，自我は本能の満足のために対象を求めるのではなく，本来的に対象を求めており，自我と対象との関わりを一義的と考え，前エディプス期[2]を重視しています。

2　クラインの対象関係理論

○クライン（Klein, M.）

　対象関係理論の基盤を築いた人物です。子どもの遊戯療法（児童分析）[3]を行いながら「無意識的幻想」を解釈していく手法を用いて，乳幼児が外的世界だけでなく内的世界に生きていること，早期の対象関係の重要性や多様さに気づきました。そして羨望，嫉妬，貪欲といった無意識の基本的情緒や，分裂や投影同一化[4]といった原始的防衛機制[6]が働いていることを見出しました。

　また，対象との関係性と，その関係を自我がどう体験するかに力点を置く中で，ポジション（態勢）の概念を提唱しました。生後4か月頃までの「妄想—分裂態勢」では，理想化した乳房は「良い対象」，攻撃した乳房は「悪い対象」で別々のものと見なして妄想—分裂の状態にあり，母親の乳房とだけしか関係を持てません（部分対象関係）。また，生後4か月頃から2歳頃までの「抑うつ態勢」では，理想化していた対象と攻撃していた対象が一つのものであると気

表5.9.1　精神分析と対象関係理論の比較

精神分析	・「対象は本能の充足のための手段」と考える。 ・エディプス期（父・母・子の三者関係）を重視する。
対象関係理論	・「自我は本来的に対象希求的」と考える。 ・前エディプス期（母子の二者関係）を重視する。

づき，愛する母親を失うかもしれないと抑うつ不安を感じ，母親全体と関係が持てるようになります（全体対象関係）。

3 対象関係理論の発展

○ビオン（Bion, W.）

母親が赤ん坊の苦痛や恐怖の体験を言語的・共感的に受け容れて解釈することを「アルファ機能」と呼び，母親の赤ん坊を包み込む器（コンテイナー）としての機能について着目しました。赤ん坊は強い苦痛と恐怖を体験し，母親の中にその体験を投げ入れますが，母親のアルファ機能によって赤ん坊は強い苦痛と恐怖に持ちこたえられるようになると考えました。

○フェアバーン（Fairbairn, D. R.）

自我と対象とのかかわりを第一義的なものととらえて，「自我は本来対象希求的である」という命題を打ち出しました。精神病理学的状態の中でもっとも深いものは分裂的状態であるとし，その状態を解明することで人格の基盤や基底的な精神過程を研究しました。対象関係すなわち対象への依存の在り方を軸にして，受け取る態度である乳児的依存期から，移行期を経て，与える態度である成熟した依存期に至るといった独自の発達段階を提唱しました。

○ウィニコット（Winnicott, D. W.）

子どもの内的な主観的世界から外的な客観的世界への橋渡しとしての概念と理論を築いた人物です。内的世界から外的世界への移行プロセスについて「移行対象」関係論として独自の理論を展開し，幼児期の情緒発達理論の検討から「ほどよい母親」（ふつうに見られる献身的な母親）の概念を提唱しました。

○ガントリップ（Guntrip, H.）

非常に早期の乳幼児に対する母性的養育に焦点を当てて，精神病理は最早期の母性的接触の失敗に対する反応として起こると考えました。分裂的人間（統合失調症）の引きこもった自我のことを「退行した自我」と呼び，乳幼児に親との実際の関係で得られなかったものに対する代理的な置き換えであると考えました。

○バリント（Balint, M.）

精神分析的解釈が通用しない成人の患者を，精神発達がエディプス期より以前の原初的なレベルにあると考えて，「基底欠損」の概念を提唱しました。基底欠損は乳幼児期の段階での欲求が十分に満たされないことを起源とし，成人においても二人関係しか存在しない特徴をもつと考えました。

（小泉藤子）

がある。

▷7 移行対象
乳幼児が特別に愛着を寄せる毛布，タオル，ぬいぐるみなど母子未分化な状態から分化した状態への移行のために用いられる対象。

参考文献
スィーガル，H. 岩崎徹也（訳）1977 メラニー・クライン入門 岩崎学術出版社
グリーンバーグ，J. R.・ミッチェル，S. A. 横井公一（監訳）大阪精神分析研究会（訳）2001 精神分析理論の展開 ミネルヴァ書房
松木邦裕 1996 対象関係論を学ぶ——クライン派精神分析入門 岩崎学術出版社
松木邦裕（編）2004 オールアバウト「メラニー・クライン」現代のエスプリ別冊 現代の精神分析家シリーズ 至文堂

10 精神分析の展開② 米国のネオ・フロイディアン

1 米国の精神分析の始まり

　1890年代に創始されたフロイト（Freud, S.）の精神分析は，米国における独自の理論の展開へと繋がっていきます。米国は当初から精神分析に好意的であり，フロイトの米国講演旅行では，米国精神医学会のホワイト（White, W. A.）らが精神分析の価値を認めて理解を示しました。初期の米国の精神分析においては，地理的条件のため精神分析の本格的教育を受けることは困難でしたが，そのことで米国独自の力動精神医学と精神分析学が展開していきました。

2 ネオ・フロイディアンの台頭

　1930年代にはネオ・フロイディアンと呼ばれる流派が台頭しはじめます。オースティン・リッグス・センターや，1940年代に設立した後のウイリアム・アランソン・ホワイト精神分析研究所を拠点として，米国において活躍の場を広げていきました。

　精神分析とネオ・フロイディアンの比較を表 5.10.1 に示します。ネオ・フロイディアンは，人間の動機づけや体験の本質や生きることの困難さに関する基本的前提において，精神分析における生物学的側面を重視した「欲動理論」[1]は根本的に誤っているという共通の見地から出発しています。また，精神分析はパーソナリティの起源や発達の歪みを説明する理論では必ず強調されている社会的・文化的背景の重要性を十分に強調していないという信念も共有していくことになります。

　こうしてネオ・フロイディアンは，基本的前提において社会的・文化的要因を重視した「対人関係理論」を構築していきますが，パーソナリティへの文化の貢献を強調する点で，米国の対人関係理論は，英国の対象関係理論とははっきり異なっています。

▷1　欲動理論
生得的に備わっている精神的エネルギーである性的な欲動（リビドー）を中心にして考え出された精神分析の理論。

表 5.10.1　精神分析とネオ・フロイディアンの比較

精神分析	・欲動理論にもとづく。 ・生物学的側面を重視する。
ネオ・フロイディアン	・対人関係理論にもとづく。 ・社会的・文化的要因を重視する。

3 ネオ・フロイディアンの対人関係理論

○サリヴァン（Sullivan, H. S.）

ホワイトの紹介でシェパード・アンド・エノック・プラット病院に赴任して，当初は不治の病とされていた精神分裂病（統合失調症）患者，とりわけ重症な破瓜型分裂病者に対して，精神療法を行った人物です。精神医学は「対人関係の学」であると定義し，外的な現実の対人関係を理論の中心に据えました。人間にとってもっとも重要な欲求は自分にとっての重要人物からの承認の欲求であると考えました。また，精神障害は幼児期の対人的経験にもとづく障害であるため，患者の破綻は対人関係の場の失調として顕わになり，治療は患者と治療者との対人関係の場において遂行されると考えました。そして患者一人ひとりに対しての細部や職員配置にまで細心の注意を払って，男子精神分裂病患者のための小さい病棟の運営も行うなどして，社会的で対人関係的な設定の重要さを広く知らしめました。医者は，みずから関与しつつ観察する特殊な立場にある点に着目して，これを，「関与しながらの観察」と呼びました。

○フロム=ライヒマン（Fromm-Reichmann, F.）

分裂病患者と治療者との関係において，言語だけでなく非言語的な相互作用も含めて治療的対人関係への洞察を深めました。精神療法の基本を聴くことに置き，解釈よりも，患者の不安，罪悪感を取り除くために理解し，支持することを重視しました。そして，健康への動機，人間性に内在する潜在的能力をつねに忘れず，尊敬と平等の感覚をもって接することによって，患者の成長成熟，社会的価値からの内的独立の達成を目指し，治療にあたりました。

○ホーナイ（Horney, K.）

「基底不安」（「敵意に満ちた外界に囲まれて，自分が孤独で無力である」という幼児の感情）の概念を提唱し，基底不安が後の神経症的な性格の形成に繋がると考えました。また，神経症は「真の自己」と「理想化された自己」との葛藤だと考え，分析治療では，真の自己が建設的に成長する機会を経て自己実現へと向かうのを助力しました。

○フロム（Fromm, E.）

人々の内的世界だけでなく，実際に生きている社会の在り方や歴史に注目し，マルクス（Marx, K.）の思想の影響を受けて社会学的な基礎の上に精神分析理論を据えようとしました。主著の『自由からの逃走』（1941）では，第一次大戦後のドイツにおいて伝統的権威体制から資本主義に変わったことで，下層中産階級の人々が自由を手に入れますが，自由を得たゆえに孤独や不安を持ち，自由を恐れるようになるといった話から，社会の在り方により主体性を放棄するようになる人間の姿を描きました。

（小泉藤子）

▷2 破瓜型分裂病者
緊張型・妄想型・破瓜型に分類される精神分裂病（統合失調症）の亜型の一つ。破瓜期（思春期）に発病して，陰性症状が顕著である。

参考文献

フロム，E. 日高六郎（訳）1965 自由からの逃走 東京創元社
サリヴァン，H.S. 中井久夫・宮崎隆吉・高木敬三・鑪幹八郎（訳）1990 精神医学は対人関係論である みすず書房
グリーンバーグ，J.R.・ミッチェル，S.A. 横井公一（監訳）大阪精神分析研究会（訳）2001 精神分析理論の展開 ミネルヴァ書房
ホーナイ，K. 霜田静志・国分康孝（訳）1995 自己分析 誠心書房

フロイトによる生と死の本能論

❶　フロイトのとらえた心の発達の初期

　フロイト（Freud, S.）は，臨床素材の思索において心の深層を突き動かす欲動（リビドー）をとらえました。フロイトがとらえたその欲動は，性の本能であり生の根源でした。彼は近代ヨーロッパにおける性欲の概念を拡大し，性欲の始まりを早期幼児期としたのでした。フロイトは，幼児性欲の表れとして，指しゃぶりをする子どもの例を挙げます。その子どもはすでに経験したことのある快を探求しているのであり，その快は生命を維持するために母親の乳房を吸うことで生じています。ここで乳児は，まだ全体としての母親とかかわっているわけではありません。母親の乳房という部分的な対象と関係を持っている段階です。この段階では「自我─主体とはすなわち快い物であり，外界はというと，何の関心も呼び起こさない。どうでもよいものということになる。」それは，自体性愛の段階であり一次的ナルシシズムの状態と名付けられました。

❷　愛することの始まり

　その後，自我は不快な内的刺激から逃れようとして，自体性愛から脱して外的対象へ向かうようになります。対象が快の源泉であるとき，私たちはその対象を「愛する」ようになります。一方，不快の源泉であるとき，それを「憎む」ことになります。フロイトは「自分に満足を惜しみなく与えてくれる乳房という器官を持っている人物の全体表象を作れるようになるころ」になると，「『愛する』という語を性的対象に対する自我の関係に適用するのは最も妥当と感じられる。…（中略）…性のすべての部分欲動が総合されるとき，はじめてこの関係に『愛している』という語が適用される」と述べています。ここで，フロイトは自体性愛，あるいは部分対象との関係から，他者への愛への移行を論じており，このように他者への愛を感じることが，リビドーをめぐる成長の一つの終着点ととらえられています。

❸　性の欲動の昇華による達成

　こうして，フロイトのとらえた性の欲動（リビドー）すなわちエロスは，他者を求め，愛する力へと結びつきます。しかし，自体性愛も他者への愛も，完全に満たされるものではないので，欲求不満を引き起こします。そのような欲

▷1　フロイト, S.　1905/2009　性欲論のための三篇　渡邉俊之ほか（訳）フロイト全集　第6巻　岩波書店　pp. 163-310.

▷2　フロイト, S.　1915/2010　欲動と欲動運命　新宮一成ほか（訳）フロイト全集　第14巻　岩波書店　pp. 167-193.

▷3　フロイト　1905/2009　前掲書

▷4　フロイト　1915/2010　前掲書

求不満は，自我の防衛機制の一つである昇華の機制を通じて，性的欲動の目標を非性的な目標に交換すると考えました[5]。それは文化的，学術的，社会的な達成をもたらします。こうしてフロイトの心の深層への探求は，そこに他者に向かう愛や芸術および研究，さらには社会的活動の源を認めてきました。

4 快原理から涅槃原理へ

第一次世界大戦下のウィーンで開業していたフロイトは，性の欲動では説明のつかない心の現象と直面することになります。それは当時，戦争神経症と呼ばれた外傷性神経症（今でいう PTSD）において，危機体験後に生じる不安，症状，反復夢でした。生命を脅かされた過酷な体験が夢の中で繰り返される現象に対して，夢は願望の充足を目的としているという夢理論の修正を迫られたフロイトは，快原理に対して，心の中にある興奮量をできるだけ低く維持しようとする恒常性の原理（涅槃原理）を見出します。この原理によって外的な要因に脅かされた心は，その経験を夢において繰り返すことで，受動的で不快な経験を能動的経験へと変容する可能性が説明されたのでした[6]。それは，過去にさかのぼってその不安に備えることを目指す営みでもあり，反復強迫にもつながると述べられています[7]。

5 死の本能論

もう一つは，メランコリーにおいて自我を死に追い立てる過酷な超自我の存在でした。「自我が，自分は超自我によって愛されておらず，憎まれ責められていると感じている故に，自らを放棄する。自我にとって生とは，つまり愛されること，超自我によって愛されることと同義になっている。超自我は，かつて父親が，そしてのちには神意や運命が持つようになったのと同じ庇護的，救済的な機能を代表するものだからである[8]」。これらの考察と同時期にフロイトは，「生命ある物はすべて内的根拠のために死に，無機的なものへと還っていくということを，例外のない経験として仮定することが許されるなら，…（中略）…あらゆる生命の目標は死であり，翻っていうなら，無生命が生命あるものより先に存在していたのだ。」と述べています[9]。こうしてフロイトは，生の本能と対峙する死の本能を概念化しました。フロイトによれば心の深層には，生の欲動と死の欲動の葛藤が存在し，私たちの生涯とは，つかの間の生において他者との融合を目指しつつ，やがて元の無機的な平穏へと立ち還る道筋ということになります。この死の本能論は，当時，大きな反発を受けました。それでも，フロイトは，無意識の圧倒的な影響力を発見しこれを客観的に記述しようとする姿勢を貫いた精神分析家だったのです。

（吉川眞理）

▷5 フロイト，S. 1910/2009 高田珠樹ほか（訳）レオナルド・ダ・ヴィンチの幼年期の想い出 フロイト全集 第11巻 岩波書店 pp. 1-97.

▷6 フロイト，S. 1920/2006 快原理の彼岸 須藤訓任・藤野寛（訳）フロイト全集 第17巻 岩波書店 pp. 53-125.

▷7 フロイト，S. 1923/2007 自我とエス 本間直樹ほか（訳）フロイト全集 第18巻 岩波書店 pp. 1-62.

▷8 フロイト 1923/2007 前掲書

▷9 フロイト 1920/2006 前掲書

（参考文献）

キノドス，J.-M. 福本修（監訳）2004/2013 フロイトを読む 岩崎学術出版社
フロイト，S. 1926/2010 制止，症状，不安 加藤敏・石田雄一・大宮勘一郎（訳）フロイト全集 第19巻 岩波書店 pp. 9-101.

ユングによる個性化理論

① 個性化とは

▷1　X-4 も参照。

　ユング（Jung, C. G.）は，個人のパーソナリティが生涯を通して，その人らしい発展を遂げる過程を個性化と名付けました[1]。社会の中で生きる経験の中で，その人の生来の素質が発現し，独自のパーソナリティが形成されていきます。ユングが「たとえば植物が自らの独自性を可能な限り展開しようとすれば，何より先に自らが植えられている土壌の中で成長できるようにならなければならない」[2]というメタファーで表現したように，それは社会的な要請にほどよく応じながら，内在している素質的な個人的要素を社会において発現していくプロセスとなります。

▷2　ユング, C.G. 林道義（訳）1921/1987　タイプ論　みすず書房

② 普遍的無意識に潜在する元型

　意識によって抑圧された内容に着目したフロイトに対して，無意識は，日常的に一面性を持つ意識の作用を補償する機能を持つというのが，ユングの考え方でした。無意識は，つねにそれ自身の内容の編成・再編成を通して発展しており，夢やイマジネーションは心の自然的な所産として，そのような無意識の発展過程を自己記述するものとしてみなされます。そのため，ユングによる分析心理学においては，現代でも夢素材を取り扱うセッションが重視されています。ユングは，自身の臨床実践において夢やイマジネーションの内容と神話的素材との一致を多く見出しました。そこにはいくつかの共通するパターンや登場人物が認められました。ユングはそれらが無意識の中でも個人を超えた普遍的，集合的な層に由来するとして，その共通パターンを元型と名づけました。これらの元型は時代を超え，文化を超えた共通性を持っています。神話だけでなく，宗教のモチーフや，伝承，昔話，多くの人の心に訴える芸術作品は，この元型と深いかかわりを持つと考えることができるでしょう。

　ユングの紹介した元型には，表6.2.1のようなバリエーションがあります。

③ 自己の実現過程としての個性化

　ユングは，外的環境，社会において活動しようとする意識と内在する無意識の両者のせめぎあいのプロセスにおいて，その人独自の個性が形成されると考えていました。この個性化のプロセスは「個性というものを我々の最も内奥の，

何者にも代え難い独自性と解する限り，自分自身の本来的な自己になること[3]」なので，自己実現（Self-Realization）とも言われます。個性化とは，外界から押し付けられた規範通りに人生を生きることではなく，また無意識の層深くにおいて作用する元型そのままに取りつかれてしまうことでもありません。元型と同一化してしまう状況は，とても危険な状況と言えます。例を挙げるなら，自分自身が英雄であるとアピールする国家のリーダーがこれに当てはまることでしょう。いわゆるアイドルは，多くのファンの心の中のアニマやアニムスの投映を受け入れる空の器を生きており，その意味でアイドル（偶像）という言葉がふさわしいと言えます。たとえば親子関係においても，親が自分自身のアニマやアニムスを子どもに投映する現象もあります。子どもたちは，親の理想，憧れを生きさせられているのであり，自分自身を生きる状況から程遠いと言えるでしょう。ユングの述べた個性化とは，象徴やイメージを通して元型の持つ豊かなエネルギーとコンタクトを持ちつつ，自分独自のスタイルを持って，自分自身を生きることを指しています。

表6.2.1　ユングによる元型の例

元　型	解　説
影	自分の一部分でありながらそのことに気づいていない無意識的な側面を表す。肯定的影と否定的影があり，否定的な場合は自我が受け入れたくない側面。
アニマ	男性の心の中にある生命的要素の元型で，受容的性格を持ち，女性のイメージで認識される。
アニムス	女性の心の中にある理性的要素の元型で，批判的性格を持ち，男性のイメージで認識される。
太母	すべてを受容し包容し育み産出する大地の母としての生命的原理。理性とは異なる智慧と気高さ，慈悲。保護すると同時に抱え込み，成長や出立を阻む面も。
老賢者	理性的な智慧の原理。何でも知っており助言や助力で智慧を伝授する存在。
童子（子ども）	成長して自立に至るもの。母親との分離が前提となる。未来の可能性を体現し両性具有的性格。英雄と重なる側面を持つ。
英雄	成功する自我像。しばしば異常な出生をして家族から引き離されて育つ。悲劇的な出来事がきっかけで冒険に出かけ，試練の中で強さを増し使命を遂げる。
トリックスター	習慣や規則を破り，秩序を覆すことで新たな創造や価値をもたらす。

出所：ユング（1928/1987）をもとに作成

▷3　ユング，C.G.　林道義（訳）1928/1987　自我と無意識　みすず書房

 〈私〉という現象が「私」の身において起こるとき

　この自己実現について，ユングは「自己はいわば，自我をあらかじめ形成しているといえよう。わたしがわたし自身を造るのではない。むしろ，わたし（という出来事）がわたしの身に起こるのである[4]」と記述しています。心理療法家である渡辺雄三氏は，さらに「〈私〉という普遍的出来事が「私」という個人的な身に起こる」と理解し，「〈私〉が，「私」の身体を舞台にして，〈私〉自身を表現する作業が自己実現である[5]」と説明しました。渡辺氏が〈自己〉を，目の前の杉の種子に内包される，杉としての一生において実現される最終的な〈杉〉の姿にたとえる比喩も，ユングの言う自己の概念を的確に伝えています。長い年月を経た屋久島の縄文杉に，一つの自己実現の在り方を見ることができるでしょう。それはけっして完全ではなく，風雨に晒されて傷ついていますが，なおも堂々と立ち続けるのです。

（吉川眞理）

▷4　ユング，C.G.　村本詔司（訳）1958/1989　心理学と宗教　人文書院

▷5　渡辺雄三　2015　自己実現と心理療法　創元社

（参考文献）
ユング，C.G.　林道義（訳）1959/1982・1983　元型論・続元型論　紀伊國屋書店

アドラーのパーソナリティ理論

① アドラーの生涯

　アルフレード・アドラー（Adler, A.）は，1870年にウィーンで6人兄弟の2番目として生まれました。幼年時代にくる病を患い病弱でしたが，成長してから健康を回復しました。アドラーは弟がジフテリアで亡くなったこと，アドラー自身がくる病であったこと，また5歳のころ肺炎で危うく死にそうになったことなどの経験から，医学への興味を持ち，1888年にウィーン大学に入学し，その後，1895年にウィーン大学で医学士の学位を得ました。アドラーは，最初は眼科を専攻し，内科の開業医となった後に，精神科医になりました。1902年，精神分析の祖であるジークムント・フロイトは，自らが主宰する研究グループにアドラーを招きました。この研究グループは，ウィーン精神分析学会へと発展し，1910年にアドラーが会長になりました。しかし，次第に学説上の対立が深刻となり，翌年，アドラーはウィーン精神分析学会を退会しました。

　フロイトのもとを去ってから，アドラーは自身の考えの体系を発展させていきます。1912年に自由精神分析学会を設立し，翌年には名称を「個人心理学協会」と改めました。アドラーが自らの心理学的理論を「個人心理学」と呼んだのは，人はそれぞれ，社会的な環境の中にあり，決定と選択の能力を持った，分割できない存在であると考えたことによります。第一次世界大戦後は，育児や教育に関心を持つようになり，公立学校に多くの児童相談所を設立しました。1937年に亡くなるまでアドラーは多数の著作を残し，ウィーン，さらにはアメリカでの講演活動も積極的に行いました。アドラーの死後，ルドルフ・ドライカース（Dreikurs, R.）をはじめとする弟子により，アルフレード・アドラー研究所が設立され，アメリカにおいてアドラーの心理学理論が発展していきました。彼の理論は現代の心理療法に多くの影響を与え，今日に至っています。

▷1　チュウ，A.L.　岡野守也（訳）2004　アドラー心理学への招待　金子書房

② アドラーのパーソナリティ理論の基本的概念

　アドラーは人間を「主観的な視点をもった創造的で自己決定的な個人」として見ていました。アドラーの心理学理論の特徴として大きく以下の四つが挙げられます。

▷2　フーパー，A., & ホルフォード，J. 鈴木義也（訳）2005　初めてのアドラー心理学　一光社

○全体論

　「個人心理学」という名前は，全体論の基本的な考え方から採られたもので

す。全体論とは個人は心と体，理性と感情というように分割できない存在と捉え，統一された全体として働いているとみる態度を言います。ここから「個人のありようを，社会のなかでどのような立場にいるのかなど，社会との関係性，特に対人関係のなかで見ていく」というアドラーの人間観が生まれました。[3]

○目的論

アドラーによると，すべての人間行動には目的があります。この考えは，すべての人間行動には原因があると考えるフロイト派の主張と対立するものでした。アドラーは劣等感が人間の努力の源泉であると考え，これは彼の心理学理論の根幹をなしています。人間は自分の無力な状態から脱したいと主観的に感じると，よりよくなろう，優越しようと願い，それを補償するために懸命に努力します。アドラーの言う劣等感とは理想の自分に対して現実の自分が追いついていない，という不足感を指します。さらにマイナスからプラスに移るために，人間は誰でも生涯にわたって，三つの基本的課題に直面すると述べました。その基本的課題をアドラーは「ライフ・タスク」と呼び，「仕事」，「友情」，「愛・結婚・親密さ」の三つを挙げました。これらの課題についての信念と，それに対するアプローチが，どんなパーソナリティを育むのかを決めるとされています。

○認知論

アドラーは，客観的事実よりも人間が世界をどのように見るかという主観的認知を重視しました。どんなに成績がよくても「自分はうまくやれていない」と感じているのであれば，それは本人の主観にもとづくその人にとっての現実となります。個人の自分自身や周りの世界についての考えや信念は「ライフ・スタイル」と呼ばれ，アドラーの心理学理論では人生の早期に獲得されるものであると考えられています。子どもが家族の中や学校などで受け容れられ，地位が築かれる（所属感がある）ことが，ライフ・スタイルを育むことになります。人間はこのライフ・スタイルからライフ・タスクを乗り越えていく方法を決定していくとアドラーは考えました。

○共同体感覚

第一次世界大戦中の陸軍医師としての過酷な環境に刺激され，アドラーは，人類の友愛に関する「共同体感覚」と呼ばれる理論を開発しました。「共同体感覚」というのは，共同体への所属感・共感・信頼感・貢献感を総称したもので，カウンセリングや教育の目標ともされます。人間のみならず全生命に及ぶ関係の共同体のために努力しようという感覚であり，自分自身の善と人類の善を求める個人の能力を協力に導き，自己発達を促すことを意味しています。[4]

（田中弥央）

▷3 永江誠司 2016 アドラー珠玉の教え——自分の人生を最高に生きる77のヒント 講談社

▷4 フーパー＆ホルフォード 前掲書

サリヴァンのパーソナリティ理論

▷1　太田祐一　2010　サリヴァンをいかに人間化するか，あるいは視覚の人，サリヴァン　治療の聲，**11**(1)，71-79.

▷2　**関与しながらの観察**
(participant observation)
「治療者は自分が関与している対話の油断のない観察者となる。それゆえにサリヴァンは，治療者の役割を明確に示すため，関与しながらの観察という用語を用いており，サリヴァンの言う治療は対人関係的精神療法と表現される。」
Chapman, A. H., & Chapman, M. 1980 *Harry Stack Sullivan's concepts of personality development and psuchiatric illness.* Brunner/Mazel.（山中康裕（監修）武野敏弥・皆藤章（訳）1994　サリヴァン入門　岩崎学術出版社）

▷3　「安全への欲求」と「満足への欲求」
サリヴァンは「満足への欲求は人間の身体的規制に密接に結び付いている。」とし「飲食物への欲求，睡眠への欲望，性欲の存在，これらの状態はすべて満足への欲求を巻き起こす。」と定義した。また，「安全への欲求は身体的規制よりもむしろ人間の文化的な装備に密接な関連がある。『文化的』（cultural）という言葉を人類学的な意味，すなわち人間の手によってつくられたものという意味」で用いている。

1　サリヴァンのパーソナリティ理論とは

　サリヴァン（Sullivan, H. S.）の言うパーソナリティは，「通常の意味での，性格，人格とは異なり，ヒト（person）が他者との関係性の中で人間化（personify）され，人間の形をとり（擬人化され）anthromorphize，ある程度恒常的な対人関係状況のパターン（＝人間性）personality を取るパターン」を言います。対人関係における「特徴的な性格行動パターン」や「基本的な自己認識・他者理解・内的幻想」によって，人間のパーソナリティ（人格特性）はダイナミック（能動的）に規定されていくというのがサリヴァンの基本的な考え方でした。

2　「関与しながらの観察」

　サリヴァンは，文化人類学のフィールドワークから着想した「関与しながらの観察（participant observation）」によって臨床や研究を実践していました。関与しながらの観察とは，治療者（臨床家）が実際に患者の日常生活や対人関係に参加して生活時間を共有しながら，患者の性格行動パターンや心身症状の観察を行うことです。

　サリヴァンは人間の基本的な欲求として，「安全への欲求」と「満足への欲求」の二つを挙げています。人間が心身の健康を維持して安心して生きるために「必須の欲求」は何なのかという疑問から，「安全への欲求」と「満足の欲求」を導き出しているのです。「安全への欲求」とは他者から自分の存在は承認されていて守られているという心理的な安全保障を求める欲求のことであり，「満足への欲求」とは，食欲・睡眠欲・性欲など身体的（生物学的）な欲求を満たそうとする本能・生理システムに根ざした欲求のことです。

3　サリヴァンの対人関係論

　サリヴァンは，児童期における「仲間集団（学校生活）への適応性」と「性格形成・精神疾患（神経症）」の相関関係を分析していますが，正統派の精神分析における「幼児期外傷・無意識における決定論」を反駁して，8歳6か月〜12か月ごろの前思春期の期間に，良好な友人関係「チャムシップ（chumship）」を経験すれば，幼児期に受けた心的外傷（早期母子関係の問題点）を回復するこ

とができるという「精神発達の柔軟性・可塑性」を唱えました。このサリヴァンの理論的仮説は「重要な他者との出会い・自分を大切に尊重される体験」によって，人間は自分の基本的な考え方や性格傾向を以前よりもポジティブなものに変えていけるという多くの人の生活実感とも合致するものと言えます。

　サリヴァンは「対人関係の発達的な問題」を基盤においた治療概念として「プロトタクシス（prototaxic）」「パラタクシス（parataxic）」「シンタクシス（syntaxic）」という概念を提案しています。◁5

　プロトタクシスとは「自己と他者の境界線が曖昧であり，複数の事物を関連づける能力が欠如している幼児的・非対人的な体験様式」です。

　パラタクシスとは「自己の知識（自己概念）と経験とが一致しておらず「転移・投影（映）」◁6などの防衛機制によって，他者との感情的コミュニケーションに歪曲が生まれる病理的，非適応的な体験様式」です。

　シンタクシスとは「現実吟味能力や共感性が発達しており，適切な自己理解と他者理解に基づいて，自分の思考・感情・行動を適応的に調和させられる望ましい体験様式」です。

④ サリヴァンのパーソナリティ理論の今後の展開

　心理臨床の実践的な視点から考えると，サリヴァンのパーソナリティ理論の視点はサリヴァンが統合失調症の患者への理解と接近から対人関係論を展開し実践していったという確かな臨床的事実に裏打ちされているからこそ，心理療法でのクライエントの理解はもちろんのこと，社会的養護の領域における児童の生活場面の理解やスクールカウンセリングにおける学校場面での児童，生徒の理解など，より生活に近い場面でのクライエントの理解を深めていく手がかりとなりえるでしょう。

　常に実践の人であったサリヴァンのあり様を学ぶにつれ，「関与しながらの観察」に代表されるような臨床家としての実践から生み出された概念は確かな指針として役立つと思われます。

（真澄　徹）

Sullivan, H. S. 1940 *Conceptions of modern psychiatry*. The William Alanson White Psychiatric Foundation. (中井久夫・山口隆（訳）1976 現代精神医学の概念　みすず書房)

▷4　**チャムシップ**
「前青年期にいたる年齢は人によりまったく異なるとサリヴァンは考えている。それは早ければ8歳半，遅くとも11〜12歳に始まり，その持続期間も数か月から2〜3年にわたる幅があるとされている。そしてそれは，身体的な性の成熟が始まり生殖器にまつわる性的感情すなわち性器的性感情が高まり始めた時期に終局する。家族以外の同性の人物との親密な関係に対する強い欲求は，前青春期の主たる特徴をなし，かつその開始を特徴づけるものでもある。この関係にはある種の独占性があり，それが維持されるかぎりにおいては，児童期後期の生活の中でそれは最も重要な人間関係となる。」
Chapman & Chapman 1980/1994　前掲書

▷5　Sullivan, H. S. 1953 *The interpersonal theory of psychiatry*. New York : W. W. Norton & Company. (中井久夫・宮崎隆吉・高木敬三・鑪幹八郎（訳）1990 精神医学は対人関係論である　みすず書房)

▷6　転移は，本来別の人物に向けられた感情を別の人物，とくに治療者に向ける防衛機制。投映の防衛機制は自己の内面にある自ら認めがたい心的内容や感情を他者に帰属するものと認知することである。

参考文献
サリヴァンの未来　2010
治療の聲，**11**（1）.

ホーナイのパーソナリティ理論

① ホーナイとは

　カレン・ホーナイ（Horney, K.）は，新フロイト派◁1の心理療法家です。彼女はベルリン大学卒業の精神科医でしたが，1930年にアメリカに移住し，自由な気風の中，精神分析の厳しい枠組みを飛び出し，独自に精神分析を発展させました。ホーナイのパーソナリティ理論は，類型論としての完成度に特徴があり，タイプ別に，成長に向けての方向と神経症に陥る方向を含めた人間の全体像を描いた心理療法理論となっています。

② ホーナイのパーソナリティ理論

　ホーナイは，人は「真の自己◁2」と呼ばれる自己実現に向けての潜在的な成長力を持つが，周りの人から適切に愛情を受けずに育つと，「基本的不安（自分が世界の中で孤立し無力と感じる）」が生じると考えました。

　基本的不安が生じると，対人葛藤が生じたときに高まる不安に対処するために，特定の方法にこだわるようになります。それが，葛藤時に決断ができず他者に従属しがちな「自己消去的解決法（Self-Effacing Solution）」，葛藤時に自らの偉大さを信じて他者と対立しがちな「自己拡張的解決法（Self-Expansive Solution）」，葛藤時に課題や他者を回避しがちな「断念的解決法（Resignation Solution）」と呼ばれるものです。これらの解決法は，状況に応じて使い分けることで適切に機能しますが，不安が高いために特定の解決法を常時働かせることで葛藤の解決を試みると，アイデンティティの感覚◁3を失って真の自己から疎外されてしまいます。その結果，自己の一体感を取り戻そうと，想像力を用いて「理想化された自己像」を作り出すが，この解決策は偽りにすぎず，次々と新たな葛藤が生じてしまうのです。ホーナイは，特定の解決法にこだわる個人のパーソナリティを「従属型（Moving Toward People）」「攻撃型（Moving Against People）」「回避型（Moving Away from People）」と類型化しました。

③ 「従属型」「攻撃型」「回避型」の特徴

　次に，それぞれのパーソナリティ類型の特徴を見てみましょう。「従属型」の個人が，葛藤に際して他者に従属するのは，自らの愛らしさや無力さを強調することで，他者からの「愛」を引き出したいという思いにとらわれているた

▷1　新フロイト派
新フロイト派とは，フロイトの理論を継承しながらも，精神活動のエネルギー源をリビドーのみとする見方に反対するとともに，文化・社会のパーソナリティ形成への影響を強調した精神分析の学派である。ホーナイの他に，フロム（Fromm, E.），サリヴァン（Sullivan, S.），トンプソン（Thompson, C.）などが代表的な理論家となる。

▷2　真の自己
真の自己とは，ホーナイの心理療法における中核的な概念の一つである。ホーナイは，植物と同じように，適切な環境さえあれば，人は自らに固有の人間的潜在力を発達させる傾向を持つと考え，この資質を真の自己と呼んだ。真の自己を発達させることで，人はまとまりある価値観と人生の目的を見出し，自己実現に向かって成長するとホーナイは考えた。

▷3　アイデンティティ
ここで示されたアイデンティティは，エリクソン（Erikson, E. H.）の言うところのアイデンティティのことではなく，「自分自身を支えてくれ，自分の中に強さと生きる意義を感じとることができる何か」とホーナイに定義された概念である。

めです。求めるのは援助や保護なので，少しでも生意気な振る舞いをすると，「愛される自分」という理想化された自己像に反してしまう

表6.5.1 「従属型」「攻撃型」「回避型」の特徴

	「従属型」	「攻撃型」	「回避型」
葛藤時における態度	無力感を感じ，他者に頼ろうとする	敗北を恐れ，他者を打ち負かそうとする	直面すべき課題や人を回避する
その他の主要な特徴	他者に生意気なふるまいをすると自分を責める	他者に融和的なふるまいをすると自分を責める	自らの願望を縮小し，他者の期待に無理に添う
態度の背景にあるこだわり	他者に愛され守られたい	他者を支配して生き残りたい	自由であると感じていたい
態度に固執する背景	他者から保護されたいと願い，決断ができない	他者に裏切られ続けたと感じ，信頼ができない	才能のなさへの怖れから，実践に踏み出せない
真の自己の成長への鍵	現実場面で自立できる力を養う	現実場面で他者に受け入れられる努力を重ねる	現実場面で自己の可能性を試すこと

ため，自己叱責に苦しめられてしまいます。このタイプの個人は，健全なときは他者に優しく自立していますが，自己不信に屈してしまうと，決断することへの不安が強くなり，他者に依存してしまうのです。次に，「攻撃型」の個人が，葛藤に際して他者と対立するのは，自分の強さを強調することで「支配」したいという思いがあるためです。成功し，威信を獲得することで他者から承認を得たいので，優しく妥協的な振る舞いをすると，「強い自分」という理想化された自己像に反してしまうため，自己叱責に苦しめられてしまいます。このタイプの個人は，健全なときは仲間を守るリーダーシップを発揮しますが，他者への不信に屈してしまうと，他者との摩擦を起こして孤立してしまいます。最後に「回避型」の個人が，葛藤に際して目を背けてしまう背景には，自分の願望に触れずにいることで「自由」を感じたい思いがあるためです。自分の願望を実現しようとして少しでも苦悩すると「こだわりを持たない自由な自分」という理想化された自己像に反してしまうため，自己叱責に苦しめられてしまいます。このタイプの個人は，健全なときは社会で何かを成し遂げるために力をふるいますが，才能や可能性を信じられなくなると，現実世界で他者の評価にさらされることを怖れて，他者との関係からひきこもってしまいます（表6.5.1）。

④ パーソナリティの成長のための方向性

　ホーナイのパーソナリティ理論は，葛藤時の対人態度という少ない情報から，個人の秘められた願いや成長の方向性，神経症に陥らないための注意点まで包括的に記した点で特徴があります。その中で，心理的成長の鍵となるのは，「理想化された自己像」を放棄することです。「従属型」の個人が「愛される自分」との理想化された自己像を抱く背景には，自分一人では生きていけないという思い込みがあります。「攻撃型」の個人が「強い自分」との理想化された自己像を抱く背景には，自らは愛されないという思い込みがあります。最後に「回避型」の個人が「こだわりを持たない自由な自分」との理想化された自己像を抱く背景には，才能がないのではないかという思い込みがあります。それぞれの思い込みを崩す方向で現実的な実績を積み重ねることで，「理想化された自己像」が放棄されて「真の自己」に向かうとホーナイは考えたのです。

（安藤聡一朗）

▷4　従属型の個人の成長のためのプロセスについては，以下の論文が参考になる。
安藤聡一朗　2012　Horney理論から見る依存と自立の間で揺れる青年への援助に関する事例研究　心理臨床学研究，**30**，5-16.

（参考文献）
ホーナイ，K. 我妻洋・佐々木譲（訳）1981　心の葛藤　精神書房
ホーナイ，K. 榎本譲・丹治竜郎（訳）1998　神経症と人間の成長　精神書房

6 マズローの自己実現理論

① マズローの欲求階層説

▷1　人間性心理学
従来の心理学の二大勢力
「行動主義」「精神分析」と
は対照的に，人間の肯定的
側面や心の健康を強調した
心理学の第三勢力。

　マズロー（Maslow, A. H.）は人間性心理学[1]の立場から，人間の心理学的に健康で成長に向かう側面を重視し，人間は自己実現に向かってたえず成長していく生き物であると考えました。マズローの自己実現理論は，人間の動機ないし欲求に力点を置いており，「マズローの欲求階層説」（図6.6.1）を元に説明されています。

　マズローは，人間の欲求は5段階のピラミッド型の階層をなすと考えて，低次から高次の順に，生理的欲求・安全の欲求・所属と愛の欲求・承認（尊重）の欲求・自己実現の欲求の五つを挙げています（表6.6.1）。人間はつねに何かを欲求している動物であり，低次の欲求がある程度満たされると，それよりも高次の欲求が生じます。もっとも低次である生理的欲求がある程度満たされれば，安全の欲求が生じます。さらに安全の欲求，所属と愛の欲求，承認（尊

| 自己実現の欲求 |
| 承認（尊重）の欲求 |
| 所属と愛の欲求 |
| 安全の欲求 |
| 生理的欲求 |

図 6.6.1　マズローの欲求階層説

出所：Maslow（1954/1987）

表 6.6.1　マズローの五つの欲求

生理的欲求（Physiological needs）
　もっとも低次の欲求。ホメオスタシス（身体の自動調節的機能）を保ち，飢えを満足させるための食物摂取の欲求である。
安全の欲求（Safety needs）
　安全・保護，社会的秩序・制限を求めて，恐怖や脅威から自由になろうとする欲求である。
所属と愛の欲求（Social needs / Love and belonging）
　友達や恋人，家族などの人々との愛情に満ちた関係や，所属する集団や家族においての位置を求める欲求である。
承認（尊重）の欲求（Esteem）
　自己に対する高い評価・自己尊厳・自尊心，他者から受ける尊敬や承認・評判・地位・名声などに対する欲求である。
自己実現の欲求（Self-actualization）
　もっとも高次の欲求。自己充足への願望，潜在的な可能性を実現しようとする欲求，自分らしくありたいという欲求である。

出所：Maslow（1954/1987）（一部改変）

重）の欲求が順番にある程度満たされれば，もっとも高次である自己実現の欲求が生じます。

2 欠乏欲求と成長欲求

　生理的欲求・安全の欲求・所属と愛の欲求・承認（尊重）の四つの欲求は「欠乏欲求」と呼びます。欠乏欲求は健康のために満たされる必要があり，欲求が満たされない場合には病気の原因となるものです。欠乏欲求が全て充足されると自己実現の欲求が生じ，自己実現の欲求は「成長欲求」とも呼びます。成長欲求は，欠乏欲求が満足された場合に成長を中心とした動機づけが行われて生じるものであり，自己実現（自分の可能性の実現や，使命の達成，人格の統合など）を目指そうとする欲求です。成長欲求と欠乏欲求は質的に異なったものです。

3 自己実現的人間

　自己実現の欲求を完全に達成できる人はごく限られていますが，マズローは現代人（実名は不明）については面接，歴史上の人物（リンカーン，トマス・ジェファーソン，アインシュタインなど）については文献調査を行い，計60名の被験者の症例から，自己実現的人間の特性を現象学的手法で15の特徴にまとめました（表6.6.2）。

　自己実現的人間の多くが，心理学者ウィリアム・ジェームスが言う神秘的経験を体験していて，この神秘的経験は科学の対象となると考え，以後は，非科学的な印象が強い神秘的という言葉を使わずに，「至高体験」という言葉を用いています。

　マズローは，「至高体験という語は，人間の最良の状態，人生の最も幸福な瞬間，恍惚，歓喜，至福や最高のよろこびの経験を総括したものである」と述べています。

　また，晩年には，自己実現する人を２種に分けて，至高体験がなく超越的でない自己実現者と，至高体験をもつ超越的である自己実現者とを区別するようになりました。

（小泉藤子）

▷2　Maslow A. H. 1971 *The father reaches of human nature*. Penguin Books.（上田吉一（訳）1973 人間性の最高価値　誠信書房）

（参考文献）

Maslow, A. H. 1954 *Motivation and personality*. Harper and Row.（小口忠彦（訳）1987 人間性の心理学　産業能率大学出版部）
Maslow, A. H. 1962 *Toward a psychology of being*. Van Nostrard.（上田吉一（訳）1964 完全なる人間——魂のめざすもの　誠信書房）

（表6.6.2　自己実現的人間の特性）

- 現実をより有効に知覚し，それとより快適な関係を保つこと
- 受容（自己，他者，自然）
- 自発性，単純さ，自然さ
- 課題中心的
- 超越性—プライバシーの欲求
- 自律性—文化と環境からの独立，意志，能動的人間
- 認識が絶えず新鮮であること
- 神秘的経験—至高体験
- 共同社会感情（共同体感覚）
- 対人関係（少数との深い結びつき）
- 民主的性格構造
- 手段と目的の区別，善悪の区別
- 哲学的で悪意のないユーモアセンス
- 創造性
- 文化に組み込まれることに対する抵抗，文化の超越

出所：Maslow（1962/1964）

7 ロジャーズの来談者中心療法における パーソナリティの変容

1 来談者中心療法の背景

　ロジャーズ（Rogers, C.R.）は，コロンビア大学教育学部において臨床心理学と教育心理学を学び，児童相談所のサイコロジストとして出発します。その実践において「何がその人を傷つけているのか？　どの方向へ進むべきか？……知っているのは来談者自身である」ことに思い至り，来談者中心療法の基礎が形成されました。その後，オハイオ州立大学，シカゴ大学等で，カウンセリング教育と研究に携わり，従来の患者を「来談者」と記述し，治療過程における来談者の主体性を重視する方法を確立し，非指示的アプローチと名づけました。

2 非指示的なアプローチ

　ロジャーズの提唱した非指示的な来談者中心療法においては，カウンセラーが，「真実さ，配慮，深く感受性豊かな，評価しない理解」を持って来談者と対話を持つとき，その関係の中で，来談者自身の治療的な潜在力が発現するというものです。そのようなカウンセラーの態度は，一般にカウンセリング・マインドと呼ばれ，①受容：相手の人格そのものの存在意義を認め尊重する，②来談者中心：来談者自身が自分の方向を決定する能力を信頼する，③純粋性：カウンセラー自身が自分の気持ちに気づき，それを偽らないこと，とまとめられます。また，カウンセリングが治療的なパーソナリティの変容をもたらす前提となる6条件は，図6.7.1のようにまとめられています。

3 無条件の肯定的配慮

　ここで述べられている無条件の肯定的配慮は，日常の人間関係ではなかなか実現しません。それは，相手の存在そのものを何らの条件をつけることなく，そのまま肯定し尊重していくことです。人間は心の内面に必ず否定的な感情を抱いています。この否定的な感情をも含めて個人の「存在」を肯定しつつかかわっていくことが肯定的配慮です。誤解されやす

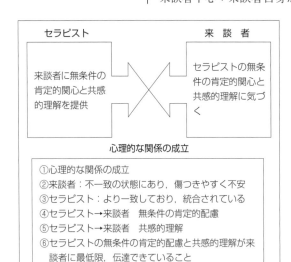

セラピスト	来　談　者
来談者に無条件の肯定的関心と共感的理解を提供	セラピストの無条件の肯定的関心と共感的理解に気づく

心理的な関係の成立

①心理的な関係の成立
②来談者：不一致の状態にあり，傷つきやすく不安
③セラピスト：より一致しており，統合されている
④セラピスト→来談者　無条件の肯定的配慮
⑤セラピスト→来談者　共感的理解
⑥セラピストの無条件の肯定的配慮と共感的理解が来談者に最低限，伝達できていること

図6.7.1　パーソナリティ変容をもたらす6条件

出所：ロジャーズ（1957/2001）

いポイントですが，この配慮は，相手の行動をすべて肯定することではありません。面接室内の相手の行動が自分にとって認められないときは，むしろカウンセラーがこれを率直に伝えねばなりません。実際にカウンセリング場面で語られる内容には，カウンセラー自身の価値観に合わないことも出てきます。しかし，自分自身の価値観を持って相手を評価することなく，かといって，安易な同調もすることなく，相手自身の体験について共感的理解を目指すことが肯定的配慮と言えます。

4 共感的理解

「私達が，ごくあたりまえに，他の人や他のグループが言ったことについて賛成か反対かを判断したり，評価したりすることが，相互的な対人コミュニケーションの主たる障壁となってしまう。」と述べられているように，日常場面における共感的理解は困難です。これに対して，カウンセリングは，相手の感情を理解するコミュニケーションです。そのために「相手の立場において」相手はそれをどう感じているのか想像する過程が求められます。相手の主観的体験を尊重し，これを可能な限り推論する試みです。ロジャーズは，共感を「相手の内的枠組みを，あたかもその人自身であるかのごとく，しかもごとくという条件を失うことなく，正確に，かつ付随する感情と意味を伴って感じること」(傍点は引用者)と定義しました。強調されている「ごとく」は，私たちがけっして相手自身になりかわることができないことを示唆しています。安易な一体化ではなく，相手を自分と違う人格を持つ個人として尊重することが求められます。受容することは「相手の意を察して」「その望みをかなえる」と誤解されがちですが，本当に重要なことは，相手が自分の望みをきちんと自分の言葉で伝え，こちらも一人の人間としてその望みにどう向き合えるかを言葉で伝えていくことです。望みをかなえられない相手の苦しさをカウンセラーが理解しようとすることが真の共感的理解につながります。

5 自己一致を目指して

6条件の③で重視されている概念は「自己一致」です。カウンセリングの本質は，カウンセラーの共感的理解を通して，来談者が自己一致を目指すことを助ける営みと言えます。人には自分自身で認めるのがつらい体験や感情が存在します。ロジャーズは，これらの体験や感情の存在を否認することで心の安定が守られていることを「体験と自己との不一致」と呼びました。カウンセラーの共感的理解は，来談者の真の体験，感情に焦点づけられていきます。そのまなざしの支えを得て，来談者は自分自身の体験，感情に目をむけ，これを統合して，新たな自己一致を目指すことが可能になります。

(吉川眞理)

▷1 ロジャーズ，C. R. 1961/2001 十分に機能する人間——よき生き方についての私見 カーシェンバウム，H.・ヘンダーソン，V. L. (編) 伊藤博・村山正治 (監訳) ロジャーズ選集 下 誠信書房 pp. 190-204.

▷2 ロジャーズ，C. R. 1957/2001 セラピーによるパーソナリティ変化の必要にして十分な条件 H. カーシェンバウム・V. L. ヘンダーソン (編) 伊藤博・村山正治 (監訳) ロジャーズ選集 上 誠信書房 pp. 265-285.

(参考文献)
佐治守夫・飯長喜一郎 (編) 2011 新版 ロジャーズクライエント中心療法 有斐閣

人生の危機を乗り越える力：レジリエンスの観点より

レジリエンスとは

　人生において私たちは，事故や災害，また死別など様々な困難に直面する機会があります。そのような危機的な出来事に直面しながらも，精神的な傷つきから立ち直る力をレジリエンス（resilience）と呼びます。もともとレジリエンスは物理学で用いられていた言葉で，「外からの加えられた力を跳ね返す力（弾力性）」という意味があります。これまで心理学の領域では困難な状況から引き起こされた被害に関心が向けられてきましたが，近年トラウマやストレスを受けた後にうまく対処している人の存在にも注目が置かれるようになり，日本でもレジリエンスに関する研究が増えてきています。このレジリエンスをグロトバーグ（Grotberg, E. H.）は，「逆境に直面し，それを克服し，その経験によって強化される，また変容される普遍的な人の許容力である」と定義しました。ストレスフルな状況で私たちは傷つくことを避けられません。レジリエンスの概念はそれを乗り越えていくために機能する性質だと言うことができます。レジリエンスは，脅威的な逆境にさらされ心が折れそうな状態になっても，その逆境を乗り越え，環境に適応していく回復する力であり，強いストレスを最初からはねつける頑健さ（ハーディネス）と区別されます。

　レジリエンス研究は，1970年代ごろからの，虐待，貧困，親の精神障害などの強い持続的なストレスを受ける子どもや青少年に対し，いかに逆境を乗り越えられるように導けるのかという研究が出発点でした。同じように危機的な出来事を体験してもすみやかに立ち直れる人とそれが難しい人がいます。すみやかに傷つきから立ち直る，つまりレジリエンスが高い人はどのような心理的特性を有しているのでしょうか。これまでの研究から，レジリエンスを導く要因として，個人の知能や学業成績，あるいは洞察力といった認知的能力，そしてソーシャル・サポートや対人関係，身体的健康などが検討されており，個人のレジリエンスはその中のいくつかによって導かれると考えられています。レジリエンスの高さは生得的な気質や能力のみによって決まるわけではありません。楽観的な考え方，積極的なトライによって得られた問題解決的な対処，自己理解，他者との積極的な交流などによっても高められます。レジリエンスをどのように成長させることができるかという研究はまだ始まったばかりですが，個人それぞれの特性や強みを引き出すことがレジリエンスを高めていくとされて

▷1　Grotberg, E.H. 1999 *Tapping your inner strength.* Oakland：New Harbinger Publication.

▷2　小塩真司・中谷素之・金子一史・長峰伸治 2002　ネガティブな出来事からの立ち直りを導く心理的特性──精神的回復力尺度の作成　カウンセリング研究，**35**，57-65.

います。

❷ 危機的状況を通して心理的に成長すること

レジリエンスと類似した概念として，トラウマ後の成長（Posttraumatic growth：PTG）があります。PTG とは，「危機的な出来事や困難な経験における精神的なもがき・闘いの結果生じるポジティブな心理的変容の体験のこと」[3]を言います。つまり，レジリエンスが困難な状況から回復する力であるのに対し，PTG は，非常に苦しく衝撃的な体験をしてそのときは激しく傷ついても，その後素晴らしい人間として成長することを指します。PTG におけるトラウマとは PTSD（心的外傷後ストレス障害）をもたらすトラウマに限定されず，事故や死別などストレス度の高いイベント全般を意味します。

PTG のプロセスを説明するモデルは様々あり，それぞれ異なる決定因を挙げていますが，多くのモデルにおいてトラウマ的事象に対し意味を見出し，ストーリーを作ること（Meaning making）が変化と成長の決定因となることが示されています。すなわち，非常に傷ついた出来事を理解すること，そしてその出来事に意味を見出すことが心理的成長を促すと考えられています。「過去をどうとらえるかが変わることにより人は変わる」[4]という報告は多く，苦痛な体験であってもその体験を見つめ直し意味を見出すことにより，その苦痛は軽減され，さらに危機を乗り越え心理的に成長していくものと考えられます。

トラウマ後の成長には次の五つの成長が含まれることが示されています。[5]

①他者とのつながり：より深く，意味のある人間関係を体験する。

②心の変容：存在やスピリチュアリティへの意識が高まる。

③人生に対する感謝：生に対しての感謝の念が増える。

④新たな可能性：人生や仕事への優先順位が変わる。

⑤人間的強さ：自己の強さの認識が増す。

PTG とは，様々な困難を体験しながらも明日に向けて生きていく中に人としての成長を見るという概念です。たとえば，東日本大震災のような大きな災害からの心の立ち直りにおいても，震災という体験を踏まえて新たに価値観や意識が創造され，構築されていく過程に PTG の概念が見出されると考える研究者もいます。[6]

ストレスフルな体験では，ネガティブな側面にのみにとらわれがちになります。しかし，そのストレスフルな体験を通して何かしらのポジティブな側面を見出すことによって，自己の成長が生じる可能性が生まれます。そのため，人は自身が体験した出来事から少しでもポジティブにとらえられる要素に気づくことによって，ストレスフルな体験であっても自身の人間的な成長の機会とすることができるかもしれません。

（田中弥央）

▷3 Tedeschi, R. G., & Calhoun, L. G. 1996 The posttraumatic growth inventory：Measuring the positive legacy of trauma. *Journal of Traumatic Stress*, **9**, 455-471.

▷4 江口重幸 2002 患者は語り，医師は名づける——文化精神医学からの一視点 こころの科学, **105**, 19-26.

▷5 Tedeschi, R. G., & Calhoun, C. G. 2004 Posttraumatic growth：Conceptual foundations and empirical evidence. *Psychological Inquiry*, **15**, 1-18.

▷6 長谷川啓三・若島孔文（編）2015 大震災からのこころの回復 リサーチシックスと PTG 新曜社

適応の過程とパーソナリティの成長

1　適応の概念

　適応（Adjustment）とは，外界と自己との間に調和的な関係が成立していることを言います。調和的な関係とは，外界からの要請にひたすら応じることではなく，自己から外界へ有効な働きかけをもって外界に変化をもたらすことも含みます。さらにこの適応について，自我を起点としてとらえてみると，自我と外的現実，自我と心の内面の両側面に対する関係としてとらえることができます。そこで適応には対外的な適応と対内的な適応の両面があり，その関係がそれぞれに受動的であるか，能動的であるかによって分類してみると，図7.2.1のようになります。

2　対外的な適応スタイルと抑うつ

　A領域とB領域はともに対外的な適応となります。A領域は対外的な能動的な適応を指しています。ここで自我は能動的に外界に対して対処しています。その能動的な働きかけは外界に変化をもたらし，いわゆる現実的な対処と言えます。Ⅶ-1で扱ったレジリエンスは，この現実的な対処機能の強さとも言い換えることができるでしょう。またⅦ-8で扱うストレス・コーピングもこの領域です。

　B領域は，対外的な受動的適応です。これは外界の要請に合わせている状況です。世間的には「優等生，よく仕事のできる人」と評価されますが，自分らしさを押し殺して周囲に迎合している状況と言えるでしょう。この状態では，本来の自分自身，独自性が十分に生きられていないまま，心身のエネルギーが消耗されて抑うつ状態となり，さらにはうつ病に至る危険が予測されます。

3　対内的な適応スタイルと神経症

　C領域とD領域はともに対内的な適応です。C領域は対内的な能動的適応です。ここでは，自我は内界に向けて能動的に働きかけています。自分自身の心の内面を見つめ，それを表現し，その体験を抱えて，自我に統合しようとする試みがこれにあてはまります。自分自身にとって認めがたい心の内面的体験に対する心理的防衛も，これにあてはまります。自我にとって認めがたい心的内容，感情に対する抑圧をはじめとして，否認，隔離，知性化などの防衛機制が

▷1　否認
自己が知覚しながらその存在を認知すると，不快，不安，恐怖をひきおこすような外的な現実や自分自身の現実の存在をその者として認知しない自我の防衛機制。フロイト（1925）「両性間の解剖学的差異のもたらす二，三の心的帰結」においてはじめて登場。（小此木啓吾　2001　否認　加藤正明（編者代表）　精神医学事典　弘文堂）

▷2　隔離
相異なった観念と観念，意識内容と意識内容，行為と行為，自我状態と自我状態あるいは観念と感情などの間に本来存在しているはずの相互の脈絡や関連性を断ち切る無意識的，前意識的な心的機制で，分離，切り離しともいわれる。フロイト（1926）「制止・症状・不安」により，打消しとともに強迫神経症の特徴的な防衛機制の一つとして明らかにされた。（北田穣之介　2001　隔離　加藤正明（編者代表）　精神医学事典　弘文堂）

▷3　知性化
感情や欲動を直接意識化したり解放する代わりに，それらに対する知的認識，論理的思考，それらに関する知識の獲得や伝達などの知的態度によってそれらをコントロールしようとする自我の働きをいう。この機制は，アンナ・フロイト

それにあてはまります。同じ防衛機制でも，自身の心的内容や感情を他者に投映してしまうと，葛藤は外在化され，外界の対人関係において生きられることになるでしょう。同様に，内的な心的内容が外界に投映されると，不安や強迫行為などの症状として出現することになります。いわゆる神経症の症状は，心理的な葛藤状況に対して，対内的な能動的適応がうまくいかず，一部が対外的な適応の課題に置き換えられた状況だと考えられます。唯一，昇華という防衛機制は，これをもとに対外的な創造的行為へと結び付けることができます。

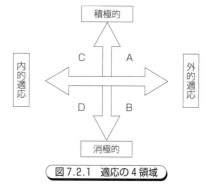

図7.2.1 適応の４領域

最後のD領域は，対内的な受動的適応です。これは心的内容や感情に圧倒されている状況を指しています。そこでは自我は葛藤を体験しておらず，内的な衝動や感情をそのままに，行動化することを指しています。たとえば自分でも説明のつかない感情に動かされてしまう，衝動のままに行動してしまう，あるいは空想をそのまま行動に移してしまう状況です。安楽な方向や，その場かぎりの楽しみや自他への破壊的行為に走ってしまうことも，これにあてはまります。

④ 適応障害とパーソナリティの変容

このA，B，C，Dの四つの適応スタイルは，一人の個人の中で共存していますし，対外的には能動的でも対内的には受動的であることもありえます。また，総じて自我の機能が弱体化すると相対的に受動的になりがちであり，自我の機能が有効に作用するとき，能動的な適応が可能になります。

このような適応のバランスがうまくとれず，心理的な苦痛や社会的，職業的な場面での機能の重大な障害が生じる状態は適応障害と呼ばれます。DSM-5の適応障害の診断基準[4]は，「はっきりと確認できるストレス因に反応して，そのストレス因の始まりから３か月以内に情動面または行動面の症状が出現していること」と定義しています。このような機能の障害が進行するとうつ病の発現にもつながります。

これらの外界や内界と自我との間の相互作用において，その両者における変容が生じます。外的環境とともに心の内界においても変化が起こることでしょう。また自我そのものの機能も変化していきます。外界，内界とのやり取りの中で，私たちのパーソナリティが変容していくのです。そこに人格の成長を期待することができます。

（吉川眞理）

(1937) によって，青年期に特に活発になる自我の防衛機制として注目された。（小此木啓吾 2001 知性化 加藤正明（編者代表）精神医学事典 弘文堂）

▷4 American Psychiatric Association. 日本精神神経学会（監修）高橋三郎・大野裕・染矢俊幸（訳）2014 DSM-5精神疾患の診断・統計マニュアル 医学書院

3　神経症とその克服の意義

① 神経症概念について

Ⅶ-2 では，適応の文脈において自我による対内的な能動的適応の結果，神経症が生じていると説明をしました。つまり自我という概念を前提として神経症の概念が成立しています。ここでは，精神分析用語として，神経症について論じていきます。

② 神経症概念の歴史的経緯

神経症（Neurosis）とは，19世紀の精神医学の伝統的な用語でした。19世紀以前において脳の器質的問題や身体的な異常がないのに精神（神経）的な苦痛を訴える状況をそう呼んでいました。心理的体験として，不安や抑うつ感，怒りや焦燥感，心理的混乱，自尊心の低下，行動面では，特定の対象に対する恐怖による回避行動，衝動的行動，認知面における不快な内容・否定的な内容の思考傾向，同じ内容の思考の反復，強迫的な思考，空想への没頭などを指していました。

しかし，現代の医学界の診断基準（DSM-5・ICD-10）では，すでに神経症という診断名は削除されてしまいました。米国精神医学会による診断基準であるDSMにおいては，従来の精神医学における病因論ではなく，客観的論拠を重視して状態像に注目した分類を行っています。その結果，1980年の DSM-III（第3版）以降，神経症という語を廃止し，神経症性うつ病（抑うつ神経症）の多くは気分変調性障害に含められました。また不安神経症は，パニック障害と全般性不安障害に分離されました。さらに強迫神経症は強迫性障害と呼ばれるようになりました（表7.3.1）。

③ 神経症の事例の理解

◁1
ロジャーズ（Rogers, C.R.）の論文に紹介されている階段恐怖の大学生の事例は，階段が怖くて登れないために，3階で行われる試験を受けることができません。そのため彼は卒業することができない事態に直面します。この大学生の自我が体験しているのは階段に対する恐怖であり，この恐怖症さえなければ自分は卒業することができるのに，と語ります。しかし，じつはその恐怖は本来別の対象に向けられるべきものでした。大学生の自我はその対象に対する不安

▷1 ロジャーズ，C. R. 1957/2001 セラピーによるパーソナリティ変化の必要にして十分な条件 H. カーシェンバウム・V.L. ヘンダーソン（編）伊藤博・村山正治（監訳）ロジャーズ選集 上 誠信書房

や恐怖感を自分自身の体験として受け入れることができなかったのです。そのため，その恐怖の対象は「階段」に置き換えられて症状として出現します。ロジャーズによれば，この真の対象に対する恐怖は彼の自己に一致していないのですが，カウンセリングのプロセスにより，この恐怖を自己に一致する感情として認めることが可能になれば，彼の人格はより自己一致したパーソナリティに変容していきます。自分の真の感情の体験を認めることでこれを自己と一致できるようになるのです。

表 7.3.1　神経症の各病型と DSM-5・ICD-10 の疾病分類

神経症概念	DSM-5	ICD-10
不安神経症	不安障害：全般性不安障害・パニック障害	他の不安障害：パニック障害など
恐怖症	不安障害：広場恐怖・特定の恐怖・社会恐怖	恐怖症性不安障害
強迫神経症	不安障害：強迫性障害	強迫性障害
心気症	身体表現性障害：心気症	身体表現性障害：心気障害
ヒステリー	身体表現性障害：転換性障害 解離性障害：解離性健忘症・解離性遁走	解離性（転換性）障害
離人神経症	解離性障害：離人性障害・解離性同一性障害	他の神経症障害：離人・現実感喪失症候群
抑うつ神経症	気分障害・大うつ病性障害・単一エピソード・気分変調性障害	気分（感情）障害：持続性気分（感情）障害など

　また，病気がちの母親の事例では，息子が自立しようと準備を整えると病気になってしまい，そのため息子は家を出ることができなくなります。この母親もその意識では，息子の自立を応援するよき母でありたいにもかかわらず，不本意ながら病気になってしまいやむなく息子の自立を延期させてしまうことを申し訳なく思っています。ロジャーズは，息子に自立してほしくないと願う母親の本当の感情に気づき，それを認めることの重要性を示唆します。自分自身の感情や体験でありながら，認めることのできなかった「それ」と向き合い，それを自分自身の心として認めることが，パーソナリティの真の成長にとって非常に重要になるのです。

▷2　ロジャーズ　前掲書

④ 神経症の発現とその克服

　神経症の出現はある意味で文化的な現象とも言えます。フロイト（Freud, S.）がその精神分析理論において概念化してきた近代的な自我（主体としての私）が認識されるのと並行して，その自我の意図どおりには動かない心の本質への気づき（意識）が生じ，自我によって制御できない心の領域が発見され無意識と名付けられました。平たく言えば，この自我と無意識の葛藤が神経症を生み出します。言い換えると，自我は，心の本質に必ずしもそぐわない志向性を持っているのです。無意識，心の本質という言葉で表現してきましたが，フロイトはそれを本能や衝動という用語で表現しました。一方，ユング（Jung, C.G.）は個としてのパーソナリティの生成の過程を個性化としてとらえ，無意識の領域にその人独自のパーソナリティ形成のオーガナイザーとしての自己（その人自身）が潜在していると述べました。そのため，ユングの文脈では，無意識は自我の一方向的な志向性を補償するために夢や症状を送り込んでくると理解されています。

（吉川眞理）

参考文献

日野原重明（監修）2003 看護に生かす QOL 評価 中山書店
萬代隆（監修）2001 QOL 評価法マニュアル インターメディカ
日本健康心理学会（編）2002 健康心理アセスメント概論 実務教育出版
フェイヤーズ，P.M.・マッキン，D. 福原俊一・数間恵子（監訳）2005 QOL 評価学 中山書店
山田冨美雄（監修）2005 医療行動科学のためのカレント・トピックス 北大路書房

4 神経症への精神分析的アプローチ

1 精神分析と精神分析的心理療法

　現代でも，精神分析の正統的な学派はカウチに横たわり週に5回自由連想法を行う治療構造を推奨していますが，現実的な理由で日本では週に1〜2回の頻度で行われる精神分析的心理療法が一般的です。ここでは，Ⅶ-3の事例の階段恐怖の大学生（以下Aさん）をモデルケースとして，神経症に対する精神分析的アプローチの実際を示してみたいと思います。◁1

2 心理療法に先立つアセスメント

　まずAさんにとって精神分析的アプローチが適法かどうかのアセスメントを行います。彼が治療を受けようと思ったのは，家族の勧めなのか，自分の意志なのかが，その後の心理療法の経過に大きく作用します。最初の面接では，症状が出現するに至った経緯，生育歴，家族の状況，現在困っていること，どのようになりたいと望んでいるのかを聴取して，アセスメントします。精神分析では，自分自身の内的な体験をしっかり言語化できる自我の機能が前提となります。さらに，症状の背景には葛藤的な感情，自分自身が受け入れがたいと感じる否定的な感情や記憶があるため，それらとの直面を耐え抜くためには治療への強い動機づけが求められます。

3 治療構造と作業同盟

　Aさんは，階段恐怖さえ克服できれば大学を卒業することができるので，ぜひ症状を治したいと話しました。セラピストは〈あなたが大学を卒業するかどうかよりも，あなたの人生にとって今感じている階段への恐怖感を乗り越えることが重要だと思います〉と伝えました。Aさんは一瞬意外そうな表情を浮かべましたが，深くうなずかれました。こうして症状克服への方向付けを共有し治療構造を明確化し，週に1回50分のセッションを継続する約束が交されました。治療に伴う費用やキャンセルのルールについても明言し，共有するプロセスが重要です。このようにセラピストとAさんとの間で心理療法に関して約束をとりきめることを精神分析では作業同盟の形成と言います。この作業同盟がその後の心理療法における人間関係の要として機能します。

▷1　ロジャーズ，C. R. 1957/2001　セラピーによるパーソナリティ変化の必要にして十分な条件　H. カーシェンバウム・V. L. ヘンダーソン（編）伊藤博・村山正治（監訳）　ロジャーズ選集　上　誠信書房　pp. 265-285.

④ 自由連想的な対話とセラピストの態度

〈思い浮かぶことをなんでも話してください。そうすることで，あなたが今までに気が付かなかった自分自身についていろいろなことが見えてくると思います。[2]〉という導入を受けて，これまでの症状の経過が語られ，さらに幼児期の思い出が語られました。その後Aさんは次第に言葉につまり沈黙がちになりました。セラピストが「思い浮かぶこと何でも自由に話してください」と繰り返すと，Aさんは，幼いころに階段の上でふざけていて父親に「階段から落ちたらどうするんだ！」と怒鳴られたことを思い出しました。これらの自由連想に対して，セラピストは基本的に受け身的中立的態度をとります。話題の焦点は事実そのものよりAさん自身がそれをどう感じているかに向けられます。「大学をやめようと思っているのですが先生はどう思いますか？」とセラピストの意見や考え方を問われた場合も〈あなたは，私がそれについて賛成か反対かが気になるのですね〉と返しますが，セラピストが賛成か反対かは表明しません。平等に漂う注意[3]をもって，Aさんの語りに耳を傾けます。このようなセラピストの聴き方によって，Aさんの心の中で，これまで気づかれていなかったパターンや感情が浮かび上がってきます。

⑤ 心理療法への抵抗とセラピストへの転移の意義

やがて，Aさんは遅刻を頻発するようになります。それを指摘して〈ここに来るのが嫌だと感じているのでは？〉と問いかけますが，Aさんは否定します。やがて，ある回で，沈黙が続いた際に突然「先生が黙っているのは，自分のことを何てつまらない人間なんだと思っているからでしょう」と怒りに満ちた言葉が飛び出してきました。〈なぜ，そう思うのでしょう？〉と問いかけると「自分は自分がつまらない人間だとわかっています」と答えます。セラピストがその理由を尋ねるうちに，小学校の入試で失敗したときに両親が自分のことで言い争っている場面を目撃したことが回想されました。その後しばらくして父親は不慮の事故で亡くなっていました。まったく非合理的な思い込みでしたが，Aさんは自分のせいで父親が亡くなったのだと思っていました。突然にいなくなった父親を責めることもできず，自分を責め続けていたAさんは，「自分に失望して」去ってしまった父親に対する怒りの感情を，セラピストに向けてぶつけたのでした。この現象は精神分析における転移と呼ばれます。この転移の瞬間，Aさんは父親に抱いていた本当の感情を自分の感情として取り戻しました。Aさんは父親に対する怒りを生き生きと表現できたことについてセラピストと話し合うことができました。Aさん自身が自分の感情の動きを認識し，その感情のルーツが過去にあったことを確認できたころ，階段から落ちることに対する恐怖感が薄らぎ，自分自身の進路に対する態度も変化していきました。　　　　　　　　　　（吉川眞理）

▷2 馬場禮子 1999 精神分析的心理療法の実践——クライエントに出会う前に 岩崎学術出版社

▷3 平等に漂う注意
先入観や予断や理論による推測を排して，むしろ意識を超えた無意識の流れに身をゆだねるような注意の向け方。

参考文献
窪内節子（編著）2012 やさしく学べる心理療法の実践 培風館

5　神経症への分析心理学的アプローチ

1　神経症への分析心理学的アプローチ

▷1　Ⅶ-4 参照。

　ユング（Jung, C.G.）は，心理療法に取り組むにあたって，フロイト（Freud, S.）から精神力動論，および自由連想法をはじめ多くを学びました。しかし，無意識に関する理論や面接の場面で生じる転移をどのように理解するかについては，フロイトと異なる見解を持つようになりました。その相違点を簡単に述べると，フロイトは，面接室で生じた心理的プロセスをクライエントの無意識の葛藤を再演するものとして理解し，このプロセスを取り上げて自我に統合すること，理性によって理解することを目指したのに対して，ユングは，基本的に「心は自然の一部」であり，この心理療法のプロセスもまた自然の現象であると理解し，人間の自我がその自然とつながり，圧倒されることなく，その豊かなエネルギーを受け取って生きる道を探索していく姿勢を提示したことにあります。ここでは，Ⅶ-4 に引き続いて，階段恐怖の大学生をモデルとして，神経症に対するユングによる分析心理学的アプローチを紹介してみましょう。

2　ユングによる生涯発達論と神経症観

　ユングは「心の根本的なあり方は人生を経るにしたがって激しく変わっていき，ほとんど人生の午前の心理と午後の心理という言葉を使うことができるほどに思われる。一般に若者の生は，明確な目標の追求による全般的な拡張を特徴としており，その神経症は主にこの方向への躊躇ないし尻込みによるものであるように思われる。年配の人間の生はこれに対して収縮，すなわちこれまで成し遂げてきたことの確保と広がりの収縮を特徴としている。年配の人間の神経症は，基本的に年齢にそぐわない若者の態度に固執していることによっている。ちょうど若い神経症者が生を恐れているように，年配の神経症者は死を前にしてたじろぐのである。」と述べています。人生の経過とともにその時期にふさわしい心のあり方に移行が生じていかないときに「神経症」すなわち心の機能不全が生じると考えられます。

▷2　ユング，C.G. 林道義（訳）1931／1989　心理療法の目標　林道義（編訳）心理療法論　みすず書房　p. 38.

3　神経症に対する夢分析の実際

　ユング派の分析においてセラピストは，本来のその人らしい人格を発現させる自然で非合理的なプロセスをできるだけ妨げないように，そのプロセスに照

準を合わせ,「われわれの案内人としての『自然』」に従っていきます。この基本姿勢についてユングは「治療というよりはむしろ患者の中にある創造的な芽を成長させることである。」と述べました。夢はこの自然過程の産物として取り扱われます。階段恐怖の大学生は,次の夢を報告しました。

　何者かに追われる夢:*何かに追われている。必死で家の中に逃げ込んだが,目の前がぐるぐる回りだしたので目を閉じた。自分の身体が何かに支配されている怖さがあった。追いかけてきた人が家の玄関の前で叫んでいた。僕は目を閉じているのが恐くなって目を開けた。玄関の前で叫んでいたのは中学校時代の部活の先輩(女性)だった。*

　ユング派の分析では,夢からの連想を尋ね,夢のイメージをめぐる対話を持ちます。この夢のイメージを,セラピストと夢見手が一緒に味わうことで,夢見手の意識を補償する無意識の機能が活性化されていくことが期待されています。この夢の連想を話し合う際には,夢の前半での身体が支配されるほどの恐怖感とともに,玄関で叫ぶ年上の女性との思い出について語られました。

　一般に何者かに追われる夢は,自我が意識から排除してきた要素が,自我を脅かし意識に侵入しようとする過程を反映していると考えられています。夢見手の自我は「何か」に追われています。その正体は明確ではなく彼の身体を支配するほど圧倒的な恐怖感でした。それは,当時の夢見手の自我には対処することが難しい漠然とした脅威でした。自我は,正体不明の「何か」から必死で逃げようとして家の中に逃げ込みました。その安心感の中で夢見手は不安の対象を突き止めようと,目を開けて明かりをつけようとします。このように「視覚」を取り戻し,恐怖の対象をつきとめようとする姿勢は,彼が自我を持って恐怖症と向き合おうと決心したことを示しています。すると,追いかけてきた相手は,気になっていた年上の女性であったことがわかります。実際にこの夢を見た後,彼は気になる女性と出会い,その女性に認めてもらうためにも大学を卒業したいと思うようになりました。彼の階段に対する恐怖は,失敗することに対する恐怖とともに,父親を奪っていった死に対する恐怖にも通じていたように思われました。しかし,家まで彼を追ってきたのは,意外なことに女性だったのです。この夢では,死の恐怖との対決が,いつのまにか異性との交流につながっていきます。やがて彼は,試験を受ける手段を具体的に考えはじめ,次の夢を見ます。

　火柱の夢:*大地に何本か火柱が立って,何だ,これは!と思っている。*

　夢見手自身も,大地からほとばしる火柱のイメージに度肝を抜かれます。彼の内面に潜在していたエネルギーがこのような形で現れようとしていました。この時期より彼は自分自身の未来について主体的に考えるようになりました。どんなに不安があっても,何とかなるのでは,と考えられるようになったことが彼のパーソナリティの重要な変化と思われました。　　　　　(吉川眞理)

▷3　ユング　前掲書

▷4　ユング　前掲書

参考文献

窪内節子(編著)2012　やさしく学べる心理療法の実践　培風館

ストレッサーとパーソナリティ

① ストレッサーとは

　「明日の試験のことを考えるとストレスでさ……。もう胃が痛いよ！」といった会話は，みなさんよく耳にするのではないでしょうか。ストレスという言葉は日常的に用いられており，その定義も様々ですが，一般的には過度の精神的緊張や肉体的疲労を指します。そして，このストレスを引き起こしている刺激・事象（例文における「明日の試験」）をストレッサーと言います。

　私たちは，日常場面の中でたくさんのストレッサーに直面しながら生きています。日本人のストレス実態調査委員会は，約1000人を対象に彼らが直面しているストレッサーについて調査を行いました。その結果，「家計にゆとりがなくなった」，「年をとることによる心身の衰えを感じる」，「仕事が忙しすぎる」，「自分の容姿に不満がある」といったことが，私たちにとって日常的なストレッサーとなる確率が高いことが明らかとなりました。いずれも，その人をモヤモヤとした辛い気持ちにさせるものではあります。しかし，だからといってそれが心身に深刻な影響をもたらすことは，あまり多くないでしょう。

　これに対し，表7.6.1はその人に深刻な影響を及ぼす強烈なストレッサーの一覧です。1位の「暴行を受けた」のような，その人の命が危機にさらされるような事象を外傷性ストレッサーと言います。外傷性ストレッサーによってその人が受けた体験（外傷体験）はとてもショッキングなもので，ASD（Acute Stress Disorder；急性ストレス障害）や PTSD（Posttraumatic Stress Disorder；外傷後ストレス障害）の発症に至ることもあります。また，5位の「家族が死亡した」や10位の「ペットや大切にしていたものを失った」など，自分にとって大事な人，ものを失ってしまう体験（喪失体験）も，言うまでもなくその人に大きなストレスをもたらします。

　一方で，3位の「失恋」や4位の「裏切られ体験」，8位や9位の「身内との不仲」といった事象は，その人の命を危機にさらすほどのものではありませんし，一見すると日常的でたいしたことのないストレッサーのように感じられます。しかし，こういった対人関係の問題がストレッサーとなって生じるストレス（対人ストレス）は，精神的健康に大きな影響を及ぼすものである，ということが指摘されています。

▷1　日本人のストレス実態調査委員会　2003　データブック　NHK 現代日本人のストレス　日本放送出版協会

▷2　ASD と PTSD
再体験（外傷体験を何度も思い出す），回避（外傷体験を想起させるものを避ける），過覚醒（過度に周囲を警戒する）という三つの症状を特徴とする。外傷体験の直後からこれらが起こると ASD，軽減せず1か月以上続くと PTSD と診断される。

▷3　Joiner, T., & Coyne, J. 1999 *Interactional nature of depression*. Washington, DC : American Psychological Association.

表7.6.1 強烈なストレッサー高位10項目

順位	ストレッサーの内容	%	経験者人数
1	いやがらせ，いじめ，または暴行を受けた	52%	87人
2	大きなけがや病気をした	43%	102人
3	失恋した，または恋人との関係が破綻した	41%	64人
4	友人や同僚に裏切られたり，訣別した	37%	134人
5	家族が死亡した	36%	62人
6	家族が他人に迷惑をかける行為をした	35%	57人
7	家族の誰かに介護が必要となった	35%	118人
8	親戚・きょうだいとトラブルがあった	34%	142人
9	同居している親とうまくいかない	32%	78人
10	ペットや大切にしていたものを失った	32%	95人

（注）％は，その項目を経験した調査対象者数を分母とし，その中で「強いストレス」を感じた人の合計人数を分子として算出。ただし，経験者が50人未満の項目は除いた。

出所：日本人のストレス実態調査委員会（2003）

② ストレッサーとパーソナリティ

　たとえば，AさんとBさんが「友人にあいさつしたけども，返事がなかった」というストレッサーに直面したとします。Aさんは「私の声が小さかったから，聞こえなかったのだろう」と考え，とくに気に留めませんでした。その一方で，Bさんは「きっと自分は嫌われていて，無視されたにちがいない」と考え，落ち込んでしまいました。このような違いはなぜ生じるのでしょうか。理由の一つとして，同じストレッサーであっても，その人のパーソナリティ的な要因により，反応の受け止め方が異なるためであるということが考えられます。黒田の調査によれば，「もし○○だったら，自分には価値がない」といったように，自分のあり方や対人関係の持ち方についての信念に偏りのある人は，他者から実際は否定的な反応をされているわけでもないのに「自分は否定的な反応をされている」と知覚してしまうことでストレスが作り出され，結果として気持ちが沈んでしまうということが明らかとなっています。

　このように，一見するとたいしたことがないようなストレッサーであっても，パーソナリティ的な要因の影響により，人によってはとても大きなストレスを生じさせてしまうことがあります。ストレスを抱え落ち込んでいる人にかかわるとき，私たちは「あれくらいのことでここまで落ち込むかな……」と片付けてしまうのではなく，その人がストレッサーをどのように受け止め，いかに体験しているかに注意を向けることが大切であると言えるのではないでしょうか。

（依田尚也）

▷4　黒田祐二　2011　対人関係の抑うつスキーマ，主観的な対人ストレスの生成，抑うつの関係　心理学研究，**82**，257-264.
▷5　このような信念を「スキーマ」と言う。

参考文献

飛鳥井望　2007　健康ライブラリーイラスト版PTSDとトラウマのすべてがわかる本　講談社
大野裕　2003　こころが晴れるノート──うつと不安の認知療法自習帳　創元社

7　ストレス反応とパーソナリティ

① ストレス反応とは

Ⅶ-6 の例，「明日の試験のことを考えるとストレスでさ……。もう胃が痛いよ！」について振り返ってみましょう。「明日の試験」というストレッサーによってストレスが高まり，「胃の痛み」という反応が生じています。この反応をストレス反応と言い，大きく分けて身体面の反応（頭痛，腹痛など），心理面の反応（不安，イライラなど），行動面の反応（攻撃的行動，引きこもりなど）の三つがあります。ストレス反応が生じるメカニズムを説明する代表的なものとして，セリエ（Selye, H.）の説とラザルス（Lazarus, R.S.），フォルクマン（Folkman, S.）の説が挙げられます。

② セリエのストレス学説

◁1
セリエの説によれば，生体がストレッサーにさらされ続けると，副腎皮質の肥大，全身のリンパ組織の萎縮，そして胃の内壁や十二指腸部に出血や潰瘍が生じ，しかもこれらの身体的反応はストレッサーの種類に関係なく生じるものであるとされています。セリエは，このような種々のストレッサーに対する非特異的な身体的反応を汎適応症候群（GAS：General Adaptation Syndrome）と名付けました。汎適応症候群には，警告期，抵抗期，疲憊期の3段階があります（図7.7.1参照）。

まず，ストレッサーを受けると一時的に抵抗力が低下し，身体の各部にストレス反応が生じます（警告期）。次の段階では，身体はストレッサーに対して積極的に抵抗するようになり，一時的に不快感や苦痛が弱まります（抵抗期）。しかし，ストレッサーに対して何ら手を打たれることがなく，長期にわたってさらされ続けると，抵抗力は低下し（疲憊期），ガンや心臓病などの深刻な病気に発展してしまうこともあるとされています。

▷1　Selye, H. 1978 *The stress of life (revised edition).* New York: McGraw Hill.（杉靖三郎・田多井吉之介・藤井尚治・竹宮隆（訳）1988　現代社会とストレス　法政大学出版局）

強い
警告期　　　抵抗期　　　疲憊期

抵抗力の強さ

普通の水準

弱い

時間→

図7.7.1　汎適応症候群の3段階

出所：Selye（1978/1988）

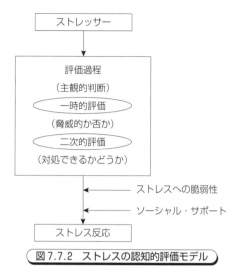

図7.7.2　ストレスの認知的評価モデル

出所：坂野雄二　1995　認知行動療法　日本評論社

3 ラザルス，フォルクマンの認知的評価モデル

　セリエが身体的・生理的要因を重視したのに対し，ラザルス，フォルクマン[2]は心理的・認知的要因を重視しました。彼らの認知的評価モデル（cognitive appraisal model）によれば，人はストレッサーに直面すると，自分にとってそれがどの程度脅威的であるか（一次的評価），脅威的なものであるのならばそれに対して自分が対処できるかどうか（二次的評価）ということが判断されます。そして，もし対処ができないと判断された場合，心身のストレス反応が生じてしまいます（図7.7.2参照）。

4 ストレス反応とパーソナリティ

　フリードマン（Friedman, M.）とローゼンマン（Rosenman, R.H.）[3]は，他者に対して敵意的，競争的であり，つねに時間に追われながら多くのことをこなそうとし，完璧主義である，といった傾向を持つ人たちが，心臓疾患になりやすいということを指摘しました。そして，彼らはこのような傾向を「タイプAパーソナリティ」と名づけました。いつも時間に追われながら，たくさんの仕事を完璧にこなそうとするため，タイプAパーソナリティの人は当然ストレスに満ちた生活を送ることになってしまいます。そして，過度のストレスが心臓疾患という重い病気に発展してしまう可能性があるとされています。過度のストレスのような精神的・心理的問題が身体の症状（心臓疾患や胃潰瘍など）となって表れたものを心身症と言います。私たちの心と身体は密接につながり合っているのです。

（依田尚也）

▷2　Lazarus, R. S., & Folkman, S. 1984 *Stress, appraisal, and coping.* New York : Springer.（本明寛・春木豊・織田正美（監訳）　1991　ストレスの心理学——認知的評価と対処の研究　実務教育出版）

▷3　Friedman, M., & Rosenman, R. H. 1959 Association of specific overt behavior pattern with blood and cardiovascular findings : blood cholesterol level, blood clotting time, incidence of arcus senilis, and clinical coronary artery disease. *Journal of the American Medical Association,* **169**, 1286-1296.

8　ストレス・コーピングとパーソナリティ

① コーピングとは

　みなさんは，ストレスがたまったとき，どのようなことをして発散していますか？　日本人のストレス実態調査委員会は，用いられやすいストレス発散法について調査したところ，以下のような結果になりました（表7.8.1）。

　ストレスに対処することをコーピングと言います。ラザルスとフォルクマンは，コーピングの内容を二つに分類しました。一つは，問題焦点型コーピング（problem-focused coping）です。これは，具体的な解決策を考えて，それを実行するなどして，ストレッサーに直接的に働きかけて現実的に変化させようとするものです。もう一つは，情動焦点型コーピング（emotion-focused coping）です。これは，ストレッサーに直接的に働きかけて現実的に変化させようとするのではなく，「今思えばそれほど大変なことではない」，「視点を変えれば悪い面だけじゃなくて良い面もある」など，気持ちの持ちようを変えていこうとするものです。

　ふたたび，「明日の試験のことを考えるとストレスでさ……。もう胃が痛いよ！」という例をもとに考えていきましょう（図7.8.1参照）。問題焦点型コーピングを用いる場合，参考書やノートを見直したりすることで，「試験」というストレッサーに直接働きかけます。情動焦点型コーピングを用いる場合，「明日の試験がダメでも，また次の試験で頑張ればいいや」と開き直ったり，好きな音楽を聴いて不安をまぎらわしたりします。

② ソーシャル・サポート

　もう一度，表7.8.1を見てみましょう。発散法の１位が「会話」となっている通り，誰かに話すということは私たちにとってとてもポピュラーなコーピングであると言えるでしょう。自分の悩みを誰かに話すことで心が落ち着き（情動焦点型コーピング），その中で得たアドバイスを実行したら悩みが解決した（問題焦点型コーピング），という体験は多くの人にあるのではないでしょうか。

▷1　日本人のストレス実態調査委員会　2003　データブック NHK 現代日本人のストレス　日本放送出版協会
▷2　Lazarus, R. S., & Folkman, S. 1984 *Stress, appraisal, and coping.* New York : Springer.（本明寛・春木豊・織田正美（監訳）1991　ストレスの心理学──認知的評価と対処の研究　実務教育出版）

表7.8.1　用いられやすいストレス発散法

順位	1	2	3	4	5	6	7	8	9	10
発散法	会話	食事	買い物	運動	飲酒	趣味	旅行	音楽	散歩	読書

出所：日本人のストレス実態調査委員会（2003）

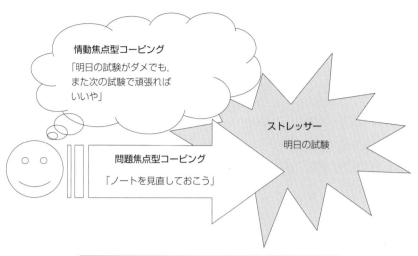

図7.8.1　問題焦点型コーピングと情動焦点型コーピング

自分の周りに，話を聴いてくれたり，アドバイスをしてくれたりする人がいるということは，有効なコーピングを用いるための大事な資源となるのです。このような，自分の周りにいる様々な人からの有形，無形の援助をソーシャル・サポートと言います。

　ここで，すべての人がこのソーシャル・サポートという資源を豊富に持っているとは限りません。また，仮に大きな悩みを抱えていても，何らかの理由でソーシャル・サポートを積極的に利用できないことがあります。引きこもりの状態にある人や，対人不安の強い人などが，その一例として挙げられるでしょう。このような人は，「会話」という大事なコーピングを用いることができません。そのため，人知れずストレスをため込みつづけ，やがて深刻な心身の病気へとつながってしまう可能性があります。あるいは，憂さ晴らしのためにたくさんのお酒を飲んだりするなど，さらに心身に悪影響をおよぼすコーピングに頼らざるをえないこともあるかもしれません。

3 コーピングとパーソナリティ

　加藤の調査によれば，ストレスの生じている状況において，あるコーピングを用いたもののそれがうまく機能しなかった場合，このコーピングの使用を断念し，新たなコーピングを用いることのできる人ほど，抑うつ傾向が低いということがわかっています。つまり，コーピングを柔軟に用いられる人は，精神的な健康度が高いということです。みなさんにも，きっと自分にとってなじみのある，用いやすいコーピングがあると思います。ストレスの生じる状況がうまく解決しないとき，一度自らのコーピングについて見直してみると，状況の好転につながるかもしれません。その際，やはり他者との「会話」の中で客観的な意見を得ることにより，これまでのコーピングの見直しや新たなコーピングの発見が促されるのではないでしょうか。　　　　　　　（依田尚也）

▷3　加藤司　2001　コーピングの柔軟性と抑うつ傾向との関係　心理学研究，**72**，57-63．

参考文献

橋本剛　2008　大学生のためのソーシャルスキル　サイエンス社

抑うつ状態とその背景

 抑うつ状態について

　カウンセリングの現場には，子どもたちから成人まで，社会場面に出ることに困難を感じる人たちがしばしば来談されます。自発的というよりは周囲に勧められて来談される場合がほとんどです。子どもたちの場合は，登校が困難になり，成人の場合は欠勤が目立つようになります。あるいは日常的にこれまでこなしていた業務がこなせなくなり，寝込んでしまう場合もあります。表情も暗く，無気力な状態に加えて，入眠の困難，あるいは早朝覚醒，食欲不振など，日常の生命維持活動のバランスの崩れが見られます。このうつ状態を診断するための質問紙である CES-D の項目は表7.9.1のとおりで，2週間以上続く項目が複数ある場合は専門医の受診が勧められます。

2 自律神経の失調

　抑うつ状況の始まりは自律神経の失調ととらえられています。自律神経系統は，意識とかかわりなく，人間の外界に対する適応のために，身体のコンディションを最適に保とうとする機能を受け持っています。刺激に対する興奮やその抑制といった反応の体制や，対処するための筋肉運動に向かう準備状態，消化や排せつにかかわる反応などがそれにあてはまります。

　たとえば，生存が脅かされる状況において人は，交感神経優位状態，つまり覚醒水準を上げて危険を察知できるようにし，心拍数が上がり，いざというときに最大限の運動能力を発揮できるように，筋緊張も高まります。非常事態体制になると食欲や排泄機能も抑制されます。循環系や消化器系，筋肉の状態が変化しますが，これらを私たちが意図的に操作することはできません。このよ

▷1　Radloff, L. S. 1977 The CES-D scale：A self-report depression scale for research in the general population. *Applied Psychological Measurement*, **1**, 385-401.

表7.9.1　CES-D 抑うつ状態のチェック項目（抜粋）

- 悲しい気分　泣きたくなる　不安　孤独
- 気分が落ち込む，憂うつ
- 幸福感／生活の楽しみ／将来への希望が感じられない
- 思考がまとまらない，判断できない（活字を読んでも頭に入らない）
- 活発に活動できない，口数が少なくなる
- 人に嫌われている／人は不親切だと感じる
- 自分の人生が失敗であったと感じる
- よい睡眠がとれない（寝つきの悪さ，中途覚醒，早朝覚醒）
- 食欲がない（おいしく感じない，体重減少）

うな戦闘準備状態の交感神経優位に対して，リラックスモードは副交感神経優位と呼ばれます。私たちが外界に適応し，その疲れをうまく回復させるためには，交感神経と副交感神経の適切な切り替えとバランスが必要ですが，これがうまくいっていない状態を自律神経失調と呼びます（表7.9.2）。

表7.9.2 自律神経の機能

	緊張時 〈交感神経優位〉	リラックス時 〈副交感神経優位〉
呼吸	速くする	穏やかにする
血圧・血糖	上昇させる	下降させる
消化器	消化液の分泌抑制	消化液の分泌促進
内分泌	ホルモン分泌を乱す	ホルモン分泌を安定させる
筋肉	緊張する	弛緩する
精神活動	活発にする	リラックスする

　近代以前は，人間の生活は今よりもずっと肉体を使うものでした。非常事態は，実際に物理的・身体的な戦闘を要する事態でしたが，近代以降の人間は，物理的・身体的に対処しようのない危機に脅かされます。たとえば，よく試験の夢を見る人がいますが，試験という状況は身体的ではなく頭脳的な対処が求められるので，交感神経優位の状態は効果的ではありません。子どもたちは現代の学校という場を生き抜く際に，けんかでの勝負ではなく，ちょっとした立ち居振る舞いに対する他者の非難によっておおいに傷ついてしまいます。つねに他者の評価がある社会の職場環境も同様の危機をもたらします。こうして有効でない交感神経優位の状態は，頭痛や消化不良を引き起こし，過剰な覚醒により睡眠の質も低下して，疲労感が残ってしまうことになります。

③ 抑うつ状態とその治療

　Ⅶ-2 で述べたような外的で受動的な適応において，外界からの要請に懸命に応えようとしつづける状況でストレスが発生するのですが，そのコーピングがうまくいかず，自律神経の失調に陥り，ついにエネルギーを消耗してうつ状態に至ると考えることができます。このように，うつ状態はどの人にも起こりうる危機状態です。うつ状態が身体的な水準での変化を引き起こしており，同時に認知的にも，悲観傾向，自己否定傾向が顕著になり，その結果，自死念慮が生じることもしばしば報告されています。そこで重篤なうつ状態の場合，専門医の受診が必要です。この苦しい状態から少しでも早く抜け出したいという思いを直接的な行動ではなく，受診につなげるための働きかけが重要です。専門医のもとで休養や生活習慣の調整とともに必要に応じた投薬が行われます。また否定的な思考傾向が強い場合には認知行動療法によって，その認知傾向を自覚して修正していく作業がすすめられます。これに加えてとくに薬の効きにくいタイプのうつ状態については，心理療法が併用されることがあります。投薬によってせっかく回復しても，また同じ環境に戻ると再発する恐れのある場合にも，心理療法によってこれまでの生き方のスタイルを振り返りながら，本来のその人らしい人生の生き方，無理のない生き方を発見するパーソナリティの変容プロセスが必要となります。

（吉川眞理）

▷2 Ⅶ-10 参照。

▷3 Ⅶ-11 参照。

▷4 Ⅶ-12 参照。

抑うつの薬物療法

① 抑うつの薬物療法

　抑うつの治療において，基本となるのが薬物療法です。抑うつは脳内の神経伝達物質のアンバランスを伴うため，抗うつ薬と呼ばれる薬を用いてバランスを回復し，憂鬱な気持ちや罪悪感などの症状を改善させることを目的とします。

② 抗うつ薬とは何か？

　セロトニン◁1，ノルアドレナリン◁2，ドーパミン◁3は，脳内における３大神経伝達物質と言われ，三つのバランスが保たれることで，人は平常心でいることができます。ところが抑うつ状態になると，脳内物質のバランスが崩れ，とくに脳内におけるセロトニンの濃度が大きく下がるため，感情のコントロールが効かなくなり，罪悪感にとらわれ，自分を責めつづける状態へと陥ります。抗うつ薬の主な役割は，脳内のセロトニンの濃度を上げ，感情を自分でコントロールすることを再び可能とすることです。ただし，脳内のセロトニンの濃度が下がったとき，人は必ず抑うつ状態になるわけではありません。回避性パーソナリティ障害や依存性パーソナリティ障害の人は抑うつ状態が併存しやすいことが研究で示されるなど，抑うつになりやすいパーソナリティが存在します。「まじめで几帳面な人がうつになりやすい」と言われるのは，彼らが感情のコントロールを失ったときに自分を責めがちになるためであり，パーソナリティが異なればセロトニンの濃度が低下したときに，衝動的な行動が増える，パニック障害が生じるなど，抑うつ以外の症状が表れます。なので，抗うつ薬は必ずしも抑うつ状態のときだけに用いられるのではなく，前述のパニック障害など，感情のコントロールを失っている場合に回復効果を発揮します。

③ 抗うつ薬の種類

○三環系抗うつ薬

　1950年代に，イプロニアジドとイミプラミンという２種類の抗うつ薬が発見され，抑うつが気分の問題ではなく，脳内物質の乱れが関係する病気であることが明らかになりました。イプロニアジドとイミプラミンはともに，セロトニン，ノルアドレナリン，ドーパミンを活性化させる作用を持ち，抑うつ状態の改善に効果を示したことから，イミプラミンの化学構造式に似たベンゼン環を

▷1　セロトニン
脳内の神経伝達物質の一つ。感情をコントロールする役割を持つ。抑うつやパニック障害，発達障害などでは脳内のセロトニンの濃度が低下していることが知られている。

▷2　ノルアドレナリン
脳内の神経伝達物質の一つ。不安や恐怖，怒りを感じたとき，集中力を要求されるときに分泌され，やる気を増す役割を持つ。抑うつや不安神経症，無気力状態などでは脳内のノルアドレナリンの濃度が低下し，躁状態では脳内のノルアドレナリンの濃度が上昇していることが知られている。

▷3　ドーパミン
脳内の神経伝達物質の一つ。快感を伝達する役割を持つ。ノルアドレナリンと同様，意欲を高める働きがある。パーキンソン病などでは脳内のドーパミンの濃度が低下し，依存症などでは脳内のドーパミンの濃度が上昇していることが知られている。

三つ持つ，三環系抗うつ薬が開発されます。ただ，三環系抗うつ薬は様々な脳内物質に働きかけるため，効果とともに副作用も大きく，口渇，動悸，記憶障害，眠気などが生じます。そこで，改良版である四環系抗うつ薬を経て，副作用の少ないSSRI が開発されたのです。

表7.10.1　代表的な抗うつ薬一覧

種類	一般名	製品名
三環系抗うつ薬	イミプラミン	トフラニール，イミドールなど
	アミトリプチリン	トリプタノールなど
四環系抗うつ薬	ミアンセリン	テトラミドなど
SSRI	フルボキサミン	ルボックス，デプロメールなど
	パロキセチン	パキシル
SNRI	ミルナシプラン	トレドミンなど
	デュロキセチン	サインバルタ
NaSSA	ミルタザピン	リフレックス，レメロン

○SSRI, SNRI

SSRIは，抑うつ状態と大きく関係するセロトニン神経系にのみ作用するタイプの抗うつ薬です。抑うつ時には，神経と神経の隙間であるシナプス間隙でセロトニンが減少しています。SSRI は，シナプス間隙に放出されたセロトニンが再び神経に取り込まれる経路をブロックする働きがあります。これによりシナプス間隙のセロトニンの濃度が高まり，結果として抑うつ気分が改善されるのです。その後，SNRI という，セロトニン神経系とノルアドレナリン神経系にのみ作用する抗うつ薬も開発されました。SSRI と SNRI は，三環系抗うつ薬と比べて少ない神経系に働きかけるため，副作用が小さいという特徴があります。ただし，ないわけではなく，吐き気や下痢など胃腸の不調や，頭痛などが生じます。最近では，NaSSA という，セロトニンとノルアドレナリンの作用を強める，新しいタイプの抗うつ薬も開発されています。

抗うつ薬は，その効果も副作用も人によって異なるため，医師とよく相談した上での服用が大切になります。また，効果が表れるまでには時間がかかる（人によっては2～3か月）ことや，再発防止のために定期的に飲み続け，症状が消えた後も半年間は薬を飲み続けることが大切になります。

④ 抗うつ薬と心理療法との併用について

抗うつ薬を飲むことに対して，抵抗感を感じる人は少なくありません。薬を飲まずに，心理療法だけで治療を行うのも一つの方法ですが，薬物療法と心理療法とは互いに補い合う関係にあり，併用することで治療効果は格段に上がることもあります。と言うのは，薬物療法は，抑うつの症状を抑え，抑うつ気分による自殺の予防に効果を発揮する一方で，心理療法は，自分を責めやすい考え方や高すぎる自己の理想像，対人関係のあり方など，症状の原因そのものの改善に効果を発揮するからです。ただし，妊婦や授乳中の女性，高齢者など薬物療法が難しい人の場合は，心理療法のみで治療を行うことになります。

（安藤聡一朗）

▷4　SSRI
Selective Serotonin Reuptake Inhibitor：選択的セロトニン再取り込み阻害薬。

▷5　SNRI
Selective Serotonin-Noradrenaline Reuptake Inhibitor：選択的セロトニン・ノルアドレナリン再取り込み阻害薬。

▷6　NaSSA
Noradrenergic and Specific Serotonergic Antidepressants：ノルアドレナリン作動性・特異的セロトニン作動性抗うつ薬。

11 抑うつの認知行動療法的アプローチ

①　認知行動療法の始まりと展開

　認知行動療法（cognitive-behavior therapy）は，従来の行動療法が対象にして^{◁1}いた行動に加えて，認知の問題も治療の標的とし，行動的技法と認知的技法を効果的に組み合わせて，問題の改善を図ろうとする治療的アプローチです。1960年代に開発されたエリス（Ellis, A.）の合理的情動療法（論理療法）と，^{◁2}ベック（Beck, A. T.）のうつ病の認知療法の開発が，認知行動療法の始まりです。

　うつ病には薬物療法以上に効果的な治療法はないとされていた時代に，ベックの認知療法は注目されるようになります。ベックの認知療法は行動療法的アプローチも用いられており，今日では認知行動療法と呼ぶことが一般的です。1980年代から認知行動療法は急速に広まっていきました。

　第一世代である行動療法から，第二世代の認知行動療法，さらに1990年代からは第三世代の認知行動療法として，マインドフルネス認知療法・アクセプタ^{◁3}ンス＆コミットメントセラピーが展開しています。なお，ここ Ⅶ-11 では第二^{◁4}世代の認知行動療法について説明していきます。

②　抑うつの認知の歪み

　人は，強いストレスを感じると，通常は適応的にできていた反応ができなくなり，偏った考え方や非適応的な反応をするようになります。こういった偏った考え方や非適応的な反応を「認知の歪み」と呼びます（表7.11.1）。認知の歪みによって，抑うつ感が強まり，非適応的な行動が引き起こされて，さらに認知の歪みが強くなるという悪循環が生じます。認知行動療法では，この悪循環を止めるために，認知（ものの受け取り方や考え方）や行動に焦点をあてて，変化を促していきます。

表7.11.1　抑うつの認知の歪み

選択的抽象化：情報の一部分だけに目を向けて結論を出す
独断的推論：矛盾する証拠があるにもかかわらず，ある特定の結論を出す
過剰な一般化：ある出来事を元に，不合理なほどに一般化して物を考える
拡大解釈と過小評価：一つのことを過大に，または極端に低く評価する
自己関連づけ：わずかな情報を自分に関係があると思いこむ
完全主義的思考：白か黒か，全か無か，など二分法的に判断する

▷1　行動療法
1950年代にアイゼンク（Eysenck, E. J.）によって提案された治療的アプローチ。精神分析療法への批判から台頭してきた。

▷2　合理的情動療法（論理療法）
ABCDE モデルとも呼ばれる。A は出来事（activating event），B は信念（belief），C は結果（consequence），D は論駁（dispute），E は感情（effect）を指す。C は A が引き起こすのではなく B が引き起こすと考えて，B を D により粉砕することで E をもたらすといった理論を元にしている。

▷3　マインドフルネス認知療法
「今ここ」での身体感覚や思考，感情に対するマインドフルネスな気づき（無評価的な気づき）を基礎においた心理療法。

▷4　アクセプタンス＆コミットメントセラピー
困難な私的事象を，評価・回避せずに受け入れて，今ここで生きている価値や自分自身の価値を十分に味わうことを重視した心理療法。

③　抑うつの認知行動療法

　ベックは，抑うつ者は小児期の早い段階から非適応的な「スキーマ」[▷5] を持ち，これがストレス状況下において発動し「否定的自動思考」と呼ばれる認知の歪みを生じさせることで，抑うつ症状が引き起こされると考えました。

　このため，認知行動療法では，否定的自動思考やスキーマを認識して変化させることで認知再構成を目指し，認知的・行動的・認知行動的な介入を行いながら，治療場面での学習を実社会場面に拡大させていきます（表7.11.2）。

　治療場面では，治療者と患者が一緒に科学者のように検証していく「協同的経験主義」と呼ばれる関係の重要性が強調されています。1回の面接時間は30分以上で，原則として16回-20回行い，四つの段階を経て行われます。

◯第1段階　事例の定式化（ケース・フォーミュレーション）

　抑うつが生じた原因や，維持させている要因，症状の特徴，患者の特性をアセスメントして，問題の成り立ちを整理します。そして，どのような介入が抑うつの改善に必要となるか見立てます。

◯第2段階　自動思考の修正

　最近抑うつ気分になったときのことを思い出して，その際の状況，感情，自動思考について分けて考えます。さらに自動思考に影響している推論の誤りを検討して，そのような推論の誤りをしなければどのような合理的思考となり，合理的思考をするとどのような結果となり感情が変化するか確認します。自動思考を同定できたら，自動思考の修正を図ります。さらに，ホームワーク（宿題）を行うことで，合理的思考が日常生活で使用できるように試みます。

◯第3段階　スキーマの修正

　自動思考の背後にある思い込みや信念である抑うつスキーマを探し出します。抑うつスキーマは，ソクラテス的質問法（患者の発想や発見を促すような拡大的な質問法），下向き矢印法（一連の質問を用いて次第に深いレベルの思考を明らかにしていく方法）により探っていきます。スキーマを特定できたら，スキーマの修正を図ります。

◯第4段階　再発防止のための理解

　これまでに学習した方法の復習を行ったり，今後予想される出来事に対しての対応策と対応能力を身につけたりすることで，抑うつの再発を防止します。

（小泉藤子）

表7.11.2　認知行動療法での介入の例

認知再構成法（コラム法）
　非機能的思考記録表のワークシートを用いて，「状況・感情・自動思考・合理的思考・結果」を整理し，認知の歪みの認識と再構成を目指す

活動スケジュール
　1週間分1時間ずつ活動内容と達成感の程度を記入して，気分を高める活動を見出す

ソーシャルスキル・トレーニング（SST）
　対人関係の障害やつまずきを改善していくための訓練

アサーション・トレーニング
　他者の意見と同じように，自分の意見を尊重して表現するための訓練

▷5　**スキーマ**
情報処理における基本原則を含んだ中核的信念のこと。

（参考文献）

福井至（編著）2011　図説認知行動療法ステップアップ・ガイド──治療と予防への応用　金剛出版

厚生労働省　2009　うつ病の認知療法・認知行動療法マニュアル（平成21年度厚生労働省こころの健康科学研究事業「精神療法の実施方法と有効性に関する研究」）

中野敬子　2009　ケース概念化による認知行動療法・技法別ガイド──問題解決療法から認知療法まで　遠見書房

大野裕　2011　はじめての認知療法　講談社現代新書

下山晴彦　2011　認知行動療法を学ぶ　金剛出版

Wright, J. H., Basco, M. R., & Thase, M. E.　大野裕（訳）2007　認知行動療法トレーニングブック　医学書院

12 抑うつ状態の心理療法

 ## 対象喪失による抑うつ

　人生において何度か抑うつ状態に陥りやすい危機があります。Ⅶ-9で述べたように外界からの要請に過剰に合わせることによって疲弊してしまった抑うつもその一つでしたが，ここでは，それ以外の抑うつ状態について考えてみたいと思います。たとえば人生において大切な対象を喪失したゆえに生じる抑うつがあります。重要な他者との死別や離別，健康な身体の機能の喪失や経済的な破たんなど，人生はいつも対象の喪失と隣り合わせです。そのようなとき，人は，人生が自分の願い通りには進まないことを認識することもあれば，自身の人生の有限性を実感することもあります。

　多くの人は，人生における様々な喪失時間の経過とともに乗り越えていく力，レジリエンスを備えています。しかし，何らかの理由でそのプロセスが停滞するとき，私たちは苦悩に直面します。そのようなとき，悲嘆の体験そのものやその語りを受けとめる聴き手の存在がそれらの体験を抱える器として機能します。そのような心理療法により，苦悩を抱えつつ停滞を乗り越える体験は，私たちのパーソナリティに変容をもたらします。逆説的なことですが，これまで目標としてきたことが達成されたときに抑うつ状態になってしまう人もいます。目標の大学に入学した学生のアパシーや，昇任したにもかかわらずうつ病を発症する人もいます。そこでは，目標という対象が喪失されたと考えることができます。目標や生きる意味を見失って無気力に陥ってしまうとき，目標を達成したにもかかわらず，じつは心の空虚感が満たされていないことに気づくこともあれば，次なる課題の重圧に挫けてしまうこともあるでしょう。これまでの疑問なく生きられてきた自分自身の自我中心の生き方に，生き生きとした喜びが伴わなくなり，無気力感，空虚感が感じられるようになる抑うつ状態は，これまでの自我中心の生き方の行き詰まりを示唆しています。

② 人生の後半における抑うつ

　現代を生きている多くの人は，努力することによって能力を伸ばすことができ，その結果得られる社会における成功が人生の目標であると考えがちです。しかし，その能力は，人生のある時期にピークを迎え，やがて衰えていくものです。自然の一部としての人間は，その能力が向上していく時期を前半生とす

ると，逆にそれが衰退していく後半の過程を経て最終的に死に向かう宿命にあ
ります。しかし自我は，これまでずっと保ってきた生の拡張へと向かう姿勢を
捨て去ることに強い抵抗を示します。私たちはこの自我に同一化しがちです。
このような自我中心のあり方からの脱却は，自我という「私」の否定を意味し
ており，かなり難しい心理的な課題と言えるでしょう。その困難な課題におい
ては，私たち自身の自然な心の動きをとらえて，これを自我につなげていくこ
とが求められます。心理療法ではクライエントとの対話の中でクライエント自
身の自然な心の動きをとらえつつ，心のあり方の変容の方向性の探索が展開さ
れます。その具体的な方向性については，クライエント一人ひとりが，自ら発
見し，自ら選択することが何より重要なこととされます。

　ユングは，この自我中心の在り方を超越しようとする心の動きの主体である
「セルフ（自己）」が発現する心理的現象を自己実現（self realization）と呼びま
した。セルフ（自己）とは，それとのつながりを持つことで自分らしくいられ
るという自分の全パーソナリティの中心をさしています。それは，その人が本
来のその人自身に成りゆくプロセス，すなわち個性化のプロセスのオーガナイ
ザーでもあります。

▷1 Ⅵ-2 参照。

③ 抑うつから個性化に向かう心理療法

　外的には社会への適応が成就されているにもかかわらず，その適応した生き
方が本来のその人の個性が生きられていない生き方であることが原因で，心の
機能不全が生じているときの心理療法について，ユングは，セラピストがあら
ゆる先入観を捨てて臨むことを勧めています。「私は可能な限り，経験そのも
のに治療の目標を決めさせている。心理療法においては治療者が確固とした目
標を一切持たないほうが実のところ賢明であるように思われる。治療者はおそ
らく自然や患者の生きる意志ほどには，その目標をよく知ることはない」。

　ユングによれば，心理療法の目標は，セラピストとクライエントとの出会い
の中で決まってくるのだと言います。心理療法は，セラピストとクライエント
の全人格的なぶつかり合いの場となります。この二つの人格の出会いは，性質
の異なる二つの化学物質の混和に喩えられ，その際，クライエントだけでなく
両者ともが変化を遂げていきます。この段階の心理療法においては，セラピス
トとクライエントが等しくその過程の構成要素であり，この過程において生じ
る人格を変化させる影響を被る存在となります。そこでセラピストがクライエ
ントに課題を投げかけるとするならば，セラピスト自身もその課題に取りくむ
ことが必要なのです。この段階の心理療法においては，セラピストも，自らの
心の内部を見つめ，自分自身が変化することが求められます。

（吉川眞理）

▷2 ユング，C.G. 林道
義（訳）1931/1989 心
理療法の目標 林道義（編
訳）心理療法論 みすず書
房 p. 41.

（参考文献）

窪内節子（編著）2012 や
さしく学べる心理療法の実
践 培風館

心身症とパーソナリティ

1 心身症とは

　心身症とは，身体疾患の中でも，その発症や経過に心理社会的な因子が大きくかかわっていると考えられるものを指し，現在では多岐に渡る疾患が心身症とされています（表8.1.1）。心身症患者は，病気を治すため身体科を訪れるものの治療が奏功せず，心理的な治療をすすめられることが多くありますが，身体の不調を訴えるのに終始したり，物事の事実のみを述べるばかりでなかなか自分の感情に触れることが難しいと言われています。

2 心身症とパーソナリティ

　各疾患とパーソナリティの関係については，一つの疾患を呈する患者の中にも様々なパーソナリティを示す方がいて，関連を見出すのが難しいですが，アレキサンダーは，「たとえば，慢性的に持続された敵対的衝動は血圧の慢性的上昇に関連しうるし，依存的な救いを求める傾向を持つと胃液分泌が亢進する」として，ある情動状態と身体的機能の障害は関連しうると述べています。また，

▷1　日本心身医学会教育研修委員会（編）1991　心身医学の新しい診療指針　心身医学，**31**（7），537-576．を参照。

▷2　表に挙げた疾患がすべて狭義の心身症というわけではなく，心理的な因子をあまり考慮する必要のないものから，心理的な因子が大きく関与しているものまである。

▷3　アレキサンダー，F.　末松弘行（監訳）1997　心身医学　学樹書院

表8.1.1　代表的心身症

(1)呼吸器系	気管支喘息，過換気症候群，神経性咳嗽など
(2)循環器系	本態性高血圧症，本態性低血圧症，狭心症，心筋梗塞，一部の不整脈など
(3)消化器系	胃・十二指腸潰瘍，慢性胃炎，過敏性腸症候群，潰瘍性大腸炎，慢性肝炎，慢性膵炎，心因性嘔吐，空気嚥下症など
(4)内分泌・代謝系	甲状腺機能亢進症，単純性肥満症，糖尿病など
(5)神経・筋肉系	筋収縮性頭痛，片頭痛，その他の慢性疼痛，痙性斜頸，書痙，自律神経失調症，チックなど
(6)小児科領域	気管支喘息，起立性調節障害，夜尿症，アトピー性皮膚炎，抜毛，夜驚症，心因性発熱など
(7)皮膚科領域	慢性蕁麻疹，円形脱毛症，湿疹，皮膚掻痒症など
(8)外科領域	腸管癒着症，ダンピング症候群，ポリサージャリーなど
(9)整形外科領域	慢性関節リウマチ，腰痛症，外傷性頸部症候群，慢性疼痛など
(10)泌尿・生殖器系	夜尿症，神経性頻尿，心因性インポテンス，前立腺症など
(11)産婦人科領域	更年期障害，月経痛，月経前症候群，月経異常，不妊症，不感症など
(12)眼科領域	原発性緑内障，眼精疲労，本態性眼瞼痙攣，視力低下，視野狭窄，眼痛など
(13)耳鼻咽喉科領域	耳鳴り，メニエール病，咽喉頭異常感症，嗄声，心因性失声，吃音など
(14)歯科・口腔外科領域	顎関節症，特発性舌痛症など

出所：日本心身医学会教育研修委員会（編）（1991）をもとに作成

Ⅷ

セリエは，生体はストレスに対し生理的防衛機能をもって対応するが，ストレスが長引くと生体の変化を引き起こし疾患が生じるとして，疾患とストレスの関連を指摘しています[4]。このように，怒りや不安などの情動状態が続いたりストレスが持続したりすると，身体の機能に障害が出てくる，つまり心身症を発症する可能性があると言えましょう。

　心身症を説明する考え方の一つとして，アメリカの精神科医シフネオス（Sifneos, P.E.）は，1973年，アレキシサイミア（alexithymia）という概念を提出しました[5]。これは，自分の内的な感情に気づき，それを言語化し表現することが難しい状態を言います。一般に私たちは，怒りや不安など自分の感情を感じてそれを適切な言動で表出します。夢という形で体験されることもあります。しかしアレキシサイミアの人たちは，豊かに分化された感情体験に乏しく，緊張，不快，苦痛といった未分化な感情体験にとどまることが多く，それゆえに自らの内的体験を語ることが難しいようです。また，彼らは，疲れや空腹など身体の感じを感じにくいとも言われます[6]。

　心身症の方は，アレキシサイミアの傾向が見られることが多いと言われていますが，それがもともとのパーソナリティなのか，病気になることで二次的に生じたものなのか考える必要があります。人工透析を受けたり，癌を患っている方などにもアレキシサイミア傾向は見られると言われ，それは身体が危機に陥ったときに生じる情動の乱れに対して，心が防衛しようとした結果生じるものと考えられます。アレキシサイミアは，パーソナリティ特徴としてとらえられると同時に，ストレスに対する適応機制としてもとらえられるように思われます。

③ 心身症の様々なパーソナリティ特徴

　近年，心身症の方のパーソナリティ特徴として，自我境界の脆さが指摘されています。身体症状が消失した後に激しい精神症状や混乱状態が出現することも往々にしてあり，病態水準としては神経症水準と精神病水準の中間である人格障害水準に位置付ける見方が優勢となっているようです[7]。一方で，社会適応の面から見ると，心身症の方は適応がいいとされていますが，それは内的感情を抑えて過剰な適応努力を払っている過剰適応であることが多く，そのストレスが身体化しているように思われます。真面目で，頑張り屋で，人に気を遣い，自己犠牲的，よい子と評される方が多いようです。その他，心身症の方の中には，かくあるべき自己を目指して身体や感情をコントロールしようとするような強迫傾向を持つ方が多いと言われたり，不安や葛藤を精神内界に保持して言葉で表出することが困難な境界パーソナリティとの関連も指摘されるなど，心身症には様々なパーソナリティ特徴が見られます。また，たとえばアトピー性皮膚炎は攻撃性の抑制と関連するなど[8]，疾患ごとのパーソナリティ研究も進められています。

（佐藤佳恵）

▷4　これをセリエは汎適応症候群と名づけた。

▷5　日本語では「失感情症」と訳されている。

▷6　池見は，心身症患者は身体感覚への気づきも鈍い傾向があるとして，「失体感症」（alexisomia）と呼んでいる。（池見酉次郎 1986　心身医学　日本医事新報，**3231**，11-16.　などを参照）。

▷7　山森路子 2007　心身症を中心に　桑原知子（編）朝倉心理学講座9　臨床心理学　朝倉書店 pp. 77-83.

▷8　土井真由子 2002　アトピー性皮膚炎を抱える人の攻撃的衝動心性に関する研究——TAT反応をもとに　心理臨床学研究，**20**(4)，394-399.

（参考文献）

金山由美 2009　心理臨床における心身症理解の進展と深まり　伊藤良子・大山泰宏・角野善宏（編）身体の病と心理臨床——遺伝子の次元から考える　創元社
河合俊雄（編）2008　こころにおける身体　身体におけるこころ　日本評論社
成田善弘 1993　心身症　講談社

タイプAパーソナリティ

❶ タイプAパーソナリティとは

▷1　冠動脈性心疾患
心臓に血液を供給する冠動
脈の血流が悪くなり，心臓
に障害が起こる病気の総称。
動脈硬化やけいれん，血栓
などによって狭心症や心筋
梗塞等の心疾患が起こるこ
と。ほぼ同じ意味を持つ用
語に，虚血性心疾患，冠動
脈疾患がある。
▷2　フリードマン，M.,
&ローゼンマン，R. H.　新
里里春（訳）1993　タイプ
A性格と心臓病　創元社

タイプA行動パターンとも呼ばれます。冠動脈性心疾患[1]になりやすい性格として，1959年にアメリカの循環器専門医フリードマンとローゼンマン（Friedman, M., & Rosenman, R.H.）によって提唱されました[2]。①競争心が非常に強く攻撃性や敵意を感じやすい，②つねに時間に追われている，③野心的でより高い目標を達成しようとする，④つねに他者からの高い評価を望み出世欲が強い，⑤趣味や遊びは時間の無駄と考えくつろぐことができない，⑥心身に過敏さがある，といった特徴を持ちます。対照的に，野心や競争心，時間の切迫感などの傾向が弱く，ゆとりのある性格や行動をタイプB行動パターンと呼びます。

❷ アセスメント方法

タイプAパーソナリティのアセスメント方法には，面接法，質問紙法などが数多くありますが，その中の主なものを紹介します（表8.2.1）。

❸ 冠動脈性心疾患との関係とメカニズム

タイプAパーソナリティと冠動脈性心疾患の関係は，1970年代を中心に主にアメリカで熱心に研究されてきました。中でも，1975年にフリードマンらによって行われた，タイプAの人はタイプBの人と比べて2倍冠動脈性心疾患にかかりやすいという研究結果はセンセーショナルに受け止められました。その

表8.2.1　タイプA行動パターンの判定方法の例

種類	名前	発案者	説明	特徴
面接法	構造化面接法（Structured Interview：SI）	ローゼンマンら	野心や競争心，締切日の慌て方などについて15分弱で約20問程度尋ねる方法。	内容のほかに，矢継ぎ早の質問にどう反応するかといった行動観察も重視される。訓練された人間が2人以上で行う。
質問紙法	A型行動パターンスクリーニングテスト	保坂，田川ら	東海大学日常生活調査表から11項目を抽出したもの。	日本的な特徴が考慮されている。結果はタイプA傾向の強弱によって4段階に分類できる。
	A型傾向判別表	前田	12項目のみで，判定の仕方も簡便。	冠動脈性心疾患群が非患者群より有位に高い等，信頼性，妥当性が確認されている。

後タイプAと冠動脈性心疾患の関係に関する研究が数多く行われました。

　これに対し，1980年代以降，そもそもの研究方法に疑問を投げかける声や，タイプA行動から疾病の発症を予測できるという説を否定する研究が出てきています。さらにタイプA，タイプBの性差や文化的背景の違いといった要因や，タイプAの行動の中でも，より冠動脈性心疾患への影響が強い要因を見つけ出そうとする研究が見られます。

　一方でタイプA行動が冠動脈性心疾患を引き起こすメカニズムを明らかにする試みも行われています。心理社会的観点からのアプローチとしては，タイプAの人はストレスへの対処が苦手で心身の疲労が溜まりやすいことや，自尊心が傷つくのを恐れるあまり，他者からの批判を受け入れられず，その結果ストレスの強い社会状況を自ら生み出しやすいといった，環境との相互作用が指摘されています。生理学からは，タイプAの人はタイプBの人と比べて，ストレス状況に反応して心拍数が高くなりやすいということが検証されています。心拍数の急激な変化や，その結果生じる血流の変化が動脈を傷つけることがあることから，ストレスの高さと冠動脈性心疾患との関連が指摘されています。

④　うつとの関係

　近年，日本ではタイプAパーソナリティと抑うつの関係が指摘されています。仕事熱心な一方で休み下手という特徴を持つタイプAの人たちは，ストレスや疲労をため込みやすい行動パターンをとっていると言えます。これらの負荷が限度を超えた時に，疲弊性のうつ病や反応性のうつ病に至りやすいという仮説等が考えられています。また，タイプAパーソナリティの背景に不安感や低い自己評価があると論じる人もおり，より詳しい検討が望まれます。

⑤　今後の展望

　このように，タイプAパーソナリティは単純に冠動脈性心疾患の危険因子であるとは言えなくなってきています。しかし，近年，そのリスク以上にタイプAパーソナリティの人たちの社会的な存在意義に焦点が当たるようになってきています。桃生は，タイプAパーソナリティはある国がどんどん成長しているときに増えるとし，経済成長などを支えてきた面がある反面，地域紛争や環境問題などの多くの問題も引き起こしていると述べています。また，タイプAを近年の物質文明・機械文明に対する個人の過剰適応であると論じ，その背景にはそうならざるをえない個人の弱さが存在すると述べています。

　このようにタイプAパーソナリティにはメンタルヘルスや心身医学，社会的意義からの検討など，多くの魅力的なテーマが含まれていると言えるでしょう。今後もより一層，臨床の現場に生かせるような研究が進むことが期待されます。

（土井孝典）

▷3　桃生寛和　1998　21世紀においてもタイプA研究は必要とされるか　タイプA，**9**，3-8.

（参考文献）

桃生寛和・保坂隆・早野順一郎・木村一博（編）1993　タイプA行動パターン　星和書店

3 自己愛とパーソナリティ

▷1　ナルキッソスの物語
ナルキッソスは美しく，高慢な少年だった。ナルキッソスは，彼に恋した妖精のエコーを手ひどく拒絶し，悲しみからエコーはやせ細り，ついには声だけになってしまう。その後もナルキッソスは彼に恋する女性の心を傷つけ続け，その中の一人が「彼自身もまた恋をして，愛するものを決して手にすることができないように」と復讐の女神に懇願し，聞き届けられる。ある日，ナルキッソスは泉のほとりで映った美しい姿に魅了されてしまう。手を伸ばすと消えてしまう幻影，それは水面に映ったわが身だった。彼は水面に映ったわが身に恋焦がれて目を離すことができず，食事も睡眠も取らずに痩せ衰えて，ついに死んでしまう。彼の身体は消え，一本の水仙の花だけがその場に遺された。
▷2　フロイト, S. ナルシシズムの導入にむけて　立木康介（訳）1914/2010 フロイト全集第13巻　岩波書店　p. 115-151.
▷3　フロイト　前掲書
▷4　カーンバーグ, O.F. 西園昌久（監訳）1996 重症パーソナリティ障害――精神療法的方略　岩崎学術出版社
▷5　ヤコービー, M. 山中康裕（監）高石浩一（訳）個性化とナルシシズム　創元社

1 自己愛とは

　自己愛（ナルシシズム）とは，「自分だけを愛し，他者に関心を向けない」状態を指し，その語源はギリシャ神話のナルキッソスの物語に遡ります[1]。どんな美しい女性にも心動かされなかったナルキッソスが愛したのは，水面に映った己の鏡像であり，手を伸ばしても決して届かぬ存在でした。この寓話から，実際と異なる高すぎる自己イメージを自分自身と錯覚することをナルシシズムと呼ぶようになります。

　自己愛とパーソナリティとの関連をはじめて理論化したのはフロイト（Freud, S.）です[2]。彼によれば，自己愛にとらわれた状態は，パーソナリティが正常に発達する中の一つの段階で，理想的な自分のイメージである「理想自我」を育むエネルギー源となります。その半面，成長過程で自己愛は減少し，大人になっても自己愛にとらわれつづけることは病的な状態と考えました。

　たとえば，恋愛において，自分に似た人を愛情対象として選びがちな場合，一見自分以外の対象を愛しているようで，じつはナルキッソスのように自分の幻影を愛している「自己愛的な対象選択」だと述べています[3]。しかし，その後，パーソナリティにおける自己愛には，病的な側面だけではなく，健康的な側面があることが次第に明らかになってきたのです。

2 健康的な自己愛と病的な自己愛

　フロイト以降，自己愛とパーソナリティとの関係に注目が集まり，研究が重ねられる中で，しだいに病的な自己愛とは異なる健康的な自己愛の存在が明らかになってきます。フロイトは，自己愛と自尊心を同一のものと考え，青年期以降の個人に表れる自己愛は，肥大化して誇大妄想に至る病理につながる存在と考えました。しかし，自尊心には，親や周囲との信頼関係から生じる，自分自身への自信という健全な側面も含まれます。健康的な自己愛とは，妄想ではなく，現実的に積み重ねた自己への信頼を基盤とした自尊心と言えます。

　現代における，自己愛とパーソナリティの研究の主流を形作ってきたのはカーンバーグ（Kernberg, O.F.）[4]とコフート（Kohut, H.）[5]です。カーンバーグは，「正常な自己愛」は対象関係，つまり自分にとって重要な他者を受け入れ，関係を築く能力にもとづいて作られるのに対し，「病的な自己愛」はまったく異質な

もので，貧しい対象関係しか持てず，権利意識や自己の完全性の徹底的な追求に繋がると述べています。一方，コフートは「健康的な自己愛」と「病的な自己愛」との間には連続性があり，両親との対象関係を基盤としつつ自己の限界を知っていくことで，誇大化された自己像や万能的な理想が現実的な自尊心や成熟した理想に変わっていくと考えました。

　両者の考え方には，自己像が妄想により誇大化されているか否かで健康的な自己愛と病的な自己愛とが区別されるという共通点があります。たとえば，ほとんど野球をしたことのない高校生がプロ野球選手になる才能があると信じることは誇大化した自己像であると言えますが，3年間練習を重ねて野球部で活躍した高校生が同じことを信じるならば，その自己像には現実的な根拠があります。このような現実的な自己像の背景にある健康的な自己愛は，他者からの批判があっても崩れにくく，それどころか自らの限界を知るという形でパーソナリティの成熟に役立てることができます。しかし，病的な自己愛が高まると，自己像が歪んで知覚されるため，本当の自分の姿がわからなくなり，パーソナリティが解体されてしまいます。自己愛性パーソナリティ障害の個人は，まさにこのような状態で苦しんでいます。

3　自己愛とパーソナリティ

　健康的な自己愛は，あらゆるパーソナリティにおいて自尊心の源泉であり，自己愛が高まることで，自信に満ち，自分を向上させることに熱心な有能な人物となりえます。しかし，病的な自己愛にとらわれた自己愛性パーソナリティ障害の個人は，誇大な自己像と現実の自己像との落差に苦しむこととなります。

　精神病理学における代表的な診断基準である DSM-5 では，自己愛性パーソナリティ障害の診断基準が表 8.3.1 のように記載されています。表 8.3.1 に示された 9 項目のうち，少なくとも 5 項目以上が認められる場合，自己愛性パーソナリティ障害と診断されます。

　では，一人ひとりのパーソナリティの中で，健康的な自己愛を高めるためにはどうすればいいのでしょうか？　理想の自己像に近づくための現実的努力を重ねていくことが一つの方法と考えられます。たとえ努力を重ねる中で挫折や限界を感じたとしても，それもまた自尊心に繋がる大切な経験となるのです。

（安藤聡一朗）

表8.3.1　DSM-5 における自己愛性パーソナリティ障害の診断基準

　誇大性（空想または行動における），賛美されたい欲求，共感の欠如の広範な様式で，成人期早期までに始まり，種々の状況で明らかになる。以下のうち5つ（またはそれ以上）によって示される。
1. 自分が重要であるという誇大な感覚。
2. 限りない成功，権力，才気，美しさ，あるいは理想的な愛の空想にとらわれている。
3. 自分が"特別"であり，独特であり，他の特別なまたは地位の高い人達だけが理解しうる。または関係があるべきだ，と信じている。
4. 過剰な賛美を求める。
5. 特権意識（つまり，特別有利な取り計らい，または自分が期待すれば相手が自動的に従うことを理由もなく期待する）
6. 対人関係で相手を不当に利用する（すなわち，自分自身の目的を達成するために他人を利用する）。
7. 共感の欠如：他人の気持ちおよび欲求を認識しようとしない，またはそれに気づこうとしない。
8. しばしば他人に嫉妬する，または他人が自分に嫉妬していると思い込む。
9. 尊大で傲慢な行動，または態度

出所：American Psychiatric Association. 日本精神神経学会（日本語版用語監修）髙橋三郎・大野裕（監訳）2013/2014　DSM-5 精神疾患の分類と診断の手引　医学書院

強迫とパーソナリティ

強迫とは

　誰でも外出したあとで，「あれ？　ちゃんと鍵をかけてきただろうか？」と心配になったり，ときには確認のためにわざわざ家まで戻ったりすることもあるかもしれません。人は誰しもいろいろなことが気になったりするものですが，この気になり方の度合が過剰になって，何度も何度も確認をしないと落ち着かず，結果として社会生活に支障をきたすレベルになると強迫性障害と診断されます。

　強迫は大きく分けて，強迫観念と強迫行為に分類されます。先の例で言えば，強迫観念は「鍵をかけたかどうか気になって仕方がない」という部分，強迫行為とは「何度も家に帰って鍵がかかっているか確認する」という部分です。どちらも，頭の中ではきちんと鍵をかけたことは認識できている場合が多く，そのため本人自身も「こんな考えや行動をするのは馬鹿げている」と考えているのですが，それにもかかわらず，その観念や行為が自分ではコントロールできないというものです。

　強迫性障害の有病率は2〜3％と言われており，また子どもにも強迫性障害が見られることがあります。

② 強迫の種類

　強迫のタイプにはいろいろありますが，その中の主なものを紹介します（表8.4.1）。

▷1　原井宏明・岡嶋美代 2012　図解やさしくわかる強迫性障害　ナツメ社

表8.4.1　強迫性障害の主なタイプ

強迫の種類	強迫観念・強迫行動の例
不潔恐怖 洗浄強迫	自分や家族など大切なものがばい菌などに汚染されるように感じて（強迫観念），手を洗い続けたりする（強迫行為）
確認強迫	家の鍵をかけ忘れたかなどが気になり（強迫観念），何度も確認を繰り返す（強迫行為）
加害恐怖	人を怪我させてしまったのではないかなどと気になる（強迫観念）
縁起強迫	縁起の悪い数字・回数を避けよう（強迫観念）とし，4時（死を連想）には家に入らない（強迫行為）
不完全強迫	一連の行動にミスがあってはならないと思い（強迫観念），行動の途中でミスをした場合は，最初から戻って完璧にできるまでその行動を繰り返す（強迫行為）
不道徳恐怖 懺悔強迫	悪いことを考えたり相手の嫌がることを言ったり（強迫観念）する一方，そのあと懺悔することを繰り返す（強迫行為）

出所：原井・岡嶋（2012）を参考に作成

③　強迫のメカニズム

　強迫が起こるメカニズムとして，様々な観点が提唱されています。精神分析的立場からは，症状の背後には，自己不確実感や厳しすぎる超自我に対する防衛機制というメカニズムが働いているとしています。とくに抑圧，分離，打消し，反動形成といった防衛機制と関連があると言われています。行動主義的立場からは，強迫観念や強迫行動を持つことによって，結果的に恐怖が緩和されたというオペラント条件づけの原理が働いていると考えられています。認知論的立場からは，好ましくない結果についての可能性を過大解釈する傾向が指摘されています。また，近年では生物学的な要因も重視され，脳の機能障害という観点から強迫性障害のメカニズムが説明されています。

④　強迫の治療

　強迫の治療にはいくつかのアプローチがあります。精神分析的アプローチでは，専門家との面接を重ねていく中で強迫の起源となっている無意識にあるコンプレックスや不安を明るみにしていくことを目指します。行動療法的立場からはエクスポージャーと儀式妨害という方法が有効とされています。エクスポージャーとは，不安を喚起するような状態や行動にあえて身を置くことです。また儀式妨害とは，不安を減少させるための強迫行動をあえてせずに過ごすというものです。これらを行うことによって，不安をもたらす状況が実際には恐ろしいものでないこと，また不安に対する儀式を行わずとも実際は恐れているようなことは起こらないのだということを経験させることが狙いとなります。エクスポージャーと儀式妨害は，本人の動機づけが高くないと導入が難しく，また専門家の指導のもとに行うことが必要ですが，治療効果は高いとされています。さらに近年では SSRI（選択的セロトニン再取り込み阻害薬）を使った薬物療法も効果があるとされています。

⑤　強迫と家族

　強迫性障害の方はしばしば家族を巻き込む場合があります。たとえば，自分がそうするように帰宅後には一定の手順で手を 1 時間洗うことを家族にも要求するなどです。家族は本人のつらい姿などを見ると，つい強迫行動につきあってしまいます。しかし，このことが強迫行動を強めている要因となる場合があります。そして家族もよくないこととわかっていながら強迫に巻き込まれている場合，これは共依存と呼ばれる関係です。強迫性障害の場合，本人のみならず，家族も専門家の力を借りることが大切になってくる場合があります。

（土井孝典）

▷2　**超自我**
精神分析では，心をイド（本能的衝動）・自我（理性）・超自我（道徳・規範意識）の三者関係でとらえる。超自我は「〜せねばならない」「〜であるべきだ」という心を律する機能のこと。

▷3　**防衛機制**
自分にとって意識したくない感情や出来事に直面したとき，心の安定が崩されないように無意識に行う様々な心理的な作用のこと。

▷4　**オペラント条件づけ**
学習心理学の用語。たまたま行った行動にたいして快感情をともなう結果がついてくると，その行動がその後自発的に行われやすくなること。

（参考文献）
デビソン，G.C.・ニール，J.M.　村瀬孝雄（監訳）1998　異常心理学　誠信書房
久保木富房，不安・抑うつ臨床研究会（編）1999　強迫性障害——わかっちゃいるけどやめられない症候群　日本評論社

5 演技とパーソナリティ

① 日常生活と演技

　私たちは社会生活の中で，その環境下で求められる役割を演じているところがあるのではないでしょうか。社会における職業によって，または家庭の中での立場によって，私たちは担っている役割に応じた顔を持っていて，それを演じることでその役割を果たしているのかもしれません。

　アメリカの社会学者であるゴッフマン（Goffman, E.）は，日常生活の中で行為する人を，ステージ上の演者になぞらえました。演者は，パフォーマンスを通して，オーディエンスに自分の個人的な特徴や行為の意図を伝えようとします。その際，演者は，見て欲しい自分の姿をオーディエンスに見てもらうために，舞台装置や服装，話し方の作法や振る舞いなどを，状況に合わせて巧みに用いて，ある特定の仕方で自分を表現します。ゴッフマンは日常生活での人の行為を，そのような劇場での演劇に類似したものとして論じています。▷1

② 演技性パーソナリティ

　社会的な適応を果たすために，私たちには担っている役割に求められる役柄を演じる部分があるのかもしれません。しかし，中には本来の自分自身であることをやめて，つねに周囲にアピールする役柄を演じてしまうタイプの人たちがいます。それは，他人を魅了しなければ自分が無価値になってしまうという思い込みがある人たちです。彼らは，自分の存在を保つために，人を魅了し，驚かし，注意を引きつけることが何よりも重要であると考えます。また彼らは，空想の自分を作り出し，その空想の中の自分が現実の自分であるかのように錯覚してしまうため，空想と現実との間にギャップが生じ，それを埋めようとして演技したり嘘をついたりしてしまいます。▷2

③ ウィニコットの「偽りの自己」

　イギリスの小児科医であり精神分析家でもあるウィニコット（Winnicott, D.W.）は，「本当の自己」を隠ぺいし保護する防衛的機能として「偽りの自己」

▷1　ゴッフマン, E. 石黒毅（訳）1974　行為と演技──日常生活における自己呈示　誠信書房

▷2　岡田尊司　2004　パーソナリティ障害──いかに接し，どう克服するか　PHP 研究所

表 8.5.1　DSM-5 における演技性パーソナリティ障害の診断基準

過度な情動性と人の注意を引こうとする広範な様式で，成人期早期までに始まり，種々の状況で明らかになる。以下のうち5つ（またはそれ以上）によって示される。
(1) 自分が注目の的になっていない状況では楽しくない。
(2) 他者との交流は，しばしば不適切なほど性的に誘惑的な，または挑発的な行動によって特徴づけられる。
(3) 浅薄ですばやく変化する情動表出を示す。
(4) 自分への関心を引くために身体的外見を一貫して用いる。
(5) 過度に印象的だが内容がない話し方をする。
(6) 自己演劇化，芝居がかった態度，誇張した情緒表現を示す。
(7) 被暗示的（すなわち，他人または環境の影響を受けやすい）。
(8) 対人関係を実際以上に親密なものと思っている。

出所：American Psychiatric Association. 日本精神神経学会（日本語版用語監修）高橋三郎・大野裕（監訳）2013/2014　DSM-5 精神疾患の診断・統計マニュアル　医学書院

という概念を提唱しています。[3]

ウィニコットは，適切な母（Good-enough Mother）は幼児の身振りや幻覚に対して献身的な適応を示し，それを通して幼児は「本当の自己」を獲得していくことができると考えました。一方，幼児の万能感に表現手段を貸し与えることができない不適切な母親（Not Good-enough Mother）は，逆に，幼児が服従してはじめて意味を持つような母親自身の身振りで応じるため，幼児は本来の自分を引っ込めて「偽りの自己」でそれに服従することになると述べています。これが「偽りの自己」の出発点であり，幼児は偽りの関係を作り上げるようになると言われています。また，「偽りの自己」は本来の自己を隠ぺいする機能を持つのですが，それは環境からの要求に服従する形を取っているのだと，ウィニコットは主張しています。

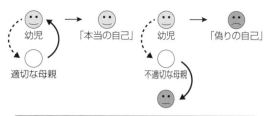

図8.5.1 「本当の自己」と「偽りの自己」のイメージ図

▷3 ウィニコット，D. W. 牛島定信（訳）1977 情緒発達の精神分析理論——自我の芽ばえと母なるもの 岩崎学術出版社

4 ココ・シャネルと演技

ココ・シャネルは20世紀を代表する有名なファッションデザイナーです。彼女は人とは違う奇抜なファッションスタイルで人々を魅了しましたが，生涯を独身で通した恋多き女性としても知られています。現在では，シャネルには虚言癖があったことが明らかになっていますが，生前，彼女は自分が修道院の孤児院で育ったことを徹底して隠し通し，周りには別の出自の物語を言い伝えていたと言われています。

嘘が多く虚栄心が強かったと言われるシャネルですが，なぜ彼女は嘘をつかなくてはならなかったのでしょうか？ 暗くみじめな19世紀フランスの貧困，そんな環境の中でシャネル一家は過ごしていました。母亡き後，父から棄てるように孤児院に置いていかれたシャネルは，自ら暗い過去を棄て，思い描いた自分を生きることで成功を手にし，世の注目や関心を得ました。既成の19世紀のファッションを否定して新しいモードを創ったり，当時の女性とは違う在り方を選択してきたことで，シャネルは「革命的」女性であると言われています。これは，まだ女性が仕事を持つことが一般的ではなかった当時のヨーロッパでは，大変個性的で驚くべき生き方でした。シャネルは様々な囚われから，ただ自由になることを夢見ていたのでしょう。自分が望む人生を手にするためには，過酷な現実とのギャップを埋める嘘をつく以外になかったのかもしれません。閉鎖的であったという当時の社交界からも認められる程の地位と名声を得たシャネルでしたが，生涯にわたって愛に飢え孤独であったことが，シャネル自身によって語られています。シャネルは思い描いた別の自分を演じることで，人生の幕を閉じるまで，多くの人々を魅了し続けました。ココ・シャネルは，いつの間にか，社会から求められる"ココ・シャネル"を演じるようになっていたのかもしれません。

（小塩佳子）

参考文献

シャルル＝ルー，E. 加藤かおり・山田美明（訳）2009 ココ・アヴァン・シャネル——愛とファッションの革命児（上）（下）早川書房
ドレ，C. 上田美樹（訳）1989 ココ・シャネル サンリオ
ピカディ，J. 栗原百代・高橋美江（訳）2012 ココ・シャネル——伝説の軌跡 メディアパル
モラン，P. 秦早穂子（訳）1977 獅子座の女シャネル 文化出版局
山口昌子 2002 シャネルの真実 人文書院

6 嗜癖とパーソナリティ

1 嗜癖とは

　誰でも自分にとって楽しかったり，気持ちがよかったりすることは好きだと思います。たとえば，お酒を飲むこと，買い物をすること，ギャンブルをすること，恋愛関係を持つことなどです。しかし，いつの間にか楽しむ程度を超えてはまり込んでしまい，やめようと思ってもやめられなくなると，それは嗜癖とみなされます。嗜癖は広く「依存症」という言い方をされたりする場合もあります。また近い言葉で「中毒」がありますが，これは物質を体内に取り入れることによる生体の変化がともなう場合を指します。

2 嗜癖の種類

　嗜癖は大きく分けて，「物質嗜癖」「プロセス嗜癖」「関係嗜癖」に分けられます。物質嗜癖は薬物やアルコールなど，プロセス嗜癖はギャンブルや買い物など，関係嗜癖は友人関係や恋人関係などにはまり込んでしまうものです。
　その中の主なものを紹介します（表8.6.1）。

3 嗜癖に陥りやすい人

　嗜癖は特別な人だけがなるものではありません。買い物にはまってしまう人，ギャンブルに溺れる人なども，嗜癖以外の部分では社会人として活動できている場合も多いです。しかし嗜癖はやがて理性的なコントロールを失わせ，借金や嘘をつくなどの結果をまねき，社会生活を脅かすように進行していくのが特徴です。
　嗜癖行動のきっかけとして，失恋や仕事の失敗などの傷つき体験があり，そのときたまたまその傷を癒してくれるような体験，たとえばお酒を飲んで楽しかった，ギャンブルで大勝ちして高揚感を味わったなどを体験していることが多いです。誰でも陥りかねない嗜癖ですが，とくに嗜癖に陥りやすいタイプの特徴として，「心の居場所のなさ」「自信のなさ」が挙げられます。嗜癖行動はそれらの苦痛を手軽な手段で和らげてくれるものであると同時に，次第にそれにとらわれてしまう危険なものだと考えられます。

4 嗜癖の治療

　アルコールやギャンブルなど，それが楽しみの範囲か，

▷1　自助グループ
アルコール依存や虐待など，なんらかの困難を抱えている当事者同士やその家族が相互に支え合って問題を乗り越えようとするためのグループのこと。

表8.6.1　嗜癖の分類

嗜癖の種類	嗜癖の例
物質嗜癖	アルコール，たばこ，シンナー，覚醒剤
プロセス嗜癖	ギャンブル，買い物，過食と嘔吐
関係嗜癖	恋愛，セックス，チャット，インターネット

治療が必要な嗜癖の範囲かを決めることは難しいです。それに加えて嗜癖は「否認の病」と言われ，「お酒はやめようと思えばやめられる」「ギャンブルで今日は負けたが明日は勝てる」などと，本人は自分が嗜癖に陥っていることを認めない傾向があります。嗜癖治療の第一歩はまず本人が自分は嗜癖であり，自力では抜け出せない状況になってしまったと認めることです。このためには，しばしば「底つき体験」と呼ばれる

<table>
<tr><td colspan="2">表8.6.2　12ステップ</td></tr>
</table>

①私は飲酒（アルコール）がコントロールできなくなり，自分の人生もコントロールできなくなったことを認めます
②私は自分を越えた力によって健康な気持ちが取り戻せることを信じます
③私は自分の意思と人生を崇高な存在にゆだねることを決意します
④私は自分と向き合い，自分の「心の棚卸し」をします
⑤私はハイヤー・パワー（崇高な存在）と自分と他の人に対して，自分のあやまちをしっかりと認めます
⑥私は自分の欠点をハイヤー・パワーに取り除いてもらう心の準備をします
⑦私は自分の欠点を取り除いてくれるように崇高な存在にお願いします
⑧私はこれまでに自分が迷惑をかけてきたすべての人々に償いをする気持ちを持ちます
⑨私はこれらの人々に可能なかぎり直接の償いをします
⑩私は心の棚卸しを続け，何か間違ったことをしたときにはすぐに認めます
⑪私は静かに考え，祈り，崇高な存在と心が通うように，そして，崇高な存在が為そうと思っていることを実行する力が自分にさずけられるように願います
⑫私は，この12のステップを通じて，精神的に目覚めることができたら，このメッセージを他の人に伝え，自分の行動のすべてがこのステップに従うように努めます

出所：廣中（2013）

ような，このままでは命にかかわるというくらいのところまで問題が極まる必要があると言われています。底つき体験をし，もはや自分の力だけでは嗜癖行動をコントロールできないと自覚したときから本当の治療は始まります。

　また嗜癖はしばしば「治る」ことはないと言われています。アルコール嗜癖の人は，嗜癖が治って適度な飲酒ができるようになるということはありません。アルコール嗜癖が治るということは，お酒を飲まない生き方を選択する，そしてそれを生き続けるということになります。

　嗜癖治療として，自助グループ[▷1]が有効であると言われています。とくにアルカホリック・アノニマス（AA）[▷2]は有名で，そこで使用される治療のための「12のステップ」[▷3]は他の嗜癖治療にも応用されています。12のステップはアルコールにたいする自己の無力さを認め，神（ハイヤー・パワー）との関係を通して生き方を見つめ直すというものであり，飲酒をしない「生き方」をするという生き方レベルでの改変が目指されています。

⑤ 嗜癖と家族

　嗜癖は「否認の病」であり，本人が問題を認めません。そのため，治療機関にかかるのは本人を心配したり，迷惑を受けている家族である場合が多いと言われています。そこで家族は嗜癖について学ぶのですが，案外と嗜癖が続いている一因が家族にあることがわかります。たとえば，働きもせずにギャンブルにのめり込んでいる人がいる場合，本来なら働かなければ生活はできないのですが，住む場所を与え，食事を与えているのは家族だとします。この場合，本人は底つき体験をせずに済んでしまいます。このように嗜癖行動を意識的無意識的に支えている人を「イネイブラー[▷4]」と呼びます。家族はまず自分がイネイブラーになっていないか認識し，嗜癖の治療のためには家族も変化する必要があることを認識することが大切だと言えます。

（土井孝典）

▷2　アルカホリック・アノニマス（AA）
アルコール依存症者の匿名の会であり，1930年代に2人のアルコール依存症者によって立ち上げられた。性別や社会的地位に関係なく，「自分はアルコール依存症」であるとの自覚のもとに活動し，回復を目指す自助グループ。

▷3　廣中直行　2013　依存症のすべて──「やめられない気持ち」はどこから来る？　こころライブラリー

▷4　イネイブラー
イネイブラー（enabler）とは，意識的無意識的に嗜癖問題を支えたり，助長していたりする人のこと。ギャンブルの借金を肩代わりする家族など，嗜癖者が真に問題と向き合わずに済んでしまう行動をする人のこと。

参考文献

岩崎正人　1996　嗜癖のはなし──現代人の病　集英社文庫
田辺等　2002　ギャンブル依存症　NHK出版

ジェンダー：心理・社会的な性別の考え方

1　二つの性別

　日本語では性別という言葉は一つしかありませんが，英語では Sex と Gender という二つの単語があります。前者の Sex は生物学的性差，性染色体の組合せにより規定された身体的な性差を示すことが多いようです。これに対して後者の Gender は，文化的，社会的な相互作用の中で構築されてきた私たち独自の心，パーソナリティの性差を示唆していると言えます。私たちが心を女性—男性の軸からとらえようとするとき，パーソナリティに対するジェンダー的アプローチが始まります。

2　女性の心，男性の心

　はたして，女性の心と男性の心は同じなのでしょうか？　違っているのでしょうか？　実際に両性の心には，どのような違いがあるのでしょうか？　その違いはなぜ生じてくるのでしょうか？

　私たちの独自の心，パーソナリティは，身体的な基盤に，社会からの期待や影響を受けながら，最終的には自己選択によって形成されていくと考えることができます（図9.1.1）。

　ここ Ⅸ では，まず遺伝子によって規定される身体的基盤において，どのように生物学的性差が出現するのかを見ていきましょう◁1。そして，社会的に共有されている「男性とは…」「女性とは…」というステレオタイプが，私たちにどのように影響するのかを検討していきます◁2。このような中で，私たちが自分の生物学的性をどのように受けとめ，社会の期待する性役割をどのようにとらえ，さらに自分自身の選択としてどのようなジェンダー・アイデンティティ（性同一性）を生きようとするのか，さらに，その選択が自分自身の生物学的性別と一致しない状況（性別違和）の理解についても考えていきます◁3。

▷1　Ⅸ-2 参照。

▷2　Ⅸ-3 参照。

▷3　Ⅸ-6 参照。

3　ジェンダーにおける異質性

　まず手始めに，女性の心と男性の心の違いについて，性格検査を用いて比較してみましょう。おそらく相当簡単な性格検査においても，たいてい性差が生じます。そのため性格検査は男女別に標準化され

自然 （身体的素質）	×	文化 （社会からの 影響）	×	主体性 （自己選択）

図9.1.1　女性の心／男性の心の形成過程

ています（YG性格検査，MMPI，NEO性格検査，TEGなど）。

たとえば，塗師[4]によれば，男子大学生181名と女子大学生136名を比較したところ，性格形容詞に関する自己評定を行う和田[5]のBig Five尺度において女子のE得点（話好き，陽気な，外向的，社交的，活動的，積極的等）が有意に高

表9.1.1　性差の見られる YG 項目（女性＞男性）
8）わけもなく喜んだり悲しんだりする
14）会などのときは人の先に立って働く
23）興奮するとすぐ涙が出る
24）人中にいてもすぐ寂しくなることがある
33）嫌な人と道で出会うと避けて通る
48）理由もなく不安になるときが時々ある
49）異性の友達はほとんどできない
76）口数が多い方である
80）時々誰かに打ち明け話がしたい
92）時々ポカンとしていることがある
97）無口である
119）感情的である

出所：福田・谷嶋・斎藤（1996）

く，男子のN得点（悩みがち，不安になりやすい，心配性，気苦労の多い，神経質な，傷つきやすい等）が有意に高くなりました。C得点については女性が高い傾向が示唆されました。また，TEGマニュアルの標準データにおいては，NPとFCにおいては女性が，CPとAにおいては男性が，有意に高くなっています。さらに，YG検査においてとくに性差が顕著な下位尺度がいくつかありました。福田ら[6]の研究によれば，YGにおける表9.1.1の項目において女性の得点が高くなっています。また基本尺度では協調性と抑うつ，気分の変化において，女性＞男性の有意差が見られました。

このような心の性差を私たちはどのように考えていけばよいのでしょうか？

ここでしっかりと確認しておきたいことは，女性の心と男性の心には「違いがある」ということです。

④ ジェンダーにおける価値の等しさ

さて，男性と女性の心が違っている，異質であることを認めたとき，私たちは，どちらが，優れているのか？　価値があるのか？　考えはじめてはいないでしょうか？　男尊女卑，女性人権運動といった言葉を生み出した歴史を振り返ると女性—男性という軸は，価値軸と重ねられがちでした。男性と女性どちらのパーソナリティが優れているのか？　その答えは，「どちらでもない」です。

個々のパーソナリティの価値において優劣が存在しないのと同様に，男性—女性の軸で優劣は存在しない，ということを，ここでしっかりと確認しておきましょう。これは男性—女性に限らず，人間の属性すべてに通じる基本的な姿勢です。すべての人間は，老若男女，あらゆる属性においてすべて「その価値において」等しいのです。

人間は，それぞれに違っていながら，互いに等しい価値をもっていることをまず心に刻んでください。価値における平等は，同質であることを意味しません。そこからジェンダーの学びが始まります。　　　　　　　　　　（吉川眞理）

▷4　塗師斌　2003　性格特性のBig Fiveの性差と抑うつ　横浜国立大学教育人間科学部紀要Ⅰ　教育科学，**5**，1-10.

▷5　和田さゆり　1996　性格特性用語を用いたBig Five尺度の作成　心理学研究，**67**（1），61-67.

▷6　福田将史・谷嶋喜代志・斎藤朗　1996　YG性格検査の信頼性に関する研究（5）——YG性格検査における性差について　日本体育学会大会号，**47**，246.

遺伝的性差

1　遺伝的女性と遺伝的男性

　私たちがこの世に生を受ける瞬間，まず受精時の性染色体の組み合わせによって，女性／男性という生物学的な性別（Sex）が運命づけられます。卵子や精子を形成するときに行われる減数分裂において，卵子はすべてX染色体をもちますが，精子はその半数がX染色体，残りの半数がY染色体を持ちます。卵子がX染色体をもつ精子と受精すれば，ＸＸ型の受精卵，つまり遺伝的女性になります。卵子がY染色体をもつ精子と受精すればＸＹ型の受精卵，つまり遺伝的男性になるのです（図9.2.1）。遺伝的男性は，胎生期にY染色体上に，未分化な生殖腺を精巣に分化させるのに必須の SRY と呼ばれる性決定領域遺伝子を持っています。このほかにY染色体上にある遺伝子は，精子形成に関係する遺伝子，身長を伸ばす遺伝子，歯の大きさに関係する遺伝子，動作性ＩＱを高める遺伝子などが存在しています。これらの遺伝子が，その後の発生過程において遺伝的男性を男性化していくと考えられています。

　胎生6週以前の胎児は遺伝的性に関係なく同じ形をしていますが，胎生7週ごろになると，性染色体上の遺伝子が本格的に活動を始めます。遺伝型男性では，SRY の影響で生殖腺隆起から精巣が分化します。そしてこの精巣では，アンドロゲンが合成されます。SRY の影響を受けない遺伝的女性では生殖腺がそのまま卵巣に変化します。

▷1　SRY（Sex-determining region Y）
Y染色体上の性決定遺伝子。その機能から TDF（testis determining factor；精巣決定因）とも呼ばれる。

▷2　男性化ホルモンの総称，代表的なものとしてテストステロンが知られている。

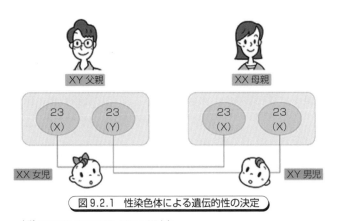

図9.2.1　性染色体による遺伝的性の決定

出所：BAYER Hemophillia Village HPより
www.homophilia.jp/ja/patient/learn/04/（2017年4月16日閲覧）

2 脳の遺伝的性差

さて，脳の性差に着目してみましょう。ある時期まで脳の性差も見られませんが，妊娠12週から22週の間に，遺伝的男性の脳にはアンドロゲンが作用して，脳が男性化します。MRI（核磁気共鳴画像撮影装置）等の発達により，左右の大脳半球を連絡する2億本もの神経線維の大きな束である脳梁の形態に男女差があることが明らかになりました。脳梁後部の膨大部が女性の方が大きく，男性の方が細くなっています（図

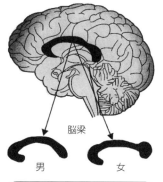

脳梁

男　　女

図 9.2.2　脳梁の形態の性差

出所：https://blogs.yahoo.co.jp/deep8822/63449220.htm/（2017年4月17日閲覧）

9.2.2）。この形態の差が脳の機能にどのように影響しているのかについては，まだ十分に明らかになっているわけではありません。一方で，いくつかの研究は，認知課題パフォーマンスにおける有意な性差を報告しています。たとえば日本の5-6歳児を対象とした WISC（Wechsler Intelligence Scale for Children）の[3]下位検査のうち，積木模様，絵画完成，迷路の課題，すなわち空間的な刺激に空間的に対処する課題において，男子の得点が有意に高いことが報告されています。[4]一方，物語を読み聞かせて，登場人物の感情を問う課題では，喜びや怖さに関する認知において女児の得点が有意に高いことが報告されています。しかし，これらの有意差から女性—男性の認知機能差を結論付けることには慎重さが求められます。[5]生来的に，生物学的な脳の性差は存在しており，私たちは，それぞれ男性の心，女性の心の基盤を持って生まれてきます。こうした脳の性分化がアンドロゲンというホルモン物質の作用によるならば，心の分化は，染色体の水準のXかYかという二者択一のデジタルな分化でなく，XからYまでのスペクトラムを持つ個人差として考えることができます。実際に，遺伝的男性においては，アンドロゲンの量や，アンドロゲンの作用に対する感受性における個人差が発生段階において影響することが考えられるからです。

3 新生児の気質における性差

すでに胎内において，発生のプロセスで性分化が生じてきたことを考えてみれば，生まれたばかりの新生児の反応性や行動に性差が見られることが予想できます。たとえば，生まれたばかりの新生児の行動観察によれば，泣く行動は男の子の方が高く，なだめられるとすぐに泣きやむ傾向は女の子により多く観察されています。このような生来的な性差は，その後ますます明確になっていくと言われています。成長により，脳の性分化が進行することとともに，養育者や周囲からの働きかけ，および反応性がそのような変化をもたらす可能性があります。

（吉川眞理）

▷3　WISC（Wechsler Intelligence Scale for Children）は，ウェクスラー（Wechsler, D.）を中心に1949年に考案された個別施行式知能検査。複数の下位検査の結果より知能の因子を測定する。1955年に考案された成人向けの WAIS（Wechsler Adult Intelligence Scale）とともに米国でも日本でももっとも普及している知能検査である。
▷4　上武正・辰野千寿（編）1968　知能の心理学　新光閣書店
▷5　今井靖親・広瀬登志子　1978　幼児の他者の情緒認知における性差　奈良教育大学教育研究所紀要，**14**，73-78.

参考文献

東清和・小倉千加子　1982　性差の発達心理学　大日本図書

3　養育における性差

▷1　性分化を促進するセックス・タイピング（性の型づけ）

　私たちは，赤ちゃんが元気で誕生したと聞くと，次に男の子か，女の子かを尋ねるのではないでしょうか？　また，見知らぬ人が抱いている赤ちゃんを見たときに，その赤ちゃんが水色のベビー服を着ていると「元気な赤ちゃんですね」と声をかけ，もしピンクのベビー服を着ていたら「かわいい赤ちゃんですね」と声をかけるかもしれません。

　男の子は水色，女の子はピンクという，ベビー服の色彩選択のステレオタイプは，たんなる慣習ではないようです。水色に感情の鎮静作用があり，逆にピンクには私たちの気持ちを優しくさせる効果があるとすれば，その性別の赤ちゃんに対する大人たちのかかわり方に影響を及ぼしている可能性があります。たとえば，大泣きしている赤ちゃんが，水色の服を着ていると，抱き上げて「よーし，よし元気ねえ！」と，泣き声に合わせて揺さぶってあげることもあるでしょう。これと逆に，大泣きしている赤ちゃんがピンクの服を着ていれば，「どうしたの，大丈夫？」と優しく抱き上げ，背中をさすってあげるかもしれません。同じように泣いていたとしても，水色を着た赤ちゃんが泣いていると「たくましく」認知され，泣き叫ぶことを奨励されています。また，ピンクの服を着た赤ちゃんが泣いていると「かわいそう」と認知され，保護的にかかわってもらいます。もしそうであれば，赤ちゃんは着せられているベビー服の色によって，非常に早期から養育者のかかわり方が方向づけられてしまうことになります。したがって，生物学的性差によってベビー服の色彩が選択され，その色のイメージによって，性分化がより強化されることになります。

　同じことが，赤ちゃんの名前にもあてはまります。名前の持つ音の響きや，文字の視覚的印象において，男の子の名前は「強さ，たくましさ」，女の子の名前は「愛らしさ，優しさ」が強調されているように思います。名前を呼ぶたび，呼ばれるたびに名前はその子に託されたイメージを喚起させます[1]。このように，名前や服装，持ち物などによって，赤ちゃんの性別を文化的に強化することを「セックス・タイピング」（性の型づけ）と言います。

②　1歳ごろに成立する基本的な性別認知

　初語を発する1歳前後にすでに，赤ちゃんには基本的な性別認知ができてい

▷1　2018年の名前ランキングは以下のとおり。
男の子…1位：蓮／2位：湊／3位：大翔。
女の子…1位：結月／2位：結愛／3位：結菜。
「明治安田生命の生まれ年別の名前調査　名前ランキング 2018」https://www.meijiyasuda.co.jp/sp/enjoy/ranking/index.html（2019年5月31日閲覧）

▷2　3歳児にどのような「扱いにくさ」を感じているかというインタビューの調査結果は以下のとおり（高濱・渡辺，2006）。
3歳児の扱いにくさ（男の子＞女の子）の具体的内容
　自己主張：我が強い，一度言い出したら聞かない，がんこ，こだわりが強い，要求が多い，わがまま，思い通りにならないとかんしゃく
　反抗：何でも「イヤ」という，気に入らないと大声をあげる，ところかまわず床にひっくりかえって泣く，制止・禁止するとわざとその行為をする，親が呼んでいるのに無視する
　慣れにくさ・過敏：初めての場所・人・ものに慣れるまで時間がかかる，少しの物音で目を覚ます
　食事・睡眠：ご飯を食べない，食が細い，好き嫌いが激しい，寝起きが悪い，夜泣きをする
　活動水準：動きが活発で目を離せない，走り回ってどこかにいってしまう，ついていけない位元気，じっとしていない

表9.3.1 保育場面における保育者と子どもの観察された行動の性差（大阪府の保育園における観察）

		男児（出現頻度）	女児（出現頻度）
保育者	抱く	1.00	2.60
	タッチ／接触	3.17	5.37
	視線を送る	2.21	1.80
子ども	保育者への接触	0.96	2.50
	他児への接触	0.46	1.70
	物への接触	12.04	8.70
	話しかけ／繰り返し	1.83	2.63

出所：上原ほか（2001）

ると言われています。この時点で赤ちゃんの心はすでに性別をもっていることになります。また，生後1年ごろの親子観察より，女の子と男の子では行動に，はっきり性差が生じていることが報告されています。たとえば，女の子は男の子よりも，より多く養育者を求める行動を示します。また養育者も女の子に対して抱きやタッチが多いというデータも示されています（表9.3.1）。このような相互作用の積み重ねによってさらに性別化が促進されると考えられます。

③ 幼児期の行動における性差と「しつけ」による性分化

2，3歳児において，母親がその子の「扱いにくさ」を感じる割合は，男の子の方が高くなっています。このような扱いにくさに対して，親は叱ったり，また望ましい行動に対してほめたり，いわゆる「しつけ」を行います。このしつけを学習心理学の観点からとらえると，日常生活場面において特定の行動に罰や褒賞があたえられる強化学習とも言えるでしょう。皆さんは「男の子だから」「女の子だから」こうしなさい！とかこうしてはいけません！と言われたことはありませんか？ 私たちは，このようにして男の子は男の子として，女の子は女の子として，どう振る舞うべきかを，直接に親の伝達するしつけによって学んでいきます。

④ 幼児期におけるモデリング

しかし，直接的なしつけだけが，女の子らしさ，男らしさを学ぶ手だてではありません。子どもたちは，身近にいる大人や，年長の子どもたちの行動をいつも観察しています。男性としての振る舞い方，女性としての振る舞い方のモデルがそこにあります。さらにテレビの画面に出てくる人たちも同じようにモデルとなります。アニメのキャラクターも，非常にわかりやすいモデルと言えるでしょう。これらのモデルは，子どもたちが女性らしいあるいは男性らしい話し方，振る舞い方，感情の表現方法がどうであるかを学ぶ素材となっているのです。

（吉川眞理）

子ども同士の関係：他の子をつきとばしたりひっぱったりする，友だちのおもちゃなど無理やりとってきてしまう

意思疎通：まだうまく話ができないので意思疎通がはかれず，お互いにイライラする，ことばが遅いまたは未熟なので何がほしいのか，どうしたいのかがなかなかわからない，言っていることが通じない

▷3 大学生対象に「親に女の子／男の子だから〜しなさい／してはいけませんと言われたことを記述してください」とたずねたところ，以下のような回答がかえってきた（学院大学の性格心理学受講者のコメントより抜粋）。

女子学生「女の子だから」：
・足を広げて座ってはいけません
・言葉遣いを丁寧に
・きちんと片付けなさい
・暗くなる前に帰宅しなさい
・乱暴してはいけません

男子学生「男の子だから」：
・泣いてはいけません
・しっかりしなさい
・やられたら，やり返しなさい
・女の子をいじめてはいけません

【参考文献】

上原明子・上島信也・竹内伸宜・荘厳俊也 2001 1歳児保育に見る子どもの社会化過程と文化特異的養育行動 発達研究，**16**，145-172.

高濱裕子・渡辺利子 2006 母親が認知する歩行開始期の子どもの扱いにくさ——1歳から3歳までの横断研究 お茶の水女子大学子ども発達教育研究センター紀要，**3**，1-7.（Departmental Bulletin Paper） http://hdl.handle.net/10083/3515（2019年5月31日閲覧）

4 性役割取得とエディプス・コンプレックス

1 性役割取得とは？

　性役割とは，社会が期待している生物学的性に応じた行動や態度のことを言います。この性役割行動を獲得する過程においては，まず，①自分の性に期待された役割がどのようなものかを認知し，②その役割を引き受けるという2段階を踏むことになります。簡単に言えば，子どもたちが，どんな行動が男の子らしいか，女の子らしいかを認識する第一段階，そして男の子が自ら男の子らしく振る舞う，女の子が自ら女の子らしく振る舞うようになるのが第二段階です。また，このプロセスにおいて，自らの生物学的な性に対応する性役割に違和感を持つ性別違和が生じることもあります。ここでは，まず違和感なく生物学的性別に沿った性役割を取得する子どもたちに焦点を合わせます。

2 性役割取得の動機①：認知的一貫性の追求

　発達的に見て，3歳ごろになると自分自身の性のラベルを理解します。また周囲の友人の性のラベルもよく理解できています。「○○ちゃん（子ども本人）は，男の子ですか？　女の子ですか？」という問いが実際の発達検査に用いられています。3歳児は，すでに自分も含め周囲の友人やおとなを性別のカテゴリーでとらえています。様々な行動や外見の特性も，性別のカテゴリーにおいてとらえられています。そこで認知的に性の自認が成立します。そこで性役割取得における非常に単純な動機として，自分の性別を認知した子どもは，その性にふさわしい行動をとること自体に喜びを感じるという説があります。自認した性別と自分自身の行動が一致する自己概念の一致への志向性と説明されます。「自分は（女の子／男の子）だから（女／男）らしくなろう」という認知的一貫性の追求と呼ばれています。

3 性役割取得の動機②：発達的同一視と防衛的同一視

　男の子が男の子らしく，女の子が女の子らしくなろうとするメカニズムを学習理論から見れば，$\boxed{\text{IX-3}}$で述べた「しつけ」による強化学習と，同じく$\boxed{\text{IX-3}}$で述べたモデリングという模倣学習のメカニズムとしてとらえることができます。しかし，それだけでは十分な説明とは言えません。とくに模倣学習の背景にはどんな動機が認められるのでしょうか。まず，その動機として①発

▷1　性自認
(Gender Identity)
幼児の段階での性同一性の成立とも言える。

▷2　このメカニズムのもとでは，もし異性の養育人物に対する依存が強ければ，生物学的性と異なる性役割取得が動機づけられる。
▷3　攻撃者への同一視については，アンナ・フロイト (Freud, A.)『自我と防衛』の第3章に論じられている。この点については先

達的同一視と，②防衛的同一視を挙げることができます。

　発達的同一視とは，依存の対象に対する同一視です。自己と他者の強い情緒的結合が前提となり，相手の性質を自分のものにしようとする同一視は，発達そのものの大きな動機となりますが，そのときに依存の対象の性役割も取り入れられるのです。たとえば，同性の親に対する依存が強ければ，自分の生物学的性に応じた性役割取得が進むことになります。もちろん，それは愛着の対象となる養育人物という意味で，必ずしも生物学的親であるとは限りません。一方，防衛的同一視とは，攻撃者に対する同一化です。攻撃者と同一化することで，攻撃者に対する恐怖を軽減させ，また攻撃の対象となる状況を自ら操作しようとする防衛的な心理メカニズムです。これらの場合，同性の親（養育人物）が攻撃や罰を与える恐怖の対象であることが前提になります。つまり，これらの性役割行動の学習の前提として，ポジティブ，ネガティブどちらにせよ養育人物と子どもたちとの間の相互作用にもとづく強い情緒的体験がその動機と密接にかかわっています。

❹ フロイトによるエディプス・コンプレックス理論

　フロイト（Freud, S.）は，複数の論文において男の子の深層心理に作用するエディプス・コンプレックスを論じ，神経症的葛藤の本質であると位置づけています。これによれば，男の子は3歳ころになると異性としての母親にも強く惹かれるようになり母親を独占しようとします。そこで父親の存在が強力なライバルとして浮かび上がり，その存在を邪魔だと感じます。そして，自分自身の願望が父親に知られた場合に父親が自分自身に向けてくる怒りを予期し，自分の男性性が去勢される不安を抱きます。こうして，母親への強い愛情が去勢不安を呼び起こし，想定された攻撃者である父親への防衛的同一視が生じることになります。

　性役割取得の視点でとらえると，ここで男の子は攻撃者への同一視として男性役割を取得することになります。しかし，それは，「父親」ではなく，母親の理想の男性像への同一視とも考えることができます。また同じメカニズムは女性においては父親に対して生じ，その意味で父親の理想とする女性像に対する同一視が女の子の性役割取得の動機になると考えられます。

❺ 現代におけるエディプス・コンプレックス

　フロイトがその名の由来とした「エディプス」は紀元前5世紀のギリシアの悲劇作家ソフォクレスの作品『オイディプス王』の主人公の名前です。その物語は広く名作として知られており，時代や文化を超えてこの物語が多くの人々の心を打つことは，このテーマの普遍性の証と言えます。

（吉川眞理）

にフロイト（Freud, S.）が「快原理の彼岸」において，子どもたちは不快なあるいは外傷的な体験を処理するための方法として，受動的役割から能動的役割を取るようになることを論じている。

フロイト, A. 1936/2001 自我と防衛　誠信書房
フロイト, S. 須藤訓任（訳）1920/2006 快原理の彼岸　新宮一成・鷲田清一・道籏泰三・高田珠樹・須藤訓任（編）フロイト全集　第17巻　岩波書店　pp. 53-125.

▷4 ソフォクレス作「オイディプス王」の物語

①オイディプスの父・王ライオスの受けたアポロン神託「子どもはお前を殺し，一家は血に汚される」。

②テーバイ王となったライオスは，家来に生まれた子どもを捨ててくるように命じるが，家来は果たせず子の足を釘で打ちぬき山に捨てる。

③コリントス王夫妻に拾われて育てられたオイディプスは，自らをコリントス王の実子と信じていた。

④アポロン神託「お前は父を殺し母を妻とする」を受けて，コリントスの家を出る。

⑤旅の途中の山道で，従者を連れた男を殺す。

⑥テーバイの町でスフィンクスのなぞを解き，英雄になる。

⑦夫であるテーバイ王を失ったイオカステと結婚。

⑧町に悪疫が流行し，アポロン神託「穢れをはらえ」。

⑨預言者テイレシアスの言葉「王を殺したのはあなただ」。

⑩イオカステの告白。

5 自らが選び取るジェンダー・アイデンティティ

1 思春期における身体的自己の変容

　思春期は，10歳前後から生じる第二次性徴という急激な身体の変化を背景にする発達段階を指します。男女それぞれに，この時期には性腺の発達が再び活性化し，性ホルモン分泌が増加し，身体の男性化，女性化が進行します。それは当事者にとっては気分の変動や，眠気，だるさとして体験されます。身体像の変化に戸惑うとともに，新たな自分自身の身体に対して違和感を持つこともあり，また子ども時代になじんでいた「身の軽さ」が消えて身体の動きの不自由さを感じることもあるかもしれません。

　外見や動作だけでなく，性的な衝動の亢進も大きな戸惑いをもたらします。この時期，彼らの多くはこのような身体の変化を言語化する術を持ちません。高まる性の衝動について後ろめたさを覚えつつ，秘密として抱えられていきます。ここで彼らは自分の身体的性別と向き合うことになります。そして，この身体的性別をどのように生きるべきかと問いかけられるのです。その生き方は，社会にどのように参入していくかというアイデンティティ（自己同一性）とも深く関連していきます。

2 青年期におけるジェンダー・アイデンティティの確立に向けて

　子どもから大人へ，身体的側面にとどまらず，社会的存在としての位置づけの変化が，青年期（Adolescence）に生じます。彼らは，これまで周囲の期待に応えながら受身的にジェンダー・アイデンティティを生きてきました。しかし，青年期になると，自分自身の内なる性（sex）と性別（gender）について，より能動的な選択を求められるようになります。

▷1　Ⅸ-6 参照。

　そのとき，以下のポイントを考える必要があるでしょう。
　①青年たちはこの社会における性役割観をどのように理解しているのか？
　②青年たち自身はどのような性役割観を持っているのか？
　性役割観は時代とともに変遷していきます。そのような中で性役割観には世代差があると思われます。これに対して自分自身の性役割観をどのように持っているのか，そしてもっとも重要なことは，それらの性役割観に対して，個としての自分自身の生き方をどう方向付けていくのかということです。

③ 青年期における性役割観

　伊藤は[2]，性格形容詞より男性に期待される形容詞と女性に期待される形容詞を抽出し，望ましさの評定の因子分析により各10個の形容詞を抽出しました[3]。この形容詞について「あなた自身は次の形容詞についてどの程度男性に期待しますか？」「あなた自身は次の形容詞についてどの程度女性に期待しますか？」と評定を求めると，男性に望ましいとされた形容詞を男性に強く期待し，女性に望ましいとされた形容詞を強く女性に期待する一般の性役割期待と一致する方向に性分化した役割期待を持つタイプ（男性に「たくましさ」，女性に「優雅さ」といった典型的な役割を期待する）と，役割期待の性分化が弱いタイプ（男女どちらにも同程度に「たくましさ」，「優雅さ」を期待する，あるいは同程度に期待しない）が明らかになります。この結果により，評定者の性役割期待がどの程度，性分化しているかを知ることができるのです。

④ 女性／男性ステレオタイプ次元に関する自己評定

　さて青年個人は，ステレオタイプ的な形容詞についてどのように自己評定するのでしょうか。そのような自己評定の位置づけは，加藤が作成した BSRI 日本語版によって数値化することができます[4]。加藤は，ベム（Bem, S.L.）の研究にならって男性に対する望ましさと女性に対する望ましさの間に有意差のあるステレオタイプ的な女性形容詞20とステレオタイプ的な男性形容詞20を抽出しました（表9.5.1）[5]。それらの形容詞に関する7段階自己評定を，中央値をカットオフポイントとして，男性ステレオタイプ高／低群，女性ステレオタイプ高／低群に分け，男性ステレオタイプと女性ステレオタイプがともに高い「両性具有型」，男性ステレオタイプと女性ステレオタイプがともに低い「未分化型」，男性ステレオタイプが高く女性ステレオタイプが低い群「男性ステレオタイプ型」，男性ステレオタイプが低く女性ステレオタイプが高い群「女性ステレオタイプ型」の4型に分けています。

　あなたはどのような性役割観をもっているでしょうか。そして自分自身をどのように評定しますか。これを自ら認識しておくことは青年期におけるアイデンティティの形成過程に役立つことでしょう。青年期は，社会の期待を認知しながら，自分自身で自分の性を認知し，これを自ら選びとるアイデンティティとしてどう生きるのか自己決定する時期となります。

（吉川眞理）

▷2 伊藤裕子 1978 性役割の評価に関する研究 教育心理学研究，**26**（1），1-11.

▷3 伊藤（1978）作成のM-H-F 尺度におけるM項目には「冒険心に富んだ」「たくましい」「大胆な」「指導力のある」「信念を持った」等10項目，F項目には「かわいい」「優雅な」「色気のある」「献身的な」「愛嬌のある」「言葉遣いのていねいな」等10項目が挙げられている。

▷4 加藤知可子 1999 BSRI 日本語版による性役割タイプの分類 広島県立保健福祉短期大学紀要，**4**（1），7-11.

▷5 Bem, S. L. 1974 The measurement of psychology androgyny. *Journal of Personality and Social Psychology,* **42**, 155-162.

表9.5.1　BSRI 日本語版における女性ステレオタイプ項目と男性ステレオタイプ項目

女性ステレオタイプ項目	男性ステレオタイプ項目
愛想がよい・繊細な・魅力的な・子ども好きな・言葉遣いが優しい・きれい好きな・控えめな・上品な・同情心がある・面倒見がよい・甘えた・心が暖かい・茶目っ気がある・気が利く・献身的な・優しい・おしゃれな・セクシーな・愛嬌がある・世話好きな	たくましい・競争心がある・やり手の・指導力がある・荒っぽい・度胸がある・決断力がある・勇気がある・攻撃的な・説得力がある・頑固な・頼もしい・積極的な・大胆な・体力がある・精力的な・冒険心がある・独創的な・自発性がある・自分の信念を貫く

出所：加藤（1999）

　性別違和の理解

① スペクトラムとしての身体の性（sex）と心の性別（gender）

　性染色体のタイプによって，身体の性は慣例的に2タイプに還元されていますが，実際には発生・発達過程において女性から男性へのスペクトラムとしてとらえられます。身体の性に関しても男女の二分化には無理があるのです。身体の性は，脳の性分化を通して，心の性別の基盤になりますが，その後の養育環境，とりわけ親子間の情緒的体験によって同一化の対象やその程度が異なるので，そのプロセスは多様性を伴うことになります。それゆえ身体の性にまして，心の性別に関しては二分化ではなく男女の両極間のスペクトラムとしてとらえることが妥当だと思います。

　発達過程に沿って見てみると，幼児期の性役割取得は二極に単純化された性役割の積極的な取得ですが，成長して認知が複雑化し，自分自身の特性や志向性が意識されるようになると，二極化された性役割が自分にふさわしくないと感じる子どもたちも出てくることでしょう。その意味で，ステレオ・タイプ的な性役割を押し付けられることに対する反発が，程度の差こそあれ生じてきても不思議はありません。これを性別に対する違和感ととらえます。

② 身体の性と心の性別との不一致

　その違和感が強い場合，それは身体の性と心の性別の不一致として体験されることがあります。そこで，自分の心にふさわしくない身体の性を持つことの苦しさ，身体の性に応じて社会的な2分された性別アイデンティティを強制されることの生きづらさが訴えられる場合，現代の精神医学診断基準 DSM-5 では，性別違和（ジェンダー・ディスフォリア）と呼ばれています（表9.6.1）。

　この身体の性と心の性別の不一致から生じる生きづらさを改善するための医学的な治療として，現代では，身体の性を心の性別に合わせる性転換を行うようになりました。医学の技術が進歩して外科的にも，内科的にも身体の性を転換することが可能になったことがその背景にありますが，ここで身体の性よりも心の性別が尊重されるようになってきたことに着目する必要があります。身体の性は変えることができますが，私たちの心の性別は，他者から変えるように強制されることはありません。たとえそれが少数派であっても，それは一人ひとりの心の自由として尊重されているのです。このような人権意識が日本に

▷1　2012（平成24）年1月に日本精神神経学会「性同一性障害に関する委員会」は第4版ガイドラインを発表した。その内容は以下の通りである。
　性同一性障害の治療は，一般に，精神療法，内分泌療法（ホルモン療法），外科的治療の3段階を順に進めるとされ，外科手術に進んだ場合でも精神療法や内分泌療法を継続する。精神療法では，これまでの生活の中で，性同一性障害のために受けてきた精神的，社会的，身体的苦痛について十分な時間をかけて聞き，いずれの性別で生活するのが本人にとってふさわしいかの決定・選択を援助する。また，選択した性別で生活することを支援すべきと述べられている。

180

表9.6.1　DSM-5 における性別違和（ジェンダー・ディスフォリア）の診断基準

青年および成人の性別違和

A．その人が体験し，または表出するジェンダーと，指定されたジェンダーとの間の著しい不一致が，少なくとも6カ月，以下のうちの2つ以上によって示される。

(1)その人が体験し，または表出するジェンダーと，第一次および／または第二次性徴（または若年青年においては予想される第二次性徴）との間の著しい不一致

(2)その人が体験し，または表出するジェンダーとの著しい不一致のために，第一次および／または第二次性徴から解放されたい（または若年青年においては，予想される第二次性徴の発現をくい止めたい）という強い欲求

(3)反対のジェンダーの第一次および／または第二次性徴を強く望む。

(4)反対のジェンダー（または指定されたジェンダーとは異なる別のジェンダー）になりたいという強い欲求

(5)反対のジェンダー（または指定されたジェンダーとは異なる別のジェンダー）として扱われたいという強い欲求

(6)反対のジェンダー（または指定されたジェンダーとは異なる別のジェンダー）に定型的な感情や反応をもっているという強い確信

B．その状態は，臨床的に意味のある苦痛，または，社会，職業，または他の重要な領域における機能の障害と関連している。

出所：American Psychiatric Association. 日本精神神経学会（日本語版用語監修）髙橋三郎・大野裕（監訳）2013/2014 DSM-5 精神疾患の分類と診断の手引　医学書院

おいても認識されるようになり，ようやく日本においても社会における性別アイデンティティとしての戸籍の性別が，本人の申請により変えられるようになりました。性同一性障害者特例法が成立し2004年の7月より施行されています。さらに，社会における心の性別の尊重は，恋愛の対象ばかりでなく，誰を配偶者に選ぶのかについても，個人の選択の自由を認める方向に動いています。[2]

3 心理的多様性の一つとしての性的違和

　身体の性が男性であるときに女性の性別を生きたいと望む MTF，身体の性が女性であるときに男性の性別を生きたいと望む FTM，また同性に対する愛は，これまで社会的偏見を被ることがありました。歴史的に，その背景に精神的な病理を想定されることもありました。しかし，身体における性分化過程や，ジェンダー・アイデンティティの形成過程の研究がすすむにつれて，それは心理的な多様性の中の一つであり，非典型的で，少数派であっても，心理的には理解しうることであり，病理とみなされることはなくなりました。[3]

　男女共同参画社会が実現する中で，性別にかかわらない職業参加が可能になってきました。その時代において，私たちは，自分の性をどのように生きていくかを自分自身で発見するという課題を与えられているのです。

（吉川眞理）

▷2　性同一性障害者の性別の取扱いの特例に関する法律（平成十五年七月十六日法律第百十一号）：性同一性障害を抱える者における社会生活上の様々な問題を解消するため，法令上の性別の取扱いの特例を定めたもの。法的な性別は，現行では基本的には生物学的性別で決められるが，例外として，本法律の定める「性同一性障害者」で要件の満たす者について，他の性別に変わったものとみなすこととする。家庭裁判所に対して性別の取扱いの変更の審判を請求することができ，その許可により，戸籍上の性別の変更が認められる。

▷3　Diamond & Sigmundson（1997）が，「染色体，生殖腺，もしくは解剖学的に性の発達が先天的に非定型的である状態」に対して，「生物学的多様性の中のひとつであり，非典型的ではあるが，生物学的には理解しうることであり，正常である。病的発達，未発達，発達の誤り，欠陥のある性器，異常，自然の失敗ではない」と述べていることを性別違和に適用している。
Diamond, M., & Sigmundson, K. 針間克己（訳）1997/2000　インターセックスの子どものためのマネージメントガイドライン 助産婦雑誌, **54**, 125-131.

参考文献

佐々木掌子　2006　ジェンダー・アイデンティティと教育——性的自己形成における遺伝と環境　哲學, **115**, 305-336. 慶應義塾大学

恋愛の深層

 アニマとアニムス

　Ⅸ-4 で扱った性役割取得，および Ⅸ-5 で扱ったジェンダー・アイデンティティの確立過程をふりかえってみれば，それぞれの遺伝的な性別を持って生まれてきた私たちは，幼いときから文化的な男性と女性の次元を認識し，主として親子関係の中で生物学的性別に応じた性役割を取得し，ジェンダー・アイデンティティを確立することもあれば，生物学的な性別に一致しない性役割を取得し，ジェンダー・アイデンティティを確立する場合もあります。そこに親子の人間関係の力動，とくに異性の親との情緒的な関係が影響することもあります。

　それぞれが様々な動機をもって，それぞれの性役割を取得し，ジェンダー・アイデンティティを確立していくときに，女性か男性かどちらかの極を選び取っていくことになります。そこで，女性としての「私」，男性としての「僕」が，その人のパーソナリティのうち，社会に向けていく「面」となります。この「面」について，ユングは，ペルソナと呼びました。しかし本来，私たちの心は，あらゆる可能性を有しているとユングは述べています。そのうち，たとえば女性としてのペルソナを形成して，つまり女性役割を取得し，女性としてのジェンダー・アイデンティティをもって生きようとするとき，本来の心に潜在している男性的な側面は，生きられることなく，心の中の潜在可能性としてとどめおかれることになります。このとき，心の中にとどめおかれた男性として生きる可能性は，女性的なペルソナに対して対極的な男性人物像として体験されることになります。この男性人物像をアニムスと呼びます。同じ理由で，男性的なペルソナを生きている人の場合は，その心の中に，生きられないでとどめおかれた女性的側面は，その男性的ペルソナと対極的な女性的人物像として体験されます。この女性像をアニマと呼びます。つまり私たちの心の中には，そのジェンダー・アイデンティティに沿ったペルソナと対極的なアニマ，アニムスが潜んでいることになります。あなた自身のアニマ，アニムスは，いったいどんな存在なのでしょうか？　それを知るためには，あなたが魅惑される異性の人物像を思い浮かべるとよいでしょう。憧れの対象である人物と考えてもよいです。もし，あなたの身近に心ときめく異性がいれば，その人にあなたのアニムス，あるいはアニマが投映されているのです。それがアイドルである場

▷1　ここでの異性とは，ペルソナの性別の対極の性となる。たとえば，MTF（Ⅸ-6 参照）の人にとって異性は，男性になるし，FTM の人にとっての異性は女性になる。
▷2　ユング，C.G. 松代洋一・渡辺学（訳）1984　自我と無意識　思索社
▷3　ユング，E. 笠原嘉・吉本千鶴子（訳）2013　内なる異性──アニムスとアニマ　海鳴社

合も，アーティストである場合も，スポーツ選手であることも，ときにはアニメの主人公であることもあるでしょう。あるいは，あなたの心に響くラブソングがあるなら，そこに登場する異性像が，あなたのアニマやアニムスなのです。

表9.7.1 エンマ・ユングによるアニムスの分類
① 力のアニムス
② 行為のアニムス
③ 言葉のアニムス
④ 意味のアニムス

② 恋愛のメカニズム

私たちは自分の心の内なるアニマやアニムスを外在する人物に投映します。たとえば，社会的にリーダーシップをとろうとする男性のペルソナを生きている人にとっては，頼りなげに見える女性像がそのアニマ像となり，そのアニマを投映しやすい女性がいると，一目ぼれすることになります。また，従順でかわいらしく傷つきやすい女性的なペルソナを生きる人にとっては，独立心旺盛なタフな男性がアニムスになります。そのアニムスを投映しやすい男性が身近に現れると，この男性に恋をするというわけです。あるいは，心優しく，即断即決が苦手な男性にとっては，しっかりと自分の意見を持ち，自立心旺盛な女性にアニマが投映されるかもしれませんし，両親にたっぷりと愛され，わがままを許されてきた女性は，感情の抑制ができる成熟した男性に自分のアニムスを投映する可能性があります。

③ アニマ・アニムスのタイプについて

ユング自身は，アニマについて，「アニマ像の最初の担い手は母親であるのが普通だろうが，後には肯定的であれ否定的であれ彼を刺激するような女性に肩代わりされる」と述べています。ユングのアイディアを受けてアニマ像をとらえようとしたユングの妻であるエンマ・ユングは，アニマは自然的な存在であり，白鳥などの動物の姿をとることもあり，また水の精や山の女神もアニマの姿であると述べています。このように超人間的な性格を持つアニマは，非合理的で受身的な女性に投映されやすいと言われています。このようなアニマを投映されやすい女性は，気分がうつろいやすく，なぞめいた雰囲気をたたえています。マリリン・モンローや故ダイアナ妃のイメージが思い浮かびます。

また，エンマ・ユングは，表9.7.1のようにアニムスの分類をしています。女性たちは，外在する男性にこれを投映しがちです。女性にとってのアニムス・イメージは，父親，教師，兄，男性の友人，さらには英雄的人物（スポーツ，指導者，教祖など），国家，社会，芸術や学問，宗教に投映される傾向があると言われています。自己の向上を目指す女性たちは，自分の指導者を通してアニムスと出会っていると言えるでしょう。その意味で，女子スポーツ選手のコーチは，アニムス像の担い手になりやすいと言えるでしょう。

(吉川眞理)

▷4 結婚を通して，アニムスを探求した例としてマリリン・モンローの結婚歴を紹介する。

彼女の本名はノーマ・ジーン。父親との縁が薄く母親も精神的に不安定であり，孤児院や里親に育てられてきたが，16歳のときに，高校の先輩であるジム・ドハティーと出会う。彼は生徒会長をつとめ，フットボールの花形選手でもあった。二人は結婚するが，マリリンがモデルとして脚光を浴びるようになると4年後に結婚生活は終焉する。次に28歳のときに，野球選手のスーパー・スターであるジョー・ディマジオと結婚しているが，9か月後に離婚，次に30歳で結婚したのは『欲望という名の電車』の原作者である劇作家アーサー・ミラーだった。しかし彼の子どもを2度流産し精神的にも不安定となり5年後に離婚している。最後の恋人は，アメリカ大統領のジョン・F・ケネディであったと噂されているが，真偽はモンローの自殺（36歳）とともに闇に葬られている。ノーマ・ジーンにとってのドハティーは「力」のアニムス，モンローにとって，野球界のヒーローであったジョー・ディマジオは「行為」のアニムス，アーサー・ミラーは「言葉」のアニムスと言えるだろう。
まつもとよしお 2002 マリリン・モンロー大研究 文芸社

8　心理的両性具有の可能性

1　心理的両性具有とは？

IX-7 では，アニマ・アニムスが身近な異性に投映されたとき，ときめきや「恋愛」が生じる現象について述べてきました。ここではこのアニマ・アニムスを他者に投映するのではなく，自分自身の一部として統合して生きていくという選択肢について考えていきましょう。マリリン・モンローは，身体能力や行動力や文才を持つ男性と結婚することでその属性を獲得しようとしたかもしれませんが，同時に自分自身が強い意志をもって，目的に向かって努力を積み重ね，知性を磨こうとしていたことも事実です。

フロイトが「個々の人間は，すべて男性の要素，女性の要素を併せ持っており，能動性・受動性は両性において分け持たれている」と述べているとおり，私たちの心は可能性として全体性を持っているのです。

しかし，多くの社会は，生物学的な性別に応じた男性─女性ステレオタイプ役割を求めてきました。私たちが，そのステレオタイプに応えたペルソナを形成することで，本来の自分自身が持っている部分を十分に生きていないとすれば，あるいは，生きてはいけないのだと思い込んでいるとすれば，その人は自分の心の可能性を封印することになります。心理的両性具有とは，これらの文化・社会的な男性ステレオタイプ─女性ステレオタイプにとらわれることなく，自分自身の心の可能性に誠実に，それを自由に発現することと理解できます。

現代は，女性が自身の人生の中で，意志の強さ，目的意識をもって，活動性および行動力を発揮することがあたりまえの時代になりつつあります。女性の社会参画や管理職への登用などが推進され，女性の職業の場，活躍の機会が広がり，子育てにも男女ともに関与する時代になりました。同時に，男性がその繊細な美意識や，豊かな感情表現や心遣いを，生活や職業に生かしていることもごく自然に受けとめられるようになっています。

2　男性ステレオタイプ─女性ステレオタイプ軸について

心理的両性具有性の前提として，すでに IX-5 でも触れましたが，その背景に男性ステレオタイプ─女性ステレオタイプの軸が存在しています。フェミニズム心理学においては，このステレオタイプを否定する論調があります。

たしかにステレオタイプは，文化・社会的に規定されたもので，個人の自由

▷1　フロイト, S. 高田珠樹（訳）1931/2011　女性の性について　新宮一成・鷲田清一・道籏泰三・高田珠樹・須藤訓任（編）フロイト全集第20巻　岩波書店

▷2　**男女共同参画社会基本法**（1999年6月成立）第一章（目的）第一条　この法律は，男女の人権が尊重され，かつ，社会経済情勢の変化に対応できる豊かで活力ある社会を実現することの緊要性にかんがみ，男女共同参画社会の形成に関し，基本理念を定め，並びに国，地方公共団体及び国民の責務を明らかにするとともに，男女共同参画社会の形成の促進に関する施策の基本となる事項を定めることにより，男女共同参画社会の形成を総合的かつ計画的に推進することを目的とする。

な生き方を制約するものです。しかし，人間は一人で生きているわけではなく，その社会の中に生まれて，文化の影響を受けながら，そのパーソナリティを形成します。そのために，とくに人生の前半のパーソナリティ形成においては社会のステレオタイプの影響を受けざるをえません。Ⅸ-3 で述べてきたように，主体的な性同一性の確立する青年期以前においては，ステレオタイプは，両親のしつけやモデリングを通してその性役割取得に影響します。このステレオタイプが生物学的性別に沿って男性らしく，女性らしく生きる圧力をかけ，その結果，男性，女性に分化したパーソナリティが形成されていきます。しかし，それゆえにこそ，自分自身が生きてこなかった側面に対する強い憧憬が生じるとも言えるでしょう。この男性ステレオタイプ—女性ステレオタイプの両極に作用する強い引力が，心のさらなる全体性へと向かう発達のトリガーになるのです。

③ 個人的な男性—女性軸の発見

　このような男性ステレオタイプ—女性ステレオタイプは，絶対的なものではなく，文化によって異なることを明らかにしたのが，文化人類学者のミード（Mead, M.）でした。多くの文化においてそれぞれの性分化があることに着目しておきたいと思います。どのような形であれ，男性と女性という異なる性がこの世界に存在しているとき，その性別に，何らかの属性の分化を投映する心理的傾向が存在しているようです。そして，その軸が社会において共有されることによって性別ステレオタイプが生じるのです。社会の常識とされがちなステレオタイプにとらわれてしまわないためには，男性—女性の性分化の否定，いわゆる中性化ではなく，ステレオタイプではない，個人的な男性—女性軸を発見することが前提になります。

④ 男性—女性軸を媒介とした個性化への道

　心の潜在的な可能性，心のさらなる全体性を生きようとするとき，ステレオタイプにはこだわらない，その個人独自の男性として，女性としての生き方を見出すことが重要になります。

　この男性—女性軸の両極間の強い引力は，恋愛として体験されます。それは，子どもの心から成熟した心への移行をもたらします。ユングは，私たちの心の深い部分から，まだ生きられていない可能性そのものが生きられることを求めて生じる過程を個性化と呼びました。この観点からすれば，個性化とは，特定の異性に投映されていたアニマやアニムスを引き戻し，自分自身の一部分として統合すると言い換えることができます。男性が自分自身の女性的側面に気づき，それを洗練していくこと，あるいは，女性が自分自身の男性的側面に気づき，それを強化していくことは，いずれも個性化の重要な段階と言えるでしょう。

（吉川眞理）

女性の職業生活における活躍の促進における法律
（2015年8月成立）
第二条（基本原則）
1　女性の職業生活における活躍の推進は，職業生活における活躍に係る男女間の格差の実情を踏まえ，自らの意思によって職業生活を営み，又は営もうとする女性に対する採用，教育訓練，昇進，職種及び雇用形態の変更その他の職業生活に関する機会の積極的な提供及びその活用を通じ，かつ，性別による固定的な役割分担等を反映した職場における慣行が女性の職業生活における活躍に対して及ぼす影響に配慮して，その個性と能力が十分に発揮できるようにすることを旨として，行われなければならない。

集団の心性

① 集団のパーソナリティをとらえる観点

　個人のパーソナリティという概念は，集団にも適用することができます。集団としてのパーソナリティが存在することに着目したのは，ビオン（Bion, W. R., 1897-1979）でした。ビオンは，これをグループ心性（group mentality）と名付けました。第二次世界大戦時に戦争におけるトラウマによる PTSD の兵士を対象にグループによるリハビリテーション・ワークを行い，その経験と知見をもとに独創的なグループ・ダイナミクスの理論をまとめました。

　たとえば，6人メンバーがグループを構成するとき，そのグループの心性は，6人の個人のパーソナリティの総和ではありません。あるグループにおいては，メンバーそれぞれが現実に立ち向かって積極的に働きかけようとする機能，フロイトの述べた自我的な心理要素が持ち込まれ，グループ全体において，共有された自我的機能が有効に作用します。ビオンは，このようなグループを作動グループ（work group）と名付けました。これに対して，グループを構成するメンバーの無意識的要素が持ち込まれ，共有された無意識的要素の統合を基底的想定と名付けました。もっぱらこの規定的想定が作用しているグループは基底的想定グループ（basic assumption group）と名付けることができます。

② 作動グループについて

　ビオンによれば，作動グループは，そのグループの課題や目的がメンバーに共有されているグループを指しています。その課題や目的のための協力と努力が共有されていることが，このグループの特徴です。課題や目的はすぐに達成されるわけではないので，このグループのメンバーは，その現実に直面し，欲求不満や痛みなどネガティブな感情を抱えることになります。グループをその成長という観点でとらえると，その欲求不満に耐えることによって，グループ自体が成長します。このようなグループの協同作業において，メンバーの一人ひとりの人間は，孤独や寂しさ，痛みを体験することになりますが，そこで個人の人格の成長と進歩も生じていきます。作動グループのリーダーは，メンバーに対してこのような欲求不満や痛みに耐えることを求めながら，このグループをまとめていくことが求められます。そのためには相当に理性的な態度や科学的な根拠が求められることになります。

③ グループにはたらく基底的想定

しかし，グループ心性においては，個人と同様に非理性的な作用も生じます。とりわけグループ自体が未成熟な有機体であるときにそれが顕著になります。ビオンはこれを基底的想定と名づけてその3種類を挙げました。[1]

第一は，依存の基底的想定（basic assumption of dependence：ba D）です。そこでは，グループのメンバーには，外的な対象やあるリーダーによって，安全を保証されるという集合的信念が共有されています。疑う余地のない全能のリーダーへの絶対的な依存への期待が生じているのです。

第二は，闘争─逃避基底的想定（basic assumption of fight-fright：ba F）です。そこには，グループの外に攻撃すべきもしくは避けるべき敵がいるというグループの信念が共有されています。この敵に対する破壊的行動（闘争）か逃避がグループによって選択されます。国際的な紛争はその例です。

第三は，つがい基底的想定（basic assumption of paring：ba P）です。そこではグループの現在抱える問題や欲求を解決する新しい可能性がやがて生まれてくるという非理性的信念が共有されています。とりわけグループ内の一対のペアから生じる新たな可能性への期待が高まります。いわゆる救世主願望です。

この三つの基底的想定の共通点は，それぞれのグループが抱えている困難な問題の解決を求めるメンバーによって共有される全能的な「幻想」だという点です。

④ グループ心性の成熟

個人のパーソナリティに，自我的な要素と無意識的な要素の両面が合わせもたれているように，どの集団もこの両方の心性を持ちうると考えられます。個人が，自分自身のパーソナリティについて気づきながら生きていくことで，よりよく生きることができるとするならば，集団においてもその気づきが可能なはずです。しかし集団心性においては，いったん非理性的な基底的想定が活性化されてしまうと，個々のメンバーの意思でそれを抑制することは難しくなります。ナチス党によるユダヤ人迫害や，欧米の極右的思想により移民が迫害される状況など，多くの事例を挙げることができます。基底的想定の特徴は，それが幻想であるという点です。幻想は，建設的な現実への働きかけを阻害しますが，幻想を捨て，現実の問題と直面し，困難を乗り越えるプロセスが始まると，グループ自体が成熟し作動グループの心性が強化されていきます。

（吉川眞理）

▷1　グリンベルグ，L.・ソール，D・ビァンチェディ，E. T.　高橋哲郎（訳）1982　ビオン入門　岩崎学術出版社

2　個人と社会の葛藤

▷1　IV-2 参照。
▷2　Winnicott, D.W. 1950
Thoughts on the meaning
of the world democracy.
Human Relations, **4**, 171-
185.
▷3　**教育基本法**（平成18
年12月22日改正）
前文：我々日本国民は，た
ゆまぬ努力によって築いて
きた民主的で文化的な国家
を更に発展させるとともに，
世界の平和と人類の福祉の
向上に貢献することを願う
ものである。我々は，この
理想を実現するため，個人
の尊厳を重んじ，真理と正
義を希求し，公共の精神を
尊び，豊かな人間性と創造
性を備えた人間の育成を期
するとともに，伝統を継承
し，新しい文化の創造を目
指す教育を推進する。ここ
に，我々は，日本国憲法の
精神にのっとり，我が国の
未来を切り拓く教育の基本
を確立し，その振興を図る
ため，この法律を制定す
る。
第一章　教育の目的及び理
念
（教育の目的）第一条　教
育は，人格の完成を目指し，
平和で民主的な国家及び社
会の形成者として必要な資
質を備えた心身ともに健康
な国民の育成を期して行わ
れなければならない。

1　不登校への支援の背景にある個と社会の問題

　スクールカウンセリングの現場では，様々な理由で学校という集団に参加することの困難を抱える子どもたちと出会います。ここで，学校に行くのは何のためなのか？学校に行くことがなぜつらいのか？をじっくり考えてみたいと思います。個人と集団という観点からとらえると，子どもたちは家族という集団に生まれてきますが，成長とともに家族以外の集団に帰属するようになります。個人が帰属する集団のひろがりは，図10.2.1のように示すことができます。

　学校制度が幅広い子どもたちに門戸を開いたのは近代以降です。公教育制度によって，子どもたちは学校という集団場面で教育を受けられるようになりました。そこは社会集団において生きるための基本的な技を学ぶ場です。個々の子どもたちと学校との適合性を考える際には，子どもたちの個性の要因とともに，学校が子どもたちに要請する課題や教育方法の質や量について，子どもたちの教育ニーズとの適合性を検討することが重要なポイントです。

　子どもたちは，その心の成長とともに，家族の外の帰属できる集団を求めるようになります。だからこそ集団になじめないことや集団から排除される経験が大きな傷つきになります。集団が苦手な子どもたちは，じつは集団での孤立を恐怖しているのです。学校が，一人ひとりの子どもたちの心の成長を支え，彼らが社会集団でよりよく生きていく技能を育てる場として機能するためにも，学校における集団運営や活動の性質について考えてみたいと思います。

2　義務教育制度の背景にある個人と社会

　歴史的にふりかえってみると，義務教育制度はヨーロッパにおける民主主義とともに登場しました。市民の投票によって政治の方向性を決める前提として，一人ひとりの市民の政治的な判断力を育てる必要があったからです。この意味で社会の存続にとって公教育が非常に大きな意味を持つと考えられています。英国の精神分析家であるウィニコット（Winnicott,

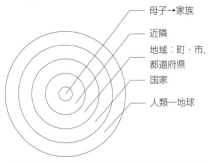

母子→家族
近隣
地域：町・市，
都道府県
国家
人類─地球

図10.2.1　心理─社会的発達による帰属する集団の拡がり

D.W.）は，民主主義社会の成立は成熟した個人が存在してはじめて可能になると述べました。ここで述べられた成熟した個人とは，自分の身のまわりの狭い集団とだけではなく，より大きな意味で社会全体と同一視できる個人であると定義されています[42]。真の民主主義においては，我が身（身内）だけでなく，自分の所属する地域，国家，さらには人類全体と同一視して判断することが求められます。しかし，同一視された「集団」至上主義に陥ってしまうと，たとえば国家至上主義となり，国家が個人よりも優先され，個人の基本的人権が抑圧される恐れが出てきます。

表 10.2.1　個性と集団性の対比による集団の分類

	多様的集団	均質的集団
個人性×集団性	個人性＞集団性	個人性＜集団性
性質	個性ある成員の集まり その多様性が許容される	均質の成員の融合 皆と同じであることを求める
つながり	個と個の連携	成員間の一体感
機能	異なる個性による協同	同質の成員による同調
リーダー役割	個人の権利を守る	集団を統率する

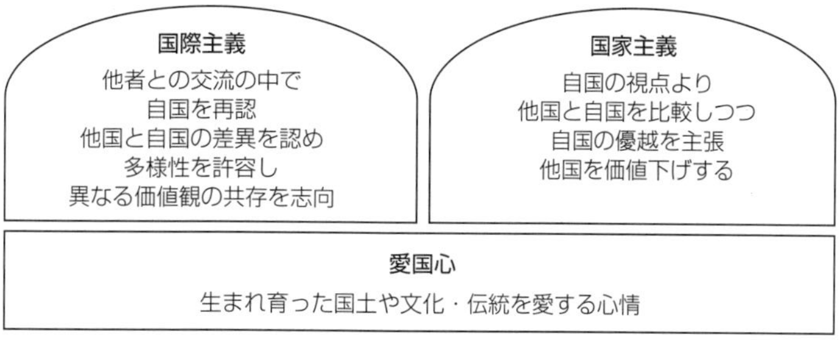

国際主義
他者との交流の中で
自国を再認
他国と自国の差異を認め
多様性を許容し
異なる価値観の共存を志向

国家主義
自国の視点より
他国と自国を比較しつつ
自国の優越を主張
他国を価値下げする

愛国心
生まれ育った国土や文化・伝統を愛する心情

図 10.2.2　国家主義と国際主義，愛国心の関係

　ここで，個人性と集団性のバランスによって集団を分類してみましょう。個人性が重視される集団の特徴はそのメンバーの多様性に対する寛容性です。これに対して集団性重視の集団は，メンバーに均質性を求めます（表 10.2.1）。

③ 個人と社会の成熟の相互性

　国家主義とは，所属する国家の利益や価値観を，他の国家のそれより優先しようとする考え方です。これに対して国際主義とは，どの国家も等しい価値を持つことを前提に国家間の交流が重要であることを考える考え方です。愛国心は国家主義と混同されがちですが，生まれ育った国土や文化，伝統を愛する愛国心は，国際主義とも矛盾しません。どの国家に属する人も，それぞれ自身の属する国家の国土や文化，伝統への愛着を持つことを尊重することが，真の国際主義であるからです。国家主義，国際主義，愛国主義の具体的内容は図 10.2.2 のとおりです。

　現代の日本の教育基本法によれば，教育の目的は「人格の成長」[43]と述べられています。ここで言及されている個人の人格の成長を実現するためには，相当に成熟した社会が必要であると言えるでしょう。このように，個人と社会は相克するものではなく，相互に成熟することによって，互いの存続を可能にするものであると考えることができます。

（吉川眞理）

3　個人が守られる集団

1　集団の生成

　集団にも様々な性質があり，人格同様に，成熟，進化，また衰退していきます。パーソナリティ形成にとって，青年期に，家庭から出立し新たに帰属する集団が，新たな成長の基盤として機能します。それは同じ目的をもって取り組むクラブやサークルであったり，学校を卒業し帰属する職業集団であったりします。そのような集団の機能の生成過程について，表10.3.1のようにまとめてみました。

　この表にまとめられたように，目的を共有する仲間が集うことにより自然発生した集団において，組織化が進むと，規範が明文化されていきます。この集団の生成期が集団としてもっとも勢いがあり，リーダーを中心としたメンバーの凝集性も高まっていきます。リーダーは，メンバーの利益を守る役割を担いますが，このリーダーを支える役割を担う有力なサブ・リーダーが存在しています。しかし，メンバーは，形骸化した規範に縛られていると感じる場合，またリーダーが信頼を裏切っていると感じる場合には集団から離れていきます。リーダー自身に，自発的に，困難なリーダー役を引き受けようという意欲が見られない場合にはこのような集団の危機が生じやすくなります。これに代わる新たなリーダーが台頭すると新たな集団が生成するプロセスが繰り返されることになります。

2　集団のアセスメント

　集団の機能性をアセスメントする際には，表10.3.2の視点が参考になります。ビオンが提起した集団に対する精神分析的アプローチがこの表の背景にあり，効果的に機能する集団に見られる特徴を記述しています。そこでは，リーダー役割が分担され，目的や情報が共有されるとともに，その情緒的体験についてはグループがコンテイナー（容器）として機能しています。とりわけ，困難な事態におけるネガティブな情緒的体験，またメンバーの交代に際して生じる両価的感情などがその対象となります。

▷1　Greenhalgh, P. 1994 *Emotional growth and learning.* London : Routeledge.
▷2　X-1 参照。

表 10.3.1　グループ生成の循環

グループの段階	グループの状態
カオス状態 ↓	個々間の競合
グループの自然発生 ↓	各個の利益を守る目的を共有するメンバーが集まり集団となる
リーダーの出現 ↓	力のあるリーダーが頭角を現しグループの秩序を維持
リーダーの確立 ↓	リーダーを支えるサポーターが活躍 リーダーは支援者を得てフォロアーの支持を得る
規範の明文化 ↓	暗黙の規範が明文化され，規範が共有される
グループの衰退 ↓	規範が継承されるが形骸化し理念が見失われ，グループ中心化傾向が薄れる
グループ崩壊	グループ崩壊（→カオス状況へ）

また，グループとしての生産性と個人ニーズとのバランスがとれており，結束の固さと対処方略の柔軟性が両立されていること，そして，グループ内の多様性の尊重が重要視されています。このようなグループ・ダイナミクスをとらえる視点は，様々な領域の集団の分析や運営に応用することができます。

③ 集団において守られる個人の権利について

個人の基本的人権は，自然的に発生したものではありません。それは，集団において明文化された規約によって，つまり憲法や法律によって定義されて保障が約束されます。私たちの日常生活における心身の成長や幸福の根拠となる，基本的人権について表10.3.3に掲げて確認しておきたいと思います。

たとえば，学校場面でいじめが発生したとき，それは子どもたちの中で，ある生徒を人として尊重しない行為があったと理解できます。集団の中では，このような行為が生じてくる可能性がいつでもあります。その発生を恥じるのではなく，むしろ，基本的人権の教育の機会であるととらえる姿勢が求められます。大人がこのような行為に直面して対処することで，子どもたちはその行為が許されない行為であること，それが許されない理由を学ぶことができるのです。この人権を侵す行為をどのように認識して，どのように対処するのか，そして可能な限りそれを予防するためにはどのような集団のモラルや規約が必要であるのか，次世代を育てる学校集団の重要なテーマとなります。

表10.3.2 効果的に機能するグループの特徴

①組織の全体が明確なグループの目標・目的を把握している
②リーダーの役割やリーダーの責任がグループのメンバーに分担されている
③グループに相互支援的な価値観や信念が共有されており，困難な感情の表現やその解消が促進される
④グループの課題，プロセスについてのコミュニケーション，ふりかえり，相互理解の発達が促進され，必要なときには修正がなされる
⑤グループとしての生産性と，個人のニーズのバランスが保たれ，個人は，グループ全体にもつながっているが，個人としての彼ら自身でもある
⑥グループとしての結束やアイデンティティと，環境に柔軟に対処できる能力のバランスがとれている
⑦グループとして，柔軟に，効率的に物事を進め，意思決定ができる
⑧メンバー間の相違性について生産的に扱うことができる
・メンバー間の相違について表現され
・違うもの同士のぶつかり合いがあっても破綻せず
・少数派の視点が考慮に入れられ
・グループメンバーの能力の違いが尊重され，活用される
⑨新しいメンバーが加わったり，メンバーが抜けることに伴う相反する感情がグループにおいて受けとめられている

出所：Greenhalgh（1994）

表10.3.3 日本の憲法が保障している個人の権利の例

個人の権利の例	根拠となる憲法の条項
●他者から人として尊重される権利 ●他者の人権を侵さない限りにおいて幸福を求める権利	**第十一条** 国民は，すべての基本的人権の享有を妨げられない。この憲法が国民に保障する基本的人権は，侵すことのできない永久の権利として，現在及び将来の国民に与へられる。 **第十二条** この憲法が国民に保障する自由及び権利は，国民の不断の努力によつて，これを保持しなければならない。又，国民は，これを濫用してはならないのであつて，常に公共の福祉のためにこれを利用する責任を負ふ。
●自分の意思で自分の運命を決定する権利	**第十三条** すべて国民は，個人として尊重される。生命，自由及び幸福追求に対する国民の権利については，公共の福祉に反しない限り，立法その他の国政の上で，最大の尊重を必要とする。
●個人の感情や意見を表明する権利 →やましさの感情を持たずノーが言える	**第十九条** 思想及び良心の自由は，これを侵してはならない。 **第二十一条** 集会，結社及び言論，出版その他一切の表現の自由は，これを保障する。

（吉川眞理）

個性化と日本人

1　個性化とは

　ユングは，人間の生涯を個性化（individuation）のプロセスとしてとらえていました。その初期の著作である『タイプ論』（1921）において，すでに「個性化とは，個性的人格の発達を目的とする分化過程である▷1」と述べられています。ユングが「個性というものをわれわれのもっとも内奥の，究極の何者にも代え難い独自性と解するかぎり，本来の自分自身（Self）になることである▷2」と述べた通り，個性化とは，本来のその人らしい在り方，生き方を発見し，実現するプロセスとも言えます。その人らしさは，外の世界から与えられるものではない。それは，その人の内面，心の中でまだ十分に意識されていない無意識から生じてくることもあります。自分自身もまだ気づいていない，自分の新しい可能性を探求しようとする意識の営みなのです。この意識と無意識間のやりとりについて，「それは，昔からいわれるハンマーと鉄床の勝負である。▷3」とたとえられ，間で打たれる忍耐強い鉄がやがて，『個人』へと鍛えられていく過程としてとらえられました。

2　日本人と個性化の出会い

　日本において，個人という概念は明治時代に欧米から輸入された概念でした。服部徳が1877年にルソーの『社会契約論』を訳した折に「一個ノ人」という訳語を用いているのがその始まりと言われています。夏目漱石が学習院で行った有名な講演『私の個人主義▷4』では，一個の日本人が英国で「自己本位」の境地を獲得した経緯が率直に語られています。漱石は，1900年―1903年，ロンドンに留学して英文学の研究に取り組んでいましたが，当時の日本の西洋崇拝や英文学のありかたに強い違和感を覚えるようになりました。彼は英国において「独立した一個の日本人である」という自負を持ち，英文学に対する自分自身の印象，意見を大切にする姿勢を獲得したのです。この気づきについて，漱石は以下のように語っています。「私はこの自己本位という言葉を自分の手に握ってから大変強くなりました。彼ら何者ぞやと気概が出ました。今まで茫然と自失していた私に，ここに立って，この道からこう行かなければならないと指図をしてくれたものは実にこの自我本位の四字なのであります。」

　この言葉は，日本人としてかなり早い時期に，自分の内面の個性に気づき，

▷1　ユング，C.G.　林道義（訳）1921/1987　タイプ論　みすず書房
▷2　ユング，C.G.　野田倬（訳）1982　自我と無意識の関係　人文書院　p. 83.

▷3　ユング，C.G.　山中康裕（監訳）1997　エッセンシャルユング　創元社　p. 244.　（CW9i, paras, 489-524）

▷4　夏目漱石　1973　大正三年十一月二十五日学習院輔仁会における講演　私の個人主義　講談社学術文庫　pp. 120-157.

これを完成させようとした宣言でした。漱石は，この講演で「第一にあなたがたは自分の個性が発展できるような場所に尻を落ちつけるべく，自分とぴたりと合った仕事を発見するまで邁進しなければ一生の不幸であると。しかし自分がそれだけの個性を尊重し得るように，社会から許されるならば，他人に対してもその個性を認めて，彼らの傾向を尊重するのが理の当然になって来るでしょう。」と語っています。ここでは，若者への個性化のすすめとともに，また自分自身の個性を尊重する者は，他者の個性の重みを尊重する必要があることまでしっかりと述べられています。この漱石の「独立した一個の日本人である」気概の背景には，すでに明治時代の日本人が持っていた，江戸文化から継承されてきた日本特有の個の意識の確かさを感じ取ることができます。彼は40代で教職を辞して文学に専心し，日本人の「個」の意識について，日本の文学を通して表現する課題に取り組みました。その意味で彼の文学作品は，日本の個人性探求の第一歩であったのです。

③ 何が日本における個人性の発展を阻んだのか？

西洋から打ち寄せる大きな波に対抗しようとした日本人は，国家という集合的なアイデンティティに同一化する道を選びました。そこでは全体主義の方向性がとられたために，残念なことに，漱石が表現しようとした日本人の個人性を尊重する精神が見失われてしまったのでした。

第二次世界大戦において，西洋的教育を受けながらも戦局の悪化した戦場に旅立った学徒たちの手記集である『きけわだつみのこえ』には，20年余をかけて形成された個性が，集合性の大きな波のうねりの中に呑みこまれていく日々の言葉が遺されています[5]。死を前にした彼らは，家族への思い，生への執着，学問への情熱，世界への理想，哲学的な思索を綴り，戦後に戦犯として死刑となった学徒は，冷静に戦争への道についてふりかえります。彼らの個としての眼差しは，集合的心性がもたらした凶暴な流れをとらえています（表10.4.1）。

（吉川眞理）

▷5　日本戦没学生記念会 1959　きけわだつみのこえ 第一集　光文社

表10.4.1　『きけわだつみのこえ』の中の手記

手記	氏名
人間の獣性というか，そんなものの深く深く人間性の中に根を張っていることをしみじみと思う。人間は，人間がこの世を創ったとき以来，少しも進歩していないのだ。今次の戦争には，もはや正義云々の問題はなく，ただただ民族間の憎悪の爆発あるのみだ。	長谷川信 （23歳で沖縄にて戦死）
吾人をして見しむればファッシズムとは現代における逃避思想であると一言にして言える。ルネッサンス以来の我の自覚の行き詰まりの結果，論理的飛躍を求めんとして持ち出したのがファッシズムである。混乱の極に達した現代社会を打開するための方策として，最も手っ取り早いのが神がかりになることだ。理性的社会が複雑になるにつれて，その統一に苦心するのは当然かも知れぬ。しかしその理性により混乱せる社会は，あくまで理性により解決を求めるものである。	松岡欣平 （経済学学徒　22歳でビルマにて戦死）
俺は人間としてあまりに貴重な体験を多くしてきた。これは人類にとっても貴重な宝となるだろう。俺は俺の身体からにじみ出た，汗と油と，涙の宝石を，この宮古の土地に埋めてしまいたくない。俺は苦しければ苦しいほど生きたいのだ。俺の運命の逆境が大きければ大きいほど俺が生に対する執着も大となるのだ。	関口清 （美大卒　26歳で宮古島にて戦病死）
苦情を言うなら，敗戦とわかっていながらこの戦を起こした軍部にもっていくより仕方がない。しかしまた，さらに考えをいたせば，満州事変以来の軍部の行動を許してきた全日本国民に，その遠い責任があることを知らねばならない。	木村久夫 （経済学学徒　28歳でシンガポールにおいて戦犯刑死　獄中手記より）

出所：日本戦没学生記念会（1959）

個として集団を生きる：個性化の課題

1　個を生きる

　パーソナリティの成長にとって，家族から出立し，自我をもって他者と出会い，その自我をもって他者と協働する共同体において，個人として生きることが重要な課題となります。X-3では，社会がこの個人性を保障していることを述べてきましたが，しかし，その集団を形成するのは一人ひとりの個人でもあるので，ここで再び，私たち自身が，個人性を守る課題に対して，どのように取り組んでいくべきかを考えてみたいと思います。そのためには，「自分のおかれている社会的，文化的状況に対する認識をおこたってはならない[1]」のです。このような社会的，文化的状況の認識を持たないまま個人性が希求されると，それはたんなる利己主義となります。「臨床心理学は人間一般についても研究するが，その研究の基礎に『個人』ということを置く，稀な学問である。…（中略）…それは個人をとりまく人間関係や環境を考慮に入れるのは当然だが，何と言っても，『個人』の尊重を優先している[2]。」と明言した河合隼雄は，このテーマが日本人の直面する困難な課題であるとし，利己主義ではない個人主義を見出すことの重要性を繰り返し述べています。そして，私たちは『個人のこころは世界につながれている[3]』ことを認識する必要があるのです。個人を守るために，社会や文化の状況を認識するだけでなく，個人の心と深く出会うことで，個の心が世界につながっていることを認識するのです。

2　個性化の前提としての集合性

　個性化と集合性との関係性について，ユングは「個体は個別的存在であるのみならず，その生存のためには集合的関係を前提としており，個性化の過程も単独化（孤立）へと至るものではなく，より緊密で，より一般的な集合的関係へと至るのである[4]。」と述べています。個性化は，集合的関係を前提としており，集合的世界への参加を伴うのです。ユングは，さらに「個人主義とは，集合的な配慮や義務遂行とは反対に，ひとりよがりの独自性を意図的に際立たせ，強調することである。ところが，個性化の方は，まさしく人間の持つ集合的な諸規定をよりよく，より完全に実現することを意味している。個性の独自性を十分に顧慮することによって，その人間が立派に社会において業績をあげることが期待されるのである」と述べています。

▷1　河合隼雄　1995年の臨床心理士会報の巻頭言

▷2　河合隼雄　1997年臨床心理士報の巻頭言「臨床心理士の社会的役割」

▷3　河合隼雄　第8回学校臨床心理士全国研修会（2003年8月9日〜10日）の基調講演「個と集団」

▷4　ユング，C.G.　林道義（訳）1921/1987　タイプ論　みすず書房

またユングは，「個性化を目標とするためには，この前に，生存のために最小限必要な集合的規範への適応という教育目標が達成されなければならないのである。たとえば植物が自らの独自性を可能な限り展開しようとすれば，何より先に自らが植えられている土壌の中で成長できるようにならなければならない。」と述べています。[5]

▷5 ユング 前掲書

③ 生涯をかけてのパーソナリティの形成

ユングはまた，集合性への同一化の過程について，ペルソナという概念を媒介として説明しています。ペルソナは「個人的無意識と社会との間の複雑な関係システムである。一方では，他者に一定の印象を与え，他方では個人の本当の姿を隠すという，いわば一種の『仮面』の役割を果たしている。」と定義されています。[6]

▷6 ユング，C.G. 野田倬（訳）1982 自我と無意識の関係 人文書院 p. 116.

「各個人が自分に割り当てられた役割をできるかぎり完璧にこなすということを，社会は期待している」のですが，ペルソナは，この社会の期待や社会における役割をひきうける過程で形成される「『一個の人間が表面的にどう見えるか？』ということについての，個体と社会との間の妥協の一所産」とされました。[7]それは，社会に期待される役割をひきうける社会的役割取得のプロセスとも言えます。こうしてペルソナには，外界の集合的要請にこたえる過程の中で，各個人の個性が浮かび上がってきます。内在する個性と，その時代，その文化という集合性が個人に向ける要請とがぶつかり合うせめぎあいの結果，浮かび上がるのが，その人のペルソナです。私たちは，内在する個性の可能性の中から，その時代，その文化の要請を受けつつ，生涯をかけて，自分自身の唯一無二のパーソナリティを形成していくのです。その過程を個性化と呼びます。

▷7 ユング 1982 前掲書 p. 60.

④ 個人性と集合性の二律背反の揺らぎの中で

個性化のプロセスは，心の危機をくぐりぬける厳しい道程となります。ユングが「人間は，個人性―集合性の二律背反をもっている」と述べるこの二律背反の揺らぎに身をおき，その対立や関連の中に自分自身が身を投じ，自分自身の内面で統合していくことが求められます。たとえば，世間の考える「よい学校」「よい就職」「出世」を目指すことは，集合性への同一化であり，そのことによって真の個人性は犠牲にされてしまいます。しかし，集合的価値への同一化に価値が無いかというとそうとも断言できません。大切なことは，私たち自身が，自分自身の人生を生きたという満足感を得ることです。私たち自身が，どのように集合性を生き，どのように個人性を生きるのか？　そこにどのような均衡をとることができるのか？　本来のその人自身（Self）は，どんな生き方を求めようとしているのか？　その答えは，一人ひとりが探し出すものなのです。

（吉川眞理）

認知機能や発達における特性のアセスメント： 知能検査と発達検査

　本書では，Ⅱにおいて，パーソナリティをとらえる心理検査について紹介してきた。パーソナリティの基盤として，認知機能の特性や，発達の個人差，さらに神経心理学的な側面の特性をアセスメントすることの重要性も看過することはできない。

　そこで本コラムでは，これらの認知機能や発達の特性をとらえる心理検査を紹介しておきたい。

ウェクスラー知能検査

　まず，ウェクスラー（Wechsler, D.）は，知能を「目的的に行動し，合理的に思考し，効率的に環境を処理する個人の総合的な能力である」と定義し，これを測定する知能検査として1939年にウェクスラー・ベルビュー知能検査（WB-Ⅰ）を考案した。この検査は，各年齢群の標準得点をもとに算出した偏差 IQ により，言語性 IQ と動作性 IQ を算出するもので，7歳から69歳の適用範囲であった。その後，子ども用と成人用を分け，子ども用として WISC（Wechsler Intelligence Scale for Children），成人用 WAIS（Wechsler Adult Intelligence Scale）として改訂が重ねられてきた。最新版として2019年現在，米国では WISC-Ⅴ（2014年），WAIS-Ⅳ（2008年）が出版されているが，日本では WISC-Ⅳは2010年に WISC-Ⅳ刊行委員会により標準化され（対象年齢：5歳0か月～16歳11か月），WAIS-Ⅳは2018年に WAIS-Ⅳ刊行委員会により標準化されて（対象年齢：16歳0か月～90歳11か月），日本文化科学社より出版されている。

　ここでは，日本で普及している WISC-Ⅳを例にとって，この知能検査の構成を紹介しよう。まず WISC-Ⅳは，以前の WISC-Ⅲに比べて下位検査数が減らされ，施行法も簡便になって，検査を受ける子どもの負荷が軽減されている。本検査は，10の基本検査より構成され，四つの因子モデル，言語理解指標（VCI：類似・単語・理解），知覚推理指標（PRI：積み木・絵の概念・行列推理），ワーキングメモリー指標（WMI：数唱・語音整列），処理速度指標（PSI：符号・記号探し）により，解釈される。

　それぞれの指標得点の説明は以下のとおり。

①言語理解指標（VCI：類似・単語・理解）

　語彙の豊かさ，習得知識，言葉による推理力を示す。言葉による理解，表現，推論の苦手さに対する支援法として「説明や指示は短く，簡潔におこなう」，「理解を助けるために視覚的な資料，図や写真を併用する」，「本人の発話のペースを尊重して，本人の表現をしっかり受けとめながら，ゆっくり対話し，本人の言葉を補いながら，返答する」，「寝る前に，読み聞かせをする」などが提案できる。

②知覚推理指標（PRI：積み木・絵の概念・行列推理）

　新しい場面に遭遇した場合に問題解決する能力である流動性推理や視覚情報処理を反映する指標。分類やパターンの理解，図や地図の読み取りとかかわっている。支援のために「新しい場面に入るときには，目標，手がかり，取り組み方を明示する」，「やるべきことや手順を箇条書きにして示す」，「ToDo リストを活用する」などが提案できる。

③ワーキングメモリー指標（WMI：数唱・語音整列）

　ワーキングメモリーを反映している。聴覚を通じて入力された情報から処理に必要な情報を選別し，それ

らを保持して処理を行う能力と関連している。視覚的刺激により注意が拡散しやすいことが多く，そのため耳から聞いているだけでは注意が集中できず，説明の内容が理解されていない場合がある。一斉授業の教員の説明を聞いているだけでは理解が進まず，視覚的資料の活用や，実際にドリルで問題を解くことで理解が進む場合がある。支援としては「視覚的刺激の少ない場所の方が集中できるので，課題に取り組むときは，周囲を片付けて私物のない大きな机のほうが集中しやすい」，「授業では最前列に着席すると集中しやすい」，「説明を聞くときには，事前に教科書や資料に目を通しておくと，理解しやすい」などの提案が可能である。

④処理速度指標（PSI：符号・記号探し）

情報処理のスピードや筆記能力を反映する。苦手な場合，板書の書き取りや，回答の記述に時間がかかり，学習の意欲がそがれてしまうことがある。文字や漢字を覚えるのが苦手な場合は，「書く」という運動動作を繰り返して身体感覚を通して覚えることや，漢字を部首の組み合わせとして理解して覚えるゲームやカードなどの援用が役立つ場合がある。板書に時間を要する場合は，要点のみをマークし，書き写す量を調節するとよい。板書を消さずに残す配慮や，タブレットを活用することも有効である。

田中ビネー検査Ｖ

知能検査としては，ウェクスラー知能検査の基盤となったビネー検査の日本標準版。1947年に田中寛一によって日本に導入され標準化された。改訂を重ねており直近では2005年に改訂されている。２歳から成人を対象とする。暦年齢群ごとに通過される課題が選別され，通過した課題によって精神年齢を設定し，暦年齢との比率によって知能指数を算出する古典的知能検査。

乳幼児や発達の遅れが顕著な場合，精神年齢の測定に現場で使われることが多い検査である。とくに14歳以上に対して，フラナガンら（Flanagan et al）によってCHC理論（キャテル：Cattell, R. B., ホーン：Horn, J.L., キャロル：Carroll, J. の３人の学者の頭文字による命名。知能を流動性因子と動作性に分類したキャテル，知能が多数の因子により構成されるとしたホーン，知能の階層性を考えたキャロルにもとづく知能理論である）にもとづき，結晶性，流動性，記憶，論理推理の４分野についてそれぞれ知能偏差値が算出される。

新版Ｋ式発達検査2001

嶋津峯雄，生澤雅夫らによって作成されたＫ式発達検査が改訂を重ね，2019年現在，2001年に改訂・再標準化され刊行されたものが最新版である。適用は０歳児から成人までとされ，知能検査が扱う認知機能に加えて，身体機能や社会性まで含む生活の広い領域において，一人ひとりの子どもの発達状況や行動特性を理解し，行動の発達を援助するための手がかりを得ることを目的としている。発達年齢を測定し，生活年齢にもとづいて，姿勢・運動領域（P-M），認知・適応領域（C-A），言語・社会領域（L-S）のそれぞれについて，発達指数を算出し，全領域の発達指数として集約する。　　　　　　　　　　　　（吉川眞理）

（参考文献）

松田修　2013　日本版 WISC-Ⅳの理解と活用　教育心理学年報，**52**，238-243.

中村淳子・野原理恵・大川一郎・芹沢奈莱美（編著），杉原一昭・杉原隆（監修），田中教育研究所（編）　2003　田中ビネー知能検査Ｖ　田研出版

生澤雅夫・松下裕・中瀬淳（編）京都国際福祉センター　2002　新版Ｋ式発達検査2001　実施手引書

高次脳機能障害や認知症のための
認知機能アセスメント

　超高齢化社会といわれる状況において，初老期の認知症に加えて，65歳以降の老年期の認知症の発症率は上昇している。この症状は，いったん成人水準の知能を獲得していたにもかかわらず，何らかの脳の病変により後天的に知能水準の低下をきたす。大きく分けて，①中枢神経のびまん性実質性疾患（アルツハイマー病，ピック病，クロイツフェル・ヤコブ病，ハンチントン舞踏病，脊髄変性小脳症，進行性ミオクローヌスてんかん，進行性核上麻痺など），②代謝性疾患（副甲状腺疾患，ウィルソン病，低血糖症，尿毒症，③血管障害によるもの（脳出血，脳梗塞，動脈硬化症，血管の炎症性疾患，ビンスワンガー病，動静脈奇形），④感染症によるもの（脳膿瘍，細菌性髄膜炎，脳炎，梅毒），⑤毒物，および薬物による，⑥欠乏症による（ビタミンB1など），⑦脳腫瘍，⑧頭部外傷，⑨正常脳圧水頭症，⑩低酸素症，および無酸素症，⑪その他，多発性硬化症，筋ジストロフィーなどの原因が挙げられている。

　適用する検査としては，比較的易しく，取り組みやすい課題が推奨される。Raven's Coloured Progressive Matrices（RCPM）や，Mini-Mental State Examination（MMSE），改訂長谷川式簡易知能評価スケール（HDS-R）が普及している。

　一方，厚生労働省により2001年度から開始された3か年の高次脳機能障害支援モデル事業を端緒として，高次脳機能障害およびその関連障害に対する支援普及事業への取り組みが継続されている。この事業は，障害者総合支援法にもとづく地域生活支援事業のうち，都道府県が実施する，とくに専門性の高い相談支援事

業の一つとして位置付けられている。

　高次脳機能障害およびその関連障害の症状として，記憶障害，注意障害，遂行機能障害，社会的行動障害が出現する。これらのうちとくに遂行機能障害や社会的行動障害は，突然のパーソナリティの変化をもたらし，本人ばかりでなく周囲の人間も大きな戸惑いを生じる。その症状の診断の資料を提供できる心理検査は以下のとおりである。

記憶障害

　前向性および逆向性の健忘が認められる。
①前向健忘：いわゆる受傷後の学習障害である。受傷ないし原因疾患発症後では新しい情報やエピソードを覚えることができなくなり，健忘の開始以後に起こった出来事の記憶は保持されない。
⇨ウェクスラー記憶検査，対語記銘課題（三宅式など），単語リスト学習課題（Rey 聴覚的言語学習テストなど），視覚学習課題（Rey-Osterrieth複雑図形検査，ベントン視覚記銘検査など）。
②逆向健忘：受傷あるいは発症以前の記憶の喪失。とくにエピソードや体験に関する記憶が強く障害される。
⇨自伝的記憶に関する情報の再生によって評価するが，関係者への確認を行い，遅延間隔を置いて再度この課題を行い，1回目と2回目の回答が同一であれば正答と見なし，患者の反応の妥当性を確認する。
軽度：最近の記憶や複雑な記憶でも部分的に覚えている。意味的関連のない項目を結びつけるなど難度の高い検査で障害を示す。その他，作話や失見当識が見られる。作話は，実際に体験しなかったことが誤って追

想される現象である。

注意障害

①全般性注意障害（集中困難・注意散漫）：ある刺激に焦点を当てることが困難となり，ほかの刺激に注意を奪われやすい。
⇨抹消・検出課題，ストループテスト，心的統制課題が挙げられる。
②注意の持続・維持困難：より軽度な注意障害では長時間注意を持続させることが困難になる。時間の経過とともに課題の成績が低下する。課題を行わせると最初はできても15分と集中力が持たない。
⇨Continuous Performance Test，抹消課題。
③半側空間無視：脳損傷の反対側の空間において刺激を見落とすことをはじめとした半側無視行動が見られる。同名半盲と混同しないようにする。右半球損傷（とくに頭頂葉損傷）で左側の無視がしばしば認められる。
⇨手本なしで時計の文字盤描画，線分2等分，線分抹消，絵の模写などが行われる。

遂行機能障害

①目的に適った行動計画の障害：行動の目的・計画を持つことの障害のために結果は成り行き任せか，刺激への自動的で，保続的な反応による衝動的な行動となる。ゴールを設定する前に行動を開始してしまう。
②目的に適った行動の実行障害：自分の行動をモニターして行動を制御することの障害である。活動を管理する基本方針を作成し，注意を持続させて自己と環境を客観的に眺める過程の障害により，選択肢を分析しないために即時的に行動して，失敗してもしばしば同様な選択を行ってしまう。環境と適切にかかわるためには，自分の行動を自己修正する必要がある。この能力が障害されることにより社会的に不適切な行動に陥る。
⇨BADS（遂行機能障害症候群の行動評価）

社会的行動障害

①意欲・発動性の低下：自発的な活動が乏しく，運動障害を原因としていないが，一日中ベッドから離れないなどの無為な生活を送る。
②情動コントロールの障害：最初のいらいらした気分が徐々に過剰な感情的反応や攻撃的な行動にエスカレートし，一度始まると患者はこの行動をコントロールすることができない。自己の障害を認めず訓練を頑固に拒否する。突然興奮して大声で怒鳴り散らす。看護者に対して暴力や性的行為などの反社会的行為が出現。
③対人関係の障害：社会的スキルは認知能力と言語能力の下位機能と考えることができる。高次脳機能障害者における社会的スキルの低下には急な話題転換，過度に親密で脱抑制的な発言および接近行動，相手の発言の復唱，文字面に従った思考，皮肉・諷刺・抽象的な指示対象の認知が困難，様々な話題を生み出すことの困難などが含まれる。
④依存的行動：脳損傷後に人格機能が低下し，退行を示す。この場合には発動性の低下を同時に呈していることが多い。その結果，依存的な生活態度になる。
⑤固執：遂行機能障害の結果として生活上のあらゆる問題を解決していく上で，新たな問題には対応できない。そのような際に高次脳機能障害者では認知ないし行動の転換の障害が生じ，従前の行動が再び出現し（保続），固着する。
⇨上記の社会的行動の困難については，面接により，その頻度，質，成果を評価する。　　　（吉川眞理）

（参考文献）
中野光子　1996　高次脳機能診断法　山王出版

人名さくいん

事項さくいん

執筆者紹介（★編者）

★吉 川 眞 理（よしかわ　まり）学習院大学文学部　教授

　安 藤 聡一朗（あんどう　そういちろう）駿河台大学心理学部　准教授

　小 泉 藤 子（こいずみ　ふじこ）川口市立教育研究所　カウンセラー

　小 塩 佳 子（こしお　よしこ）学習院大学臨床心理相談室　相談室カウンセラー／
　　　　　　　　　　　　　　　　ふせき心療クリニック　カウンセラー

　佐 藤 佳 恵（さとう　かえ）金沢文庫エールクリニック　臨床心理士

　宍 戸 美 緒（ししど　みお）東京都公立学校スクールカウンセラー

　篠 原 由 花（しのはら　ゆか）芝浦工業大学学生・教職員健康相談室　臨床心理士

　柴 田 久美子（しばた　くみこ）ひかげ洞カウンセリング　室長

　田 中 弥 央（たなか　みお）なごや子ども応援委員会

　地 井 和 也（ちい　かずや）茨城大学人文社会科学部　講師

　土 井 孝 典（どい　たかのり）東洋英和女学院大学人間科学部　嘱託講師

　永 嶋　　茜（ながしま　あかね）国立研究開発法人国立国際医療研究センター　心理療法士

　真 澄　　徹（ますみ　とおる）荒川区教育センター教育相談係　心理専門相談員

　依 田 尚 也（よだ　なおや）学習院大学学生センター学生相談室　専任相談員

やわらかアカデミズム・〈わかる〉シリーズ

よくわかるパーソナリティ心理学

2020年6月20日　初版第1刷発行	〈検印省略〉
2022年1月20日　初版第2刷発行	

定価はカバーに
表示しています

編著者	吉	川	眞	理	
発行者	杉	田	啓	三	
印刷者	坂	本	喜	杏	

発行所　株式会社　ミネルヴァ書房

〒607-8494 京都市山科区日ノ岡堤谷町1
電話代表　(075) 581 - 5191
振替口座　01020 - 0 - 8076

ISBN 978-4-623-08403-6

Printed in Japan

やわらかアカデミズム・〈わかる〉シリーズ

よくわかる心理学　　無藤　隆・森　敏昭・池上知子・福丸由佳 編　本体 3000円

よくわかる発達心理学　　　　　無藤　隆・岡本祐子・大坪治彦 編　本体 2500円

よくわかる臨床発達心理学　　　　　麻生　武・浜田寿美男 編　本体 2800円

よくわかる認知発達とその支援　　　　　子安増生 編　本体 2400円

よくわかる情動発達　　遠藤利彦・石井佑可子・佐久間路子 編著　本体 2500円

よくわかる言語発達［改訂新版］　　岩立志津夫・小椋たみ子 編　本体 2400円

よくわかる家族心理学　　　　　柏木惠子 編著　本体 2600円

よくわかる乳幼児心理学　　　　　内田伸子 編　本体 2400円

よくわかる青年心理学　　　　　白井利明 編　本体 2500円

よくわかる臨床心理学［改訂新版］　　　下山晴彦 編　本体 3000円

よくわかるコミュニティ心理学
　　　植村勝彦・高畠克子・箕口雅博・原　裕視・久田　満 編　本体 2500円

よくわかる教育心理学　　　　　中澤　潤 編　本体 2500円

よくわかる学校教育心理学　森　敏昭・青木多寿子・淵上克義 編　本体 2600円

よくわかる学校心理学
　　　水野治久・石隈利紀・田村節子・田村修一・飯田順子 編著　本体 2400円

よくわかる健康心理学　　　　森　和代・石川利江・茂木俊彦 編　本体 2400円

よくわかる認知科学　　　　乾　敏郎・吉川左紀子・川口　潤 編　本体 2500円

よくわかる社会心理学　　山田一成・北村英哉・結城雅樹 編著　本体 2500円

よくわかる産業・組織心理学　　　　山口裕幸・金井篤子 編　本体 2600円

よくわかる心理統計　　　　山田剛史・村井潤一郎 著　本体 2800円

よくわかるスポーツ心理学　中込四郎・伊藤豊彦・山本裕二 編著　本体 2400円

よくわかる高齢者心理学　　　　佐藤眞一・権藤恭之 編著　本体 2500円

よくわかる心理学実験実習　　　　村上香奈・山崎浩一 編著　本体 2400円

―――― ミネルヴァ書房 ――――
https://www.minervashobo.co.jp/